婦人相談員物語

その証言から
女たちの
歴史を紡ぐ

herstory

村本邦子・松本周子 著

国書刊行会

婦人相談員物語

——その証言から女たちの歴史《herstory》を紡ぐ

目次

はじめに

これは、これまであまり光をあてられずにきた女たちのつながりの物語である。運命に翻弄され、苦難を背負い、虐げられ、もがきながら手を延ばし、這い上がり、人を頼り、勇敢に闘い、時には自暴自棄になったり、希望を失ったりしながらも生き延びた、あるいは露と消えた女たち。そんな女たちに寄り添おうと奔走し、理路整然とした訴えだけでなく混沌とした感情の発露や吐息のなかのかすかな声を聴き取ろうと耳を傾けて、共に苦しみ、悩み、わずかでも安心して落ち着ける生活を目指して知恵を絞り、社会資源を探し、つなげ、見守ろうとした女たち。そんな女たちが時間と空間を超えてつながっている。そして、そのなかのどこかに私たちもいる。

私は1980年代に大学院で臨床心理学を学び、思春期外来を専門とする精神科クリニックに勤めた。並行して、たまたま2人の子どもを自宅で産むという経験をし、フェミニズムの古典であるアドリエンヌ・リッチの『女から生まれる』（晶文社、1990年）に出会い、目を開かれてフェミニストになった。自宅に子育て仲間を招き、共に語り、学びあう会を始めていたが、2人目の子どもが生まれる時に産休が取れず、クリニックをやめることになった。私は自分のペースで女性と子どもの支援ができる場を開こうと、1990年、大阪に女性ライフサイクル研究所を立ち上げた。子育て仲間を中心にスタッフは5人になり、個人カウンセリングだけでなく、子育てや女性問題を語り、学ぶグループ、社会啓発のための講演や研修、研究や年報の発行など活動を展開していった。

第二波フェミニズム運動の手段として大きな役割を果たしたものにCR（意識覚醒）グループというのがある。「個人的なことは政治的である」を合言葉に、少人数の女性たちが定期的に集まって、テーマを決め、女性として生きてきた自分たちの体験を語り、共有することで、個別の女性の問題だったものを普遍化し、それらが家父長制や男性中心主義から生じていたことに気づくことを最終目標とする。ここから、それまでひとりひとりが胸に秘めてきた子ども時代の性虐待、レイプ、夫からの暴力などが明らかにされていった。草の根運動に支えられたホットライン、シェルターなど女性たちの救援組織が次々と立ち上がり、法律の改善を求める権利擁護が盛んに行われるようになった。これは北米の話だったが、日本においてもリブ（ウーマンリブ）と呼ばれる女性解放運動で同様のことが起こり、先輩女性たちは息長く活動を続けていた。

研究所では、リッチの本を参考にCRグループをしたり、フェミニズム関連の読書会をやったりイベントを開催したりもした。女性に追い風が吹いていた時代で、あちこちにピカピカの女性センターができ、講座が開かれ、日本初のセクハラ裁判が闘われ、子ども時代に性虐待を受けたサバイバーたちが集会で次々にカミングアウトしていた。そう、今で言う「#Me too」やフラワーデモのような運動が、その時代にも繰り広げられていたのだ。次々に新たな自助グループやホットライン、支援組織が立ち上がっていった。その空気を吸うだけでエンパワーされるような時代だった。

とは言え、専門家たちの意識はそれに追いついておらず、1995年まで、日本に虐待はないと言われ、トラウマという言葉もなかった。それまで闇に隠されていた女性への暴力を認識し、これは女性のメンタルヘルスにとって重大な問題なのに、大学の臨床心理学で扱われないのはいったいどういうことなのかと思った。今のようにインターネットもない時代、アメリカから船便で資料を取り寄せて勉強した。これを社会に訴えなければと発言していたこともあり、性虐待やセクハラなど切迫した問題が持ち込まれ、裁判にも関わるようになった。

子ども時代から家族・親族、その他の男たちから性虐待を受け続けてきた女たちがいた。若い層では、今なお被害を受けていたり、自宅にいられないために街に出て一夜泊めてくれる男を探したり、性風俗で働く女たちもいた。夜ごと父親からレイプされるのが嫌で警察に駆け込んだら、警察が保護者に電話して家に連れ戻されたという話には絶句した。風俗で知り合った男と結婚するのだとカップルで相談に来て、戸籍を取り寄せる過程で自分は近親姦で生まれた子だったことを知ったという話を聞いた夜は熱にうなされた。

カウンセリングの枠組みについては大学院で厳しく訓練を受けてきたが、カウンセリングで対応できる話ではなく、あれこれ調べて情報提供し、逃げられるところを探すために研究所の仲間たちと駆けずり回った。当時、臨床心理学の領域に仲間を見つけることは難しかったが、その代わり、女性運動家や弁護士、小児科医、産婦人科医などとつながり、ネットワークができていった。

1995年の阪神淡路大震災を契機に、日本社会では心のケアが言われるようになり、トラウマやPTSDが流行語のようになっていった。2000年代に入ると、虐待防止法、DV防止法が制定され、被害者支援運動も活発になっていった。臨床心理学分野でも、関連の研修が増え、トラウマは専門家の専売特許となった。カウンセリングの枠外でクライエントと関わることは倫理違反と見做されるようになっていった。少しずつ日本社会にカウンセリングが根付いていき、開業のカウンセリングは専門性を売るサービス業のようになった。だんだんと矛盾を感じることも出てきた。お金を払って定期的にカウンセリングに通える人たちにカウンセリングは有効だけれども、一番困っている人たちは必ずしもそういう状況にない。手のひらを返したようなトラウマブームにはうんざりしたし、時間の枠組みのなかで限定的に仕事をする専門家という存在であることに疑問や限界も感じるようになった。

十年近く自分なりに試行錯誤を重ねるうちに、トラウマを抱える女性たちの理解が深まり、自分なりの手応えも感じるようになっていたので、アメリカの博士課程に入学し、日本とアメリカを行ったり来たりして仕事を続けながら、日本における女性とトラウマをテーマに博士論文を書いた。世界をリードする被害者支援をジュディス・ハーマンと一緒に展開していたメアリー・ハーベイ、DV女性の理解と支援をリードしていたレノア・ウォーカーらの指導を得られたことは幸運だった。1990年代、社会の理解を得られないなかで孤軍奮闘して、振り返れば二次受傷状態にあったのだと思うが、どの国でも先輩女性たちは同様に闘ってきて今があるということを知り、国境を越えた女性たちのつながりに励まされ、大きな力をもらった。同時に、外から日本という国の歴史や文化を捉えることができるようになった。

ちょうどその頃、「対人援助学」を掲げて新設された立命館大学大学院応用人間科学研究科で教育に携わるようになった。女性ライフサイクル研究所を会社として法人化すると同時に、市民アドボケイトという存在に意義を見出し、NPO法人FLC安心とつながりのコミュニティづくりネットワークを立ち上げた。

婦人相談員と出会ったのは、ちょうどそんな頃だった。初めは兼松左知子の『閉じられた履歴書――新宿・性を売る女たちの30年』（朝日新聞出版、1987年）という本だった。当時の私には昔の話と感じられた売春防止法成立前後の話だったが、後半部になって時代が進むにつれ、自分が出会ってきた女性たちとの強いつながりを感じた。その後、専門家たちの講演や研修を引き受けるなかで、婦人相談員と直接出会う機会ができた。婦人相談員という存在について、まだよく理解してはいなかったが、話を聞くなかで、カウンセリングに来られる状況までに至らない女性たちに献身的に寄り添おうとしている人たちだと思った。

そんななかで、少人数で半年間の集中的な婦人相談員研修を引き受けることになり、全国を回ることになった。これはその後、何年も続いたが、最初に研修の窓口となってくれたのが、共著者である松本周子さんだった。以来、20年ほど全国の婦人相談員と親しくおつきあいさせてもらっている。研修と言っても、おもな目的は、各地の婦人相談員たちが信頼関係を育みながら、互いの仕事や人生を共有し、日頃の実践を振り返り、そこから学び合い、助け合うグループを運営することだった。臨床心理学の知識が役に立つこともあったが、私の役割は、第一にそんな場を開くことだったと思う。

彼女たちは、専門家として時間を切り売りするのではなく、相談者とまるごと人として真摯に向き合っていた。当時はそのほとんどが私より年上の先輩方だったが、彼女たちが困難を抱える女性たち1人ひとりに寄り添いながら日々懸命に働き、少しでも役に立てるよう力をつけたいと貪欲に学ぼうとする姿に深い尊敬の念を禁じ得なかった。彼女たちは決して問題をすっかり解決できる英雄ではなかったが、暖かく辛抱強く、最大限の努力を惜しまず傍らに居ようとする人たちだった。彼女たちと一緒に働くことで、興味深いことに私自身の社会への信頼が増す。仮に将来、自分や子どもたちが運命に翻弄され路頭に迷うようなことがあっても、きっと誰か一緒に考えてくれる人がいるだろうと楽観するのである。こんなに素晴らしい仕事をしているのに、婦人相談員の仕事はほとんど知られていなかった。

時間経過とともに、だんだんと婦人相談員の働き方が制限されるのを感じるようになっていった。都道府県によって事情は違うが、ベテランの相談員たちが雇止めで働けなくなったり、一年ごとに採用試験を受け直さなければならないという。こんなにも長く献身してきたというのに、給料が上がらないどころか、試験で選別される。試験を受けて落とされるようなことはなかったと思うが、それでも、あまりの侮辱だと我が事のように悔しかった。彼女たちには相応の社会的評価が必要である。多くの人たちに知ってもらうために、婦人相談員の物語を書こうという企画を思いついた。それから、どんな形が可能なのかあれこれ試していたが、なかなか思うような形が見つからないまま時間ばかりが過ぎてしまった。

そうこうするうちに売春防止法が女性新法に変わるという話が聞こえてきた。正確に言えば、第一章、第二章はそのままに、第三章を廃止し、第四章「保護更生」が女性支援法に生まれ変わるということだが、婦人相談員は女性相談支援員に変わり、婦人相談員という名称は消える。今こそ、婦人相談員の貴重な仕事をきちんと残すべき時だと気合いが入った。結果的に、婦人相談員のインタビューをもとに物語として構成したものを中心に、その前後に歴史的背景や社会状況の説明を加えることにした。

共著者である松本周子さんは長く婦人相談員として勤めており、全国婦人相談員連絡協議会の会長を務めていたこともあることから、インタビューは、知り合いに声をかけながら協力者を求めて行った。そのため、大切な物語を聴かせてもらうだけの信頼があったことは幸いだった。婦人保護事業も60数年を経て、最初期の相談員たちの多くが鬼籍に入ったり、ご高齢ですでにお話を聴くことができなかったりする時代になり、今回お話を聴くことができたのは、1980年代以降に婦人相談員になった女性たちだった。なるべく地域に偏りのないよう、全国各地の相談員に依頼した。聴き取りの仕方にはある程度バリエーションがあるが、基本的には、2021年から2022年にかけて、共著者と2人で、協力を得られた各地の婦人相談員を訪ね、2~3時間のインタビューを行った。

いつも問題になるのは守秘義務であるが、さすがにみなさんプロなので、相談者の情報については個人が特定できない形でお話しくださった。それを文字起こししたうえで、全体のバランスを考えながら編集したものを確認頂き、家族構成や年齢など詳細については随時変更を加えてもらった。併せて、お1人の例外を除いて、お話し頂いた婦人相談員も匿名とし、担当地域も特定できないようにした。諸々の事情から、是非知って欲しいと思われる物語であっても、結果的に削除せざるを得なかった物語もあったことや、個性豊かな地域性を表すことができなかったことは残念である。

物語に登場する、あるいは物語を語るそれぞれの人々の語り口や方言は生き生きとして魅力的なものだったが、それも、地域が特定されないようごく一般的な語り口に変更した。返す返す残念ではあるが、背に腹は代えられない。それでも、登場する相談者も物語を語る相談員も個性豊かで魅力的な人物として描くことができたのではないかと思っている。

婦人相談員が語る物語は相談者が語る物語とは少し違っていたかもしれない。また、それぞれの相談員が語ってくれた物語を語り直した本書の物語は、相談員の物語とは少し違っているかもしれない。物語とはそういうものだ。誰かが誰かの物語を聞いて語る時、それは語った人から離れ、語る人の物語になる。そこに出会いがあり、対話があるからこそだ。そこからまた新しいものが生まれる。そうでなければ、言葉はすべて独り言になってしまうだろう。そして、相談はそんなふうに進んでいく。誰かの人生はその誰かだけに属するものではないし、個々人の人生は独自のものでありながら、そこに普遍的なものを含んでいる。ここに語り直された物語を読んでくれた読者たちが、そこから何かを受け取り、また新しい何かが生まれていくだろうことを期待している。

婦人相談員にしても臨床心理士にしても、仕事を通じて知り得たことを社会に還元し、社会的弱者のアドボケイトとなる責務を背負っている。ここに語られた物語がこの社会に種まかれ、新しい時代の女性支援が育つ豊かな土壌となることを願う。そんなプロセスこそが、過去から未来の女たち、現実には出会うことがなかった女性たちをつなぎ、エンパワーすることになると思っている。

本書をまとめるにあたってたくさんの方々のお世話になった。蔭に日向にご協力頂いた全国の婦人相談員に感謝する。全国婦人相談員連絡協議会には、最初期の相談員の物語を会報からいくらか紹介させてもらうという許可を得て使わせて頂いた。本書で使用した写真はすべて著者らが撮影したものである。１人ひとり個性的な女性たちを思わせるような素敵な花のイラストは、長年の友人であり、画家である橋口佳子さん（アトリエＫｅｉ）による。ここに感謝したい。併せて、いつも励まし支えてくださる編集者の中川原徹さんにも感謝する。

なお、本書で使用されている言葉には、「売春」や「慰安婦」など、言葉自体に問題があるものが含まれている。最後まで悩んだが、時代を表すものとしてそのままの形で使用することにした。ご理解頂けると幸いである。

村本邦子

第1部　婦人相談員の歴史

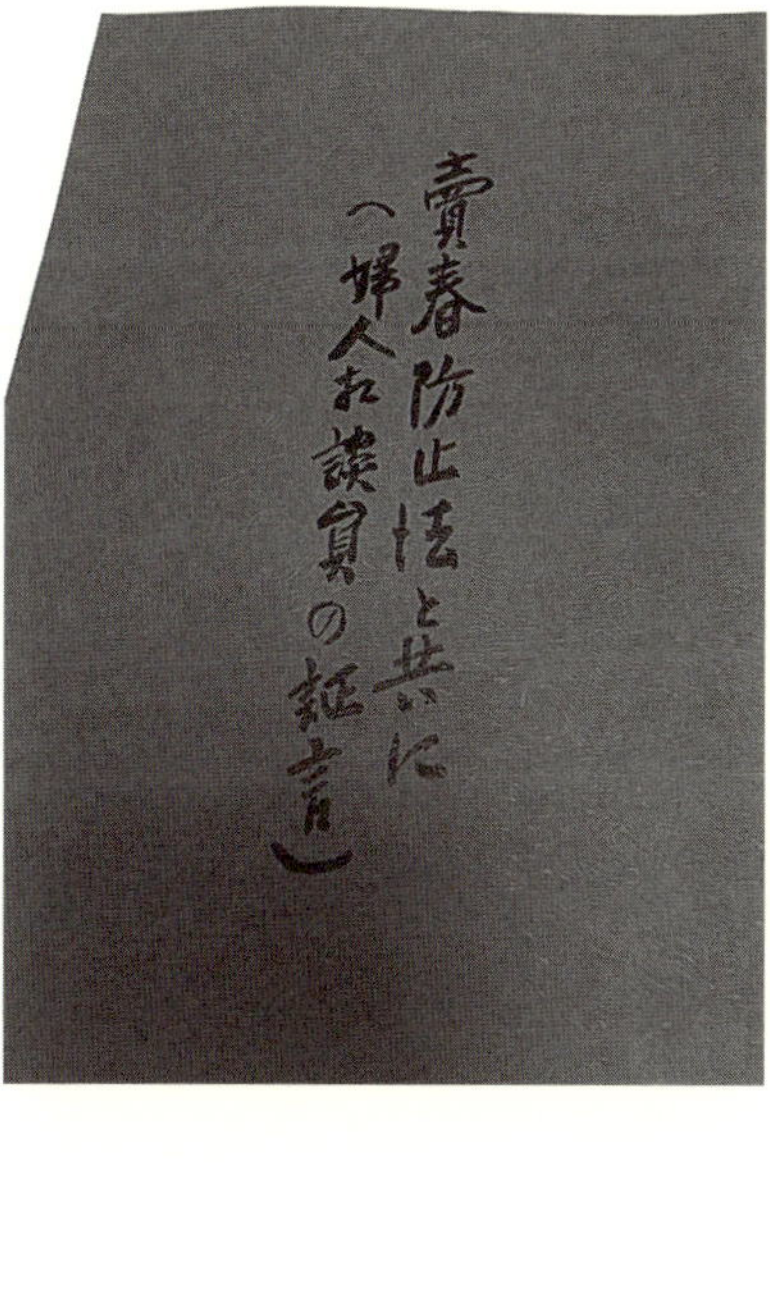

第1章

売春防止法前史

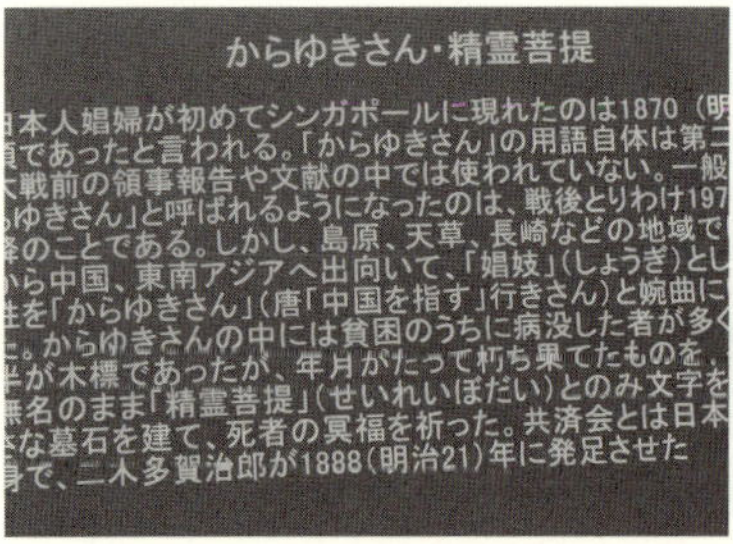
からゆきさん・精霊菩提
日本人娼婦が初めてシンガポールに現れたのは1870（
であったと言われる。「からゆきさん」の用語自体は第
戦前の領事報告や文献の中では使われていない。一
ゆきさん」と呼ばれるようになったのは、戦後とりわけ19
のことである。しかし、島原、天草、長崎などの地域で
ら中国、東南アジアへ出向いて、「娼妓」（しょうぎ）とし
を「からゆきさん」（唐「中国を指す」行きさん）と婉曲に
。からゆきさんの中には貧困のうちに病没した者が多
が木標であったが、年月がたって朽ち果てたものを
名のまま「精霊菩提」（せいれいぼだい）とのみ文字を
な墓石を建て、死者の冥福を祈った。共済会とは日本
で、二木多賀治郎が1888（明治21）年に発足させた

シンガポールにあるからゆきさんの墓

1. からゆきさん

シンガポールの住宅地の一角にある日本人墓地に、からゆきさんのお墓を訪ねた。ここは、1888年（明治21年）、娼館や雑貨商で成功した二木多賀治郎という人が自分のゴム林を提供して出来た墓地で、戦前に活躍した日本人や戦犯処刑者も眠っている。入ってすぐのところに御堂があり、910基の墓がある。隅から隅まできれいに清掃されていて、関係者が思いを込めて手入れしていることが伝わってくる。

奥にある芝生の上に小さな墓石が点在しており、それが、からゆきさんのお墓だった。明治から大正にかけて、島原や天草などからシンガポールにも多くのからゆきさんが渡り、一時はこの街で暮らす日本人の多数を占めた。過酷な労働環境で、若くして病気で亡くなる女性や、日本に帰ることができないままシンガポールで生涯を終える女性も多かったという。墓石に刻まれた年齢を見ているうちに、その多くが二十歳前後であることに気づき、言葉を失った。故郷に帰ることもできず、家族に会うことも叶わないまま異国の地に果てた若い娘たちを思うとたまらなく悲しい。

からゆきさんとは、幕末から明治にかけて、海外に出て「売春」に携わった女性の総称である。当時は「海外醜業婦」という呼称が使われ、それが官庁用語でもあった。「醜業」とは「正業」に対する言葉で、キリスト教的価値観が影響を及ぼしたものと言われているが、そのような捉え方に対する批判や反省が提起されるようになり、だんだん使われなくなっていった。元は長崎出島の唐人行きを意味したからゆきさんという呼び名は、山崎朋子『サンダカン八番娼館』（筑摩書房、1972）と森崎和江『からゆきさん』（朝日新聞社、1976）で広く知られるようになった。

海外に売られる女性たちのほとんどは貧しい家の出身で、だまされたり誘拐されたりして、密航させられた。表向きは「輸出商」と称して、天草などで若い娘を誘拐し、大陸に売り飛ばす人身売買屋がうろうろしていたという。[1] 明治初年には香港を中心に、シンガポール、フィリピン、サイゴンなどに入り込み、東南アジアから南方に伸びて、ケープタウンにまで進出し、北へ向けては、満州からウラジオストク、アメリカからアラスカへと広がっていた。

西洋列強と互角にアジアの国々に進出していくには、国家の経済力はあまりに貧しく、彼女たちは近代日本の外貨獲得の先鋒だった。福沢諭吉は、女性の出稼に反対する人々に対して、「人間社会には娼婦を欠くことができない」「婦人の出稼は人々の移住とぜひとも相伴ふべきものだから、むしろ公然と許可することこそ得策である」と言った。[2]

1918年（大正7年）に第一次世界大戦が終結したが、当時、シベリアには世界各国の兵士が駐屯していた。1886年（明治19年）に設立されたキリスト教日本婦人矯風会は、ひとりのアメリカ婦人から「アメリカ兵たちは日本婦人に誘惑される。どうか日本の母親たちは援助してくい止

牛深町

鬼池港（天草市）

めて欲しい」と頼まれ、シベリア委員会を組織し、使節団を送った。ウラジオストクは避難民で膨れ上がり、在留邦人約5千人のうち千人弱が「醜業婦」で、第一の客はアメリカ兵だった。一行の調査の結果わかったことは、九州地方、とくに天草・島原からこうした娘たちが跡を絶たず海外に出ているという事実だった。矯風会は、あらためて天草・島原の婦人を送り出す地域の問題に取り組むこととし、シベリア委員会は「海外醜業婦防止会」と改称したという記録が残っている[3]。

2. 天草・島原にからゆきさんの足跡を探す

その後、長いつきあいのある婦人相談員たちと一緒に、天草（熊本県）と島原（長崎県）にからゆきさんの足跡を探す旅に出た。島原出身の相談員は、子どもの頃、「そんなことをしていたら久助どんが連れに来るよ」と母親から叱られていたと言う。「久助どん」とは、天草の鬼池港で活動していた女衒（ぜげん：江戸時代に娘を遊女屋や旅籠屋などに売ることを生業とする人）で、「…早寝ろ泣かんで　オロ

元遊郭の建物

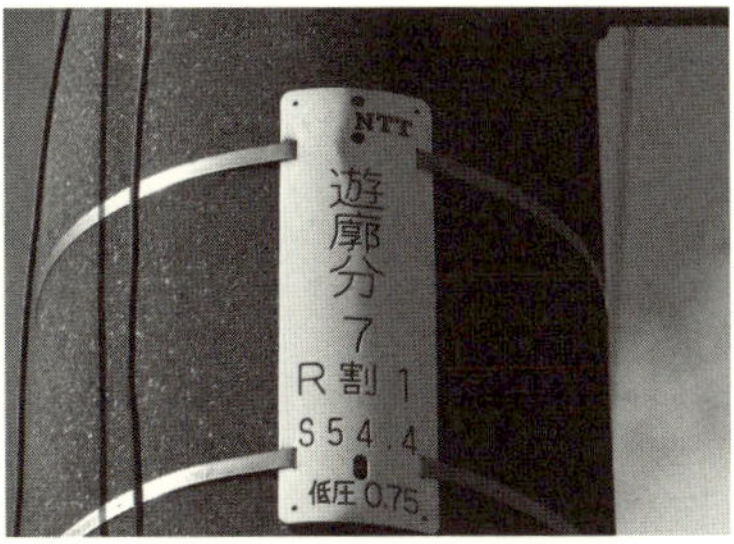

遊郭の区分名称が残る電柱

ロンバイ　鬼《おん》の池ン久助どんの連れんこられるバイ…」と、「島原の子守歌」に登場する。この歌は、島原・天草の若い女性たちが、貧しさから密航船に乗せられ、遠くに売られていったことを歌ったものである。

天草は貧しい土地だった。最近、再放送された１９６０年代のＮＨＫ「新日本紀行」で、天草に住む高齢の女性が、「私らの地区の女は女郎になるのが普通だった」と話す場面があった。70代と思われる女性が10代の頃だとすれば、１９００年代のことになるだろう。食うや食わずで、女郎になるのが当たり前という貧しい地域だったのである。

天草市牛深町は漁業で栄えた町であるが、海の男たちを目当てにした遊郭が多数あり、今もその建物が残っている。牛深歴史文化遺産の会会長吉川茂氏から、牛深の歴史を学び、今なお残る遊郭の建物等の案内をしてもらった。その後、鬼池港から船に乗り、対岸の口之津（島原市）に渡った。鬼池港は当時と変わらずそこにあった。少女と言ってもいい年頃の女性たちはどのような気持ちで天草を離れたのだろうか。これが今生の別れになるという気持ちもあったのだろうか。何が何だかわからないまま慌ただしく急《せ》き立てられて乗船したのかもしれないなどと思いを巡らせた。当時の口之津港は、三池炭鉱の積み荷の中継地点として栄えており、からゆきさんたちは、この港から船に乗せられ、長崎に向かい、東南アジアの国々に連れていかれたのである。船底に入れられた女性たちは、目的地に着くまで糞尿にまみれ、犯されるという悲惨な状態にあり、中には死に至る女性もいたという。

口之津には民俗資料館があり、からゆきさんゆかりのものが展示されている。館長は、「からゆきさん」がこっそり船に乗せられる様子について語ってくれたが、その内容は島原の子守歌の歌詞の3番に歌われていたものだった。からゆきさんに関する展示品の多くは島原市にある天如塔から寄贈されたものだという。

私たちは、天如塔へと足を延ばした。この塔は、1896年(明治29年)に建立された島原市の理性院大師堂にある。住職の廣田言証大師が東南アジア各地を巡礼した際に、からゆきさんたちから寄進された浄財で、1909年(明治42年)に八角のお堂が建てられた。中は狭いが、上に登れるように階段がついている。天如塔を囲む玉垣を見ると、寄進者の氏名と東南アジア各地の名が刻まれている。マレーシア、ベトナム、シンガポール、インドネシア、ビルマ(ミャンマー)などさまざまだ。玉垣の近くに碑文があり、「ああ、紅怨の女子軍、海を渡ったからゆきたちよ　アジアに果てた慰安婦たちよ　塔のある聖地に来りて安らえ」と記されている。

極度の貧困から、あるいは誘拐者に欺かれて海外に渡り、「醜業婦」となった女性たちは、「人非人」と罵られながらも、望郷の思いを募らせた。当時は、こうした女性たちに、国家の罪人であることを思い知らせ、1人でも多くの客をとり、1銭でも多く稼いで祖国へ富をもたらすことで罪を償うようにと説教がなされた。彼女たちは、日清・日露戦争に強い関心を示し、愛国婦人会に献金した。第二次世界大戦中、国防婦人会が組織され、遊郭の下積みの女たちが組み込まれていった。大日本帝国の影にからゆきさんがいたのである。

島原出身の婦人相談員によると、子どもの頃、この大師堂周辺は鬱蒼として近寄りがたいほどに荒れ果てており、子ども心に怖い場所だと思っていたが、最近、訪れてみると、明るく整備されていて、からゆきさんゆかりの地だと知ったそうである。大師堂の管理者によれば、ある時、東京から自分たちの先祖にからゆきさんがいたのではないかと探しに来た家族がいて、天如塔の資料でご先祖が見つかったという。

理性院大師堂天如塔

朝日新聞の記事（2021年5月1日朝刊）に、シンガポール人と結婚し、シンガポールの墓のツアーガイドをしていた日本人女性の話が出ていた。シンガポールに来た当初、寂しくて港で歌を歌っていたところ、日本人の老女から肩をたたかれた。「おまえ九州のもんじゃろが、帰れ、帰れ、早よ日本に帰れ」と言われたそうだ。「この人はからゆきさんだったのではないかと思った」と、その日本人女性は語っていた。そう遠くない時代、後にからゆきさんとして知られるようになった多くの日本人女性が辛い日々を海外で送り、短い生涯を閉じた歴史がある。

3. 公娼制と遊郭

十世紀頃より遊女に言及する史料はあるが、組織的に女性に売春をさせるようになったのは13世紀頃からとされている。政治権力が売春を公式に管理する形態を公娼制というが、公娼制は室町幕府に現れ、戦国時代いったん姿を消し、豊臣秀吉の時代に復活した。江戸幕府は、第二代将軍の時代に遊郭の設置を認め、五箇条の掟書により、1618年（元和4年）、吉原の遊郭を開設した。島原、吉原、新町遊郭（大坂）を合わせた近世の三大遊郭が17世紀半ばまでに成立し、公娼制度が定着した。[4]

幕府は、税収入を得るとともに、幕府に不満を持つ大名や武士たちに散財させて弱体化することを狙い、楼主に自治と警察権を与えて保護したため、遊郭の数は増えていった。もともと吉原遊郭は参勤交代で江戸に集中した武士のためのもので、高級遊女には高度な教養が要求された。その稀少性が武士たちに強い憧れを生み、江戸時代の文化にも反映されたほどだった。時代が下るにつれ、裕福な町人も出入りするようになっていくが、庶民は私娼窟を利用した。江戸幕府は、公娼制度を維持するため、吉原を保護し、繰り返し私娼を取り締まった。取締りの対象となる私娼が蔑視されたことは想像に難くない。徳川幕府はこの政策を300年近く堅持し、楼主や女衒など無数の悪徳業者をはびこらせ、その風習は、開国後も受け継がれた。[5]

他方、近代国家の樹立とともに、ヨーロッパの公娼制度をモデルにした再編成がなされている。1889年（明治22年）、明治政府は海外出兵に備え、帝国軍隊を確立した。近代公娼制度は、ナポレオン時代に軍隊の戦力温存を理由にヨーロッパに誕生し、19世紀半ばにはヨーロッパ全域に波及した。その特徴は、強制的に性病検診をすることと、自由意思による売春を国家が救貧事業として許容するというコンセプトだった。先進資本主義国のアジア侵略が進むなか、植民地支配の拠点となったボンベイ、シンガポール、香港、上海といった土地に、植民地当局によって公娼制度が持ち込まれていく。イギリスは1886年に本国の公娼制度は廃止したが、植民地ではこれが維持された。アメリカは全国的な公娼制度を採っていなかったが、フィリピンを占領すると、米兵相手の娼婦に対して定期検診を実施するようになった。[6]

明治政府の要人たちは芸者を買い、たくさんの妾を囲うことが男の甲斐性のように言われた。資本主義の勃興とともに、「金と女」が強く結びつけられ、遊郭はますます繁盛していく。日本にも開港と同時に外人居留地に西欧人相手の売春街が登場し、鎖国時代も西欧人を客にとった長崎の遊郭はもとより、横浜や福原（神戸）にも遊郭が誕生した。侵略のための膨大な軍事予算は地方財政を圧迫し、民衆に背負わされ、多くの農民を陥落させた。口べらしに息子や娘を出稼ぎに出し、遠く海外に新天地を求めて出国し、東南アジアやハワイ、北米で売春に従事する者も出てきた。急速な資本主義化のなかで、低賃金・重労働の女工哀史が繰り広げられ、不況で解雇された女工らは娼妓となって、朝鮮や内地の軍都に送られた。経済的に逼迫した親によって、わずかな前借金で遊郭に引き渡される娘も続出した。[7]

このようななかで生まれてきたのが、からゆきさんだった。1903年（明治36年）に大阪で開催された内国勧業博覧会では、那覇の辻遊郭の娼妓2人を展示するという「人類館事件」が起きている。当初はアイヌ、台湾人、中国人、朝鮮人らとともに陳列していたが、異議申し立てにより撤回された。[8]帝国主義は人種差別や女性蔑視を携えていた。

4．廃娼運動

日本でも西洋でも、1880年代から廃娼運動が盛り上がったが、公娼制度を19世紀のうちに廃止したのはイギリスとノルウェーだけで、植民地では公娼制度が維持された。廃娼運動を担ったのはおもにキリスト教徒であり、日本では、矢島楫子の創設した日本基督教婦人矯風会と、山村軍平を指導者とする日本救世軍だった。

1872年(明治5年)、開国まもなく起きた国際的事件をきっかけに、明治政府は人身売買禁止と娼妓解放令を発することになった。娼妓解放令は人身売買の禁止を謳ったが、政府は遊郭を禁止するつもりはなく、売春を悪いとも考えていなかったので、翌年、本人の希望があれば今までどおり営業を続けることを認め、自由意志によって営業したいという娼妓には場所を提供するという「貸座敷・娼妓規則」を出す。

1900年(明治33年)、函館の娼妓が廃業するため廃業届連印を願い出たが、楼主が捺印を拒否したことから地方裁判所に訴訟を起こし、大審院判決で勝訴した。これを機に廃娼運動は盛り上がりを見せ、全国の娼妓たちの自由廃業の契機となった。米国人メソジスト宣教師ユリシーズ・グランド・マーフィ、通称モルフィは、1893年に来日し、帰国するまでの10年間、娼妓解放令を盾に廃娼運動を繰り広げた。しかし、いったん廃業を受理された娼妓が暴力でもって連れ戻されるという事件が起こり、婦人矯風会や救世軍は婦人ホームをつくることになる。イギリスの救世軍本部から派遣された士官3名がモルフィを手伝っていたところ、楼主側が暴力団を雇い、吉原遊郭で大騒動が起こる。朝鮮の権益を守るため日英同盟の実現をひそかに工作中だった政府は、英国人である救世軍士官を負傷させたことを一大事として、これを取り締まった。「娼妓取締規則」が制定され、廃業を思い立った娼妓は、楼主の調印がなくても、警察署に出頭して口頭で届けるだけで名簿の削除ができることになった。その結果、全国に廃業者が続出し、楼主側も次々と対策を講じ、激しい闘争となった。

第一次大戦後に創立された国際連盟の仕事のひとつは婦女売買禁止だった。国際連盟から国際条約への加盟を要請された日本政府は、1921年（大正10年）、公娼制度が自由契約のもとに成立していることを主張し、標準年齢21歳を18歳まで引き下げ、朝鮮、台湾、関東州などの植民地に適用しないことを条件に調印した。1928年（昭和3年）、埼玉、福井、秋田、福島で公娼廃止決議がなされ、以後、各県がこれに続いた。

危機感を覚えた貸座敷業者たちは、1935年（昭和10年）、全国大会を開き、衛生上の見地からも公娼制度は優れていると論客を集めて論じ、世論に押されて公娼制度廃止を検討していた内務省もこれを取りやめた。翌年には2・26事件が起き、戦時体制に向かったため、この時期の廃娼・存娼論議はうやむやに終わった。[9]

5．戦争と慰安所

日本は、琉球処分、日清・日露戦争を経て、台湾を領有、朝鮮を植民地化し、満州における勢力を拡大していった。軍隊の売春に関する需要は拡大し、内地と植民地には遊郭が急増し、中国や朝鮮の女性たちが公娼制度の底辺に編入されていく。日韓併合後には、日本統治下で朝鮮の農村は急激に解体され、膨大な朝鮮人女性が朝鮮、内地、満州の売春市場へと供給された。満州においても、大連市街に2遊郭が指定され、公娼制度が導入された。[10]

昭和に入り、日本軍の侵略が満州から中国本土へと進むにつれ、戦地における強姦事件が頻発するようになり、慰安所が考え出された。現在公開されている公文書の中で一番古い慰安所に関する記述は1932年に上海にあった海軍慰安所についてのものである。[11] 初めのうち、「慰安婦」は長崎など北九州から経験者を対象に集められたというが、戦火が拡大し、長期戦となるにつれ、植民地となった朝鮮や台湾、占領地となった中国や東南アジア、インドネシアでは日本軍が民間抑留所に入れていたオランダ人女性も対象となった。[12] 慰安所や「慰安婦」の数は正確には不明であるが、関係各国の公文書などに基づき作成されたwamによる「日本軍慰安所マップ」によれば、23ヶ国に数千のデータが掲載されている。[13]

沖縄でも日本軍が配備されるようになると、各地の部隊に後方施設として慰安所が併設された。数々の証言が残っているが、2023年1月に訪れた南風原文化センターの沖縄戦の展示には、南風原には3ヶ所に日本軍の慰安所が設けられ、辻遊郭の女性数十人が「慰安婦」にされていたという記載があった。「公娼制度の犠牲者が、さらに軍隊による性暴力の被害を受けたのである」と説明されていた。また、宮古島では地形上、住民の生活圏である平地に慰安所が建設されたため、住民との接点があった。ある住民は、子どもの頃によく見かけた「朝鮮人のお姉さんたち」のことが忘れられず、彼女たちがよく腰を下ろしていた場所を忘れないようと大きな岩を置いていたという。調査に訪れた研究者らと地元住民らが、2008年、その場所に記念碑を建立した。[14] それは「アリラ

アリランの碑（宮古島）

ンの碑」と名付けられ、「女たちへ」と題して、12の言語で「日本軍による性暴力被害を受けた1人ひとりの女性の苦しみを記憶し、全世界の戦時性暴力の被害を悼み、二度と戦争のない平和な世界を祈ります」という追悼の碑文が刻まれている。

第2章

売春防止法の成立

1．占領軍慰安所の創設

１９４５年（昭和20年）８月15日、日本は敗戦を迎える。政府は、「日本女性の保護」の名目のもと、今度は占領軍のための慰安所を設置することを決める。敗戦から３日後、占領軍の駐屯が決まったら慰安施設を早急に開設できるよう準備をするようにという通達が出された。警察署長は積極的に指導を行うこと、営業に必要な婦女子は、経験者を優先的に充足するなどというものだった。それから８日後、花柳界業者代表によって株式会社ＲＡＡ（Recreation and Amusement Association）が結成された。趣意書の冒頭には、「一億の純潔を護り、もって国体護持の大精神に則り、先に当局の命を受け」とある。

ＲＡＡはさっそく接客婦を募集し、ほとんどが素人の若い女性１３６０人を採用して、慰安施設第１号である大森「小町園」を開店させた。１９４５年８月28日、連合軍が進駐すると、兵士が殺到して、玄関先から京浜国道に向かって延々と行列となり、４００～５００名が「早くオープンせよ」と大騒動になったという。続いて、将校相手の慰安所が開設され、慰安所に殺到する将兵の数は日増しに増え、ＲＡＡの施設はたちまち数を増していった。急な需要に、ＲＡＡは「性の熟達者」としての元売春婦を探し始め、警視庁は通達を出して、戦争のために休業を命じていた待合・芸妓屋の営業を再開させた[15]。

2. 性病の拡がりとGHQによる公娼制度の廃止

性病が瞬く間に拡がり、GHQ総本部は、日本政府を通じて、RAA施設に衛生設備の完備や「慰安婦」の検診を命じた。1945年9月25・26日に各慰安所で最初の一斉検診が行われた。検診はその後何度か行われたが、罹病率は上がる一方で、進駐軍の罹病率も高く、1946年1月にはある部隊で68%が保菌者であることがわかった。驚いたGHQ担当長は、3月、RAA所属のすべての慰安所に占領軍将兵が立入ることを禁止する命令を出した。

1946年(昭和21年)1月21日、総司令部から日本における公娼制度の廃止に関する覚書が日本政府に送られた。これに先立って、事前にこの情報を入手した警視庁は、対策として公娼制度廃止に関する通達を出していた。その内容は、公娼地域はそのまま私娼地域として営業させ、貸座敷業者は接待所、娼妓を接待婦と呼び変え、戦前から変わらない集娼政策を続けるというものだった。

しかし、GHQは売春業者を厳しく摘発した。驚いた警視庁幹部と業者たちは、前借制度廃止の徹底、身体その他自由の拘束を絶対させない、搾取をさせないという「指導三原則」を打ち出し、GHQの了解を取り付け、「個人が自発的に商売することは構わないのであるから、接待婦が接待所に入って自発的に商売をすれば『覚書』違反にはならない」という強引な解釈を行った。1946年2月2日、1900年から公娼制度を実質化し機能させてきた「娼妓取締規則」が廃止され、3月26日、RAAも閉鎖された。

3. 赤線、青線と「闇の女」

「大和撫子の貞操を防衛する」という名目で、終戦直後から占領2～3ヶ月のうちに、売春専門の店やキャバレー、ダンス・ホールなど進駐軍に性的サービスを提供する施設が全国各地に作られ、戦後の生活に困った女性たちが吸引され、最盛時には7万人、閉鎖時には5万5千人の女性が働いていたという。[16] 1946年11月14日、公娼制廃止後、「社会上やむを得ない悪として生じるこの種の行為」については、特殊飲食店を指定して警察が特別に取締まり、特殊飲食店等は支障のない地域に限定して集団的に認める措置をすることとなった。警視庁では吉原・新宿・洲崎など、従来の集娼地域を指定地域として赤線で囲んだことから、赤線地域と呼ばれるようになった。その周辺には私娼が集まり、暴力団の支配下に編入されていく。これは青線地域と呼ばれた。

売春を必要悪として認める肯定論が、後に売春地域を赤線、青線として温存させることになった。市街地の街娼を表す「闇の女」という言葉は、公文書にもたびたび使用された。基地周辺の私娼は「パンパン」と呼ばれ、一時的に妻の役割を果たす「オンリー」と、不特定多数の相手をする「バタフライ」に分けられた。GHQは性病蔓延のため集団売春街に米兵が出入りすることを禁じ、警視庁とともに派手な検挙劇が繰り返された。

「闇の女」の保護対策は厚生省の担当となり、「婦人保護要領」が決定される。その趣旨は、「昨今の国民道徳の低下と物心両面の貧困のため、転落する婦人が続出しているので、母性の保護と社会秩序のために保護対策を講じる」というものである。民生委員や生活保護の活用による「転落防止」と、婦人福祉施設を中心とした「更生保護」が打ち出された。「更生保護」のために提案されたのが婦人福祉施設であり、性病予防と女性の救済保護のふたつの機能が求められた。性病予防には、娼妓病院や国立病院があてられ、入院治療中、退院後に売春をしないですむような職業訓練と生活指導が含まれていた。婦人寮は、生活再建の訓練の場として位置づけられた[17]。

これを受けて、１９４７年（昭和22年）秋、17ヶ所の婦人寮がスタートした。婦人寮の運営を担ったのは、明治時代より民間社会事業として婦人救済施設を営み、廃娼運動にも取り組んできた日本キリスト教婦人矯風会や救世軍などキリスト教を背景とした団体・組織だった。同年、日本の女性問題を専門に担当する部署として、初めて労働省に婦人少年局が設置され、新しい法律や制度の周知、啓発のポスターやパンフレットを作成したり、調査活動を実施したりしている。

4. 売春防止法の成立と婦人保護事業の開始

紆余曲折を経て、１９５６年（昭和31年）５月21日、議員立法で売春防止法が成立した。その目的は、売春は人としての尊厳を害し、性道徳に反し、社会の善良の風俗を乱すものであるから売春を助長する行為等を処罰するとともに、売春を行う恐れのある女子に補導処分や保護更生の措置を講じて、売春の防止を図ることであり（第一章第一条）、売春の目的で公衆の眼に触れるような方法で客待ちをしたり、勧誘したりした者は、六ヶ月以下の懲役又は一万円以下の罰金を科す（第五条）、売春の斡旋をした者は、二年以下の懲役または五万円以下の罰金を科す（第六条）などというものである。その内容は、誘う、強制する、便宜をはかる、利益を得るなど、売春行為として社会問題とされた場合の行為のみを問題化し、処罰の対象となるのは女性だった。

ここに至るまで長きにわたってさんざん利用され虐げられてきた貧しい女性たちが、「転落者」と貶められ、犯罪者とされ、男性は被害者と位置づけられたのは、まったくもって理不尽であると言うよりほかかない。

売春防止法は、刑罰と保護更生の両方を併せ持つ法律であり、第4章で保護更生を担うものとして婦人相談所、婦人相談員、婦人保護施設が3本柱とされた。都道府県は婦人相談所を設置し、婦人相談員を置かなければならず、市は置くことができる。売春防止法の全面実施に先立ち、厚生省は、まず、八大都道府県（東京、神奈川、愛知、大阪、京都、兵庫、北海道、福岡）に婦人相談所を設置し、全国に468名の婦人相談員を置いた。最初期に婦人相談員になったのは、矯風会や救世軍のメンバー、婦人少年局の協力メンバーが多く、廃娼運動の延長として婦人相談事業に関わったようである。婦人相談員たちは、赤線をはじめとする集娼地区へと足を運び、ビラをまき、集会を開き、一軒一軒訪ね回って、法律を知らせた。仕事の斡旋、医療や生活費の相談や援助、施設入所、住居の世話、貸付金手続きなどができるので、いつでも相談に来て欲しいと伝えた。

売春防止法は2年かけて段階的に施行されることになっていたので、成立後も赤線業者らの延命、復活運動が執拗に続き、これに対する廃娼推進の婦人団体による完全実施要求の動きも激しく、世論の高まりに押された政府は、1958年（昭和33年）8月、各府県の売春防止対策本部の設置促進を決定、警察も完全施行日を待たずに取締まりの強化に入り、業者たちは１９５９年（昭和34年）にかけ、続々と廃業宣言を出した。

女たちの抵抗

戦後、１９４７年（昭和22年）に労働省が設置されたが、性産業で働く女性を守ることはなかった。性病管理のために「特殊飲食店」の従業員に組合が作られたが、組織的にもっともしっかりしていると言われた新吉原女子保険組合は、性病予防や共済活動などに取り組むとともに、労働条件の改善を取り上げた。赤線で働く女性たちは、当事者の意見を聞かずに出された売春処罰法案には反対だった。失業と犯罪者化の一方的通告だったからである。

１９５６年（昭和31年）１月、東京都女子従業員連合会が結成大会を開催し、１千５００人の女性が集まった。３月には全国の赤線で働く女性たちに呼びかけ、約２００地区の代表が参集し、全国接客女子組合連盟を結成した。全国接客女子組合連盟は、現在までの特別飲食街は「国家的必要性から建設された指定地区企業体」であり、売春防止法の制定に対して、「経営者への補償と従業員への転出更生に責任ある具体策を以て対処せよ」という要求を出した。また、「更生」という罪悪を改めるというニュアンスにも反発した。

従業員組合は、自力更生のため貯金ができるように強制検診療減額要求運動なども行いながら、政府に更生資金を要求していった。しかし、政府はこれを無視し、１９５７年（昭和32年）４月１日、売春防止法が施行された。赤線の女性たちは、法的に犯罪者となり、１９５８年（昭和33年）

4月1日、処罰規定が施行され、売春防止法は全面実施となった。赤線は廃止されたが、元赤線はたちまち暴力団の支配するところとなった。いったん帰郷した女性も半数は経済的事情や田舎の冷たい目に耐え切れず、元の業者を頼って舞い戻った。非合法化された売春婦たちは、組合としての団結はもちろん、搾取や暴力に対する市民的抵抗も許されない存在となった。[18]

赤線の灯が消える

当時、新宿区で婦人相談員をしていた兼松左知子の『閉じられた履歴書』（1987年、朝日新聞社）の中に、「赤線の灯が消える」という章がある。それによれば、1959年（昭和34年）1月28日、新宿二丁目の新宿カフェー協同組合事務所の大広間で赤線解散式が行われ、四谷警察署、福祉事務所とともに、婦人相談所職員も参加して、早速仕事を始めた。「一日も早く、今すぐにでも相談にきて下さい。ご連絡があれば、すぐお伺いします」とのビラを配り、皆の前で紹介されると、150人集まっていた女性たちから冷やかしや罵りが始まり、そのまま会場の隅で相談を受け付けたところ、相談は8件だけだった。翌日からは、早速、各店の訪問を始めた。夜には、花園歓楽街一帯の電柱にビラを貼って回ったが、黒シャツの男がつけてきて、3時間後には無残にはがされていた。

当時の女性たちの収支は、泊り客が4千円から1万円、短時間の遊び客は2千円から5千円、利益の配分は業者6割、女性4割、その中から電話料、寝具、差し入れ料、チリ紙、衛生器具代、掃除代、燃料代、なかには食費、部屋代までひっくるめて1日150円から650円を差し引かれ、稼ぎが少ないとそれが食い込んで借金になって残る。廃業までの残り少ない日々を、女性たちはやっきになって働いたが、手元に金が残る女性は少なく、大部分は出入りの商人に5千円から10万円までの借金を抱えていた。

東北の貧しい家庭に生まれ、家族のために赤線に入った女性は、この年、18歳で、兼松が婦人相談所に入所させたが、それから1年もしないうちに、交際していた大学生に冷たくされ、生きる望みを失くしたという遺書を残してガス自殺をした。ハンドバッグの中から兼松の名前と電話番号を書いたメモが見つかって、警察から連絡があったという。

赤線解散式の会場で前借金のことを相談してきた当時27歳の女性も、貧しい東北の農村出身で、業者と掛け合って借金は無効にしたものの、客として知り合った男を大学に通わせており、その後、早産し、男が教授の世話で他の女性と結婚することを知ると、刃物を持って追いかけ、男を刺す一歩手前で兼松がその手を押さえた。その後、郷里に帰ったが、3年後に自殺した。兼松は、婦人更生資金の貸付金償還の件で本籍地に問い合わせて、その事実を知ったという。

理不尽な状況のなかで廃業を強いられた女性たちと、彼女たちを「更生」させることが任務となった初期の婦人相談員の仕事ぶりを記録から紹介してみたい。

青森で

1957年（昭和32年）3月15日限りで青森市唯一の赤線地区の紅灯が一斉に消えることになった。その前に業者と従業婦を対象に法の趣旨を説明し、啓蒙するため、青森署署長、婦人少年室長等について幾度かそこに足を運んだ。「熱心な説明を、静かに聞いている彼女達であったが、沈痛といおうか、悲痛といおうか、納得のいかぬ前途に光を見失ったような眼ざしが、今も尚、私の眼の底に焼き付いて離れない」と青森の婦人相談員は書いている。

ある日、M楼の従業婦7人からぜひ来てくれと言われ、複雑な心境で赴くと、座敷に入った途端に7人に取り囲まれ、口々に罵られた。生活権を奪う憎むべき相手といわんばかりに、色をなして詰め寄る様はものすごいものだった。そのなかに「一番すざまじい年増の女」がいて、「裸一貫で外地から引揚げてきた家族のために自分が一人犠牲になり、事業資金を作るためにこの世界に身を沈めたのだ」と言い、「これからの自分達に何をしてくれるのか」とつかみかからんばかりの強硬な態度だった。

かけ出しだった相談員は、内心ぶるぶる震えながらも、ここで弱気を見せては説得できないと歯を食いしばり、「これまで長い間品物扱いされていた私共婦人のために国が黄金の価値のある法律をつくってくれたのだ、婦人の地位が認められ、人格の確立が証明されたことがどうして不服なのか」と堂々と弁じたてた。「個々の事情は千差万別でも唯一の収入が断たれる彼女等にとって直ちに転業のあっせんが出来るという具体策については、全く貧しい有様で、私共婦人相談員にとっては何とも酷な思い出の1つである」と述べている。

これには後日談がある。相談員は、後に、平凡な船員の妻であり2人の子の母となってひっそりと暮らしている一主婦がその女だったことを知る。彼女は世話好きで、時々、知人や友人の相談者を案内して相談員を訪ねてきたそうだ。「あれからすでに拾数年、過ぎし日のことを知るや知らずや、私を頼りにしてくれることは限りなく嬉しいことである」と回想は結ばれている。[19]

東京で

１９５７年（昭和32年）、主婦であったが夫が病死し勤務を始めた婦人相談員は、区内に３つある赤線のひとつの担当となり、暗中模索のなかで特飲街に働く女性の面接を重ねていた。ドブ川添いの小さな店に小柄な若い女性がいた。「淫靡な雰囲気ただよう室に通されて、向かい合って座ってみると、彼女は実に美しく、今まで話し合った女たちにないような、人懐かしさを感じ、少しの間、二人は無言でいた」という。

そこへ突然、若い男が入ってきた。彼女は豹変し、男に卑猥な勧誘の言葉を浴びせ、相談員を部屋から押し出し、戸を閉めた。昼間から客を取る行為をまざまざと見せられ、複雑な気持ちだった。赤線に働く女は貧困から身を置いた者が多い時代で、「彼女にも仕送りを待つ家族があるのではないか、年若い彼女が、赤線の従業婦となり、世の中の裏道を生きて行く、何と悲惨な日々であろうか。従業婦らしからぬたたずまいを見せた彼女に、凄まじいまでの生きる気迫を感じた。売春防止法施行を目前に控え、彼女の心境を思う時、最後のあがきにも似た行動に、哀れをおぼえた」と記している。その後、再度訪れたが、店は閉まり、会えなかった。彼女がどのような道を行ったのか、知る由もない。[20]

弘前で

集娼地帯の廓というものに全然知識のない素人が、社会通念で蔑視されていた遊郭の中に入り込むということ自体に困難があったが、相談員は「虎穴に入らずんば虎児を得ず、海千山千という業者の理解を得ることが先決問題である」と考え、福祉事務所の所長から、赤線地区に居住している民生委員を通して、業者の組合長、副組合長に婦人相談員を紹介してもらうことにした。警戒心を持たれないようにして、人間理解に富む「世話好き小母さん」というような心構えで入ることを決意した。自分も民生委員をしていたので、社会の底辺にある人たちと関わっており、法の実施による赤線業者もこの際は死活問題でもあろうし、法施行の使者でもある婦人相談員は鬼婆にも見えるだろう。できるだけ物柔らかな感じで受け留められますようにと祈り、生まれて初めて遊郭に入った。

事前に連絡してあったので、組合長と副組合長は待ってくれていて、穏やかに挨拶をし、「法治国民であることの襟度を保ちます」と言い、全業者に連絡を取り面接する機会を作ってくれた。従業婦たちは楼主を父さん母さんと呼んでいたので、「その方が心強いだろう、また業者も役所の人が何を教え込むのかという緊張感もあるだろう」と考え、最初の面接だけは必ず楼主に立ち会ってもらうことにした。

どの遊郭も婦人相談員を歓迎の態度で迎え入れてくれたので、日毎夜毎に各楼を訪問して、ひとりひとりの話を聞き、これからの問題に最も具体的な方法を話し合い、必要な手続き、就職の斡旋をした。業者の転廃業には県が資金の貸付をしたので、新規の商業に転業をした人もあって、繁盛している。個別に面接してみると、当初の危惧とは違ってみな心の優しい女で、事業に失敗した父親の自殺から残された借金を背負わされた長女、不遇な破婚による捨鉢から身を落としたものもあり、生活苦からの転落が85%、個々の問題は深刻な悲劇を含むものが多く、抑圧の代償で沈められた女性の救出にはこの方法以外にないことを知った。

新開地は3月13日、北横町は14日の夜をもって廓の大扉を閉じ、300年の紅灯は静かに消えた。翌朝、お別れの意味もあって各楼を訪れ、荷札を書いて手伝いをしていると、長年手塩にかけた教え子を卒業させる気持ちにも似たものがあって、それぞれの幸せを祈りながら、「おめでとう」を言った。婦人相談員にとっても、非願成就、正常な社会復帰に引き上げた花道ともいうべき感無量なものがあった[21]。

5．更生保護相談室

1949年（昭和24年）5月31日、東京都は売春等取締条例を制定し、街娼の取締りを始め、各都道府県や市町村もこれに倣ったが、検挙されては売春し、また検挙されるという繰り返しだった。1955年（昭和30年）11月、東京高等検察庁で検察庁、保護観察所、警視庁、厚生省社会局、東京都民生局、婦人保護施設代表者が協議し、同年12月1日に東京地方検察庁内に更生保護相談室が開設された。

1956年（昭和31年）に成立した売春防止法の「第二章　刑事処分」の第五条では、公衆の眼に触れる場所で売春を目的に勧誘を行った者は、六ヶ月以下の懲役または一万円以下の罰金に処するとされている。五条違反で検挙された女性の更生等のため、全国22ヶ所の更生保護相談室が検察庁内に設置された。そのスタッフは、保護観察官（室長）、保護司、婦人警官、婦人相談員からなり、婦人相談所から婦人相談員が派遣される形をとった。

厚生省の調査によれば、1958年3月末までに転廃業した従業婦は全国で4万6千890人、半数は帰郷、18％は転職、11％は結婚となっている。そのなかで再び売春に戻った者も多いとされるが、婦人相談所の支援を得て更生の道を歩んだ者も相当あることが報告されている。更生保護相談室の取扱い相談件数は1959年がピーク（4千673件）で、その後減少が続き、1985年、東京都の更生保護相談室だけが残ったが、2003年にはこれも廃止された。

神奈川で

1956年（昭和31年）11月に婦人相談員の命を受けた相談員の話である。1957年（昭和32年）2月には地検内に更生相談室もできた。法完全実施前に稼げるだけ稼ごうと街娼の動きも活発となり、毎日のようにたくさんの街娼が風紀条例違反者として警察に検挙され、地検に送られてきたので、その面接に多忙をきわめた。面接時、更生意欲のある街娼を身柄受けして相談所に連れ帰るのであるが、留置所に寄って遺留品を受け取り、本人の間借り先に寄り、荷物を持って帰るという本人の言葉を信じ、入口に待っていると、そのまま逃げられていたということが再三あった。相談所に連れ帰り、故郷に帰してやれやれと喜んでいると、数日後にまた検挙されてきて、本人が故郷から出したお礼状の方が後から届くなどというケースもあり、この仕事の難しさを痛感したという。

多くは夫を亡くして子どもを実家に預け、月々の仕送りのためにやむなく街頭に立つといったものだったが、異色の者もいて、バラエティに富んでいた。ある女性は、男に捨てられ横浜に出てきて3年足らずで300万円貯め、家を新築し、明日引っ越すので、今日は最後の商売と街頭に立ったところで検挙された。

1957年（昭和32年）には、赤線従業婦の廃業についての前借金問題も出て来た。人権擁護局に訴え、人権審判事件として立件され、示談成立となった女性を連れて荷物を取りに行くと、店主から「更生するという言葉によって借金を棒引きするのだから、今後絶対こうした道に入ることは許さぬ」と言われ、責任の重さを感じた。その彼女は婦人保護施設に入り更生した。

前借金を棒引きにしてもらう方便として相談所が利用されることもあった。ある女性は、元政党幹事長の未亡人である娘が生活を見てくれないというので、娘を相手取り家裁に扶養義務の訴えを起こしていた。新憲法になって家裁制度が変わった過渡期の犠牲者とも考えられた。「あなたはお子さんがおありですか。これからは子どもはあてになりません。ご自分の老後のことも今から心がけておきませんと私のような目にあいますよ」としみじみ語った。その後、調停で娘に引き取られたが、3ヶ月ほどして何気なく新聞を開いたら、「養老院の老女二人手をつないで関門海峡にて投身自殺」という小さな見出しが目に入り、名前を見たらひとりは彼女だった。

1958年(昭和33年)2月28日をもって県下のすべての業者が廃業し、赤線の灯は消えた。その後、婦人保護施設は満員になるだろうとの予想を裏切って、保護施設入寮者はごく少数に留まった。4月1日全面施行後は地検に送られてくるケースは少なかった。6月頃からは元赤線従業婦の街娼が検挙されるようになり、廃業後いったん帰郷した者が戻ってきたケースも多かった。[22]

東京で

1957年(昭和32年)、東京都北多摩事務所の婦人相談員になった相談員は、地検八王子支部に出向き、ガレージの入口にでも机を置いて釈放された女子の相談に当たらせて欲しいと申し入れ、部屋を与えられた。大多数が立川と福生基地のGI(アメリカ兵)を相手にする婦女子で頭髪を赤く染め、対談中も外人男性の名が飛び出し、異国人と話しているような錯覚を覚えた。売春の形態もかなり複雑で、自動車売春のハシリや、お腹にある子どもは生まれてみなければその人種もわからないという状態に目を見張ったり、金髪の子どもを抱えて、知らない間に本国に帰ってしまった米兵の父親を探し出し、そこへ行かせてくれとせがむ対象者のために、英語の辞書を片手に、基地の将校夫人を訪れ協力を依頼したり、国際社会事業団にお百度を踏むなど国際色豊かな仕事をしたのもこの頃だった。

そうしたある日、受持地域の武蔵野で大々的な手入れが行われ、数珠つなぎで大量の検挙があった。そのなかに特飲街従業婦組合の組合長が交っていたので、その人を通じて交渉し、遂に従業婦全員と相談員との座談会を開くまでにこぎつけた。文化的水準の高い住宅地として地域運動もあり、

1959年（昭和34年）の年明けには都内トップを切って完全廃業となった。組合長だった女性は、夫に捨てられ、老母と娘2人に多額の仕送りを続けていたが、都内の母子寮の1室に家族4人で入り、昼夜働き、更生第1号となった。

この頃から五条違反の罰金が払えない女性が続出し、法的な貸付金もまだ整備されておらず困難を抱えた。婦人相談員が自主的に運営している会で外部の篤志家より寄付を受け、「婦人金庫」を作り、法的に出費できないもので緊急を要するものを無利子で貸付を行ったりした。また、社会復帰組も相当数出て来たので、激励のためにクリスマスパーティを開いて招待したり、子どもも一緒にキャンプをするなど生きがいを感じるものであった。

一方、アパートに相手を連れ込み自前で商売をしたり、基地周辺でオンリーとみせかけたもぐり売春も始まり、集団地区の消滅で婦人相談員の対象者発見、接触に困難をきたすようになった。1960年（昭和35年）、東京地検に転勤を命じられ、大量の検挙対象に面接ができるようになり、長期間指導を必要とするケースを地区相談員に連絡するシステムを作った。

「私の歩いたあとに花が咲いた　私の歩いたあとに泉がわいた　ただ一歩一歩かえりみて静かに歩いた　ただ一瞬一瞬心から踏みしめて歩いた　私はやはりいい道を歩いたのだろう　荆のとげにもさされたけれど　石のかけらにもつまづいたけれど　河井酔名」これは人と相談することを仕事とするのみならず、すべての人が思いをいたす心ではあるまいか。[23]

なお、この相談員は、全国婦人相談員連絡協議会初代会長となり24年にわたって会長を務めた西村好江である。

札幌で

初めて会ってから20年以上経って、ひとりの女性が相談員を訪ねてきた。彼女との最初の出会いは、1964年（昭和39年）、五条違反で12回目の検挙の時だった。彼女は法施行以前より特飲店で働き、1958年（昭和33年）の初犯からこの道きっての強者、一方の相談員ときたら駆け出しの1年生、とても太刀打ちできる相手ではなかった。供述書によると、夫は前年、妻の検挙を救うため公務執行妨害で逮捕され、服役中であり、家庭には、11歳の長女を筆頭に0歳まで4人の子どもがいた。公判請求は回避され、罰金7千円で釈放となる。生活保護を申請し安堵したのも束の間、無断転居した。1967年（昭和42年）に検挙され、この間に2度検挙され、罰金で釈放されていた。さすがに情状酌量にも限度があると本人も覚悟したが、その頃、夫は他に女をつくり居所もわからなくなり、子どもたちのことも心配で、相談員の名前で身上調査書を出したところ、釈放となった。

彼女はこれまでになく相談員に心を開き、いろいろと話をしてくれた。自分から好きでこの道に入ったわけではない。二枚看板とは知らずに働きに行ったところが特飲店で、客を取らされた日々は死との闘いだったと涙する。

彼女は街娼から足を洗ったが、ススキノの屋台団地に店を持ち、自分では客を取らないが、店に女を置き、別の形で違反を続けて行った。組の者から「姐さん」と呼ばれ、この道にどっぷりつかり、のめりこんでいった。しかし、このような中にあっても相談員とのつながりは切れず、他区に転居しても困ったことがあったり公的書類の提出の時などよく相談にきた。

1983年（昭和58年）、1984年（昭和59年）と続けての検挙で、あぶない橋を渡っての生活に終止符が打たれた。覚醒剤不法所持だった。2年して仮釈放で出所し、ようやく満期となった。そうして、今日、彼女は「渡したいものがあって」と訪ねてきた。風呂敷から出したものは、粋な感じの手作りの千代紙人形だった。もともと手先の器用な彼女であり、2年近くの収容生活で覚えたものだろう。彼女の更生の証にと嬉しく頂戴した。「道猶遠しといえども、この法の灯りを消してはならじ」と、歩き続けている今日この頃なのである。[24]

6．婦人補導院

1956年（昭和31年）に成立した売春防止法は、1958年（昭和33年）に一部改正され、婦人補導院法が成立し、売春防止法第五条の罪を犯した満20歳以上の女子に対し、更生の意志のある者に対して、執行猶予として補導処分にすることができることになった。併せて、法務省の管轄で、補導処分に付された満20歳以上の女子を収容する国立の婦人補導院が誕生した。補導処分の期間は6ヶ月である。

婦人補導院法は当時類のない刑事法として、「科学的診断とそれに基づく処遇計画の立案実施」をすることとなっており、収容されるとまず心理判定員によって知能テストをはじめとした複数のテストや医師の診断を受け、4種類（A病者、B精神薄弱、C性格異常、D健常者）に分類された。これらの女子を収容し更生させるために補導を行う矯正施設として、東京、大阪、福岡に婦人補導院が設置された。開設初期には若年女性が収容されることが多く、生活指導においては個別相談、クラブ活動や役割活動を行い、職業補導においては生活リズムをつけさせながら料理や手芸などの教育が行われていた。

婦人相談員は、更生保護相談室で検挙された女性と面接した後、婦人補導院に入った女性たちと関わり、6ヶ月の退院準備期間に入ると、退院後の帰住先と生活について相談にのる。入院前の居住地などの地域に帰るものもあるが、一時保護所を経由して婦人保護施設を希望するものも多かった。このように個別の相談に関わるだけでなく、婦人相談所から篤志面接委員として派遣され、習字や裁縫を教えるなど、「教養・趣味・技能などを高める指導、又は精神的煩悶の解決や将来の生活設計を立てるための相談助言」も行っていた。

しかし、後述するように、高度経済成長を背景に売春形態が複雑多様化し、五条違反の売春は激減し、婦人補導院の対象者は減少していった。1958年（昭和33年）に婦人補導院法が成立してから最初の4年間は、補導院処分を受ける人数が受刑者数を上回り、1959年（昭和34年）には1万8千人を超えていたものが、以後、減少し、昭和60年代のバブル期には一時5千人を超えたものの、検挙者は、その後は一貫して減少した。昭和50年代頃からの入院者は、知的障がいや重篤な精神障がいを患っていると診断される者が多かった。1982年からは1桁に留まり、大阪、福岡ではこれが廃止され、1985年以降、更生保護相談室とともに東京婦人補導院が唯一のものとなった。これも2024年4月1日、売春防止法の改正により廃止された。

東京で

1960年（昭和35年）から篤志面接員として毎週東京婦人補導院に通っていた相談員は、初代から6代目までの歴代院長の思い出を綴っている。院長たちは、院生たちが少しでも収入の高い仕事に就けるようにと、家事サービスや病人の看護などを職業指導に入れたり、スポーツやアートを取り入れたりなど、それぞれが工夫を凝らし、卒業生が休みに訪ねてくるなど人間的な関わりをしていた。平均収容率が102％になった1961年（昭和36年）には、教官につっかかったり、在院者同士がささいなことから取っ組み合いのけんかをしたり、逃走する者も出たりなど大変だったが、開設から1974年（昭和49年）までに1410人が収容され、35％が更生した。

1975年（昭和50年）、「呉港にバラバラ死体。中年の女性、海上に散乱」の新聞記事を見た相談員は、5ヶ月前に婦人補導院で面接した女性だと知り、大きなショックを受ける。彼女は57歳という年齢より老けて見えたが、補導院での生活には満足しているようで、食事がおいしい、こんなにしてもらっていいのだろうかと感謝していた。そして、自分は3億円事件の犯人を知っているのに、警察でも婦人相談所でも誰も信じてくれないと怒る。聞いてみると、それは東京で起きた有名な事件ではなく、広島で起きた事件で、犯人は自分のアパートの隣に住んでいる男で、自分は狙われているという。彼女は過去に5年間統合失調症の診断で入院していたことがあったが、医務室からの薬は服用せず、日常会話にも妄想のようなことが入っていた。2回面接したが、非常に疲れた。彼女の発言の全部を精神障がい者の言葉として否定するわけにもいかず、かと言って全部を肯定するわけにもいかない。

その後の調査で、彼女には1千万円の貯金があったことがわかった。35歳で売春を始め、殺されるまでの22年の間に、入院したり真面目に働いたりした時期を差し引くと、12～13年で貯金したことになる。その間にいったいどのくらいの男性の相手をしたのか。今にして思えば、誰かに狙われていたのを彼女は頭の中で3億円事件の犯人と重ねてしまっていたのだろう。もう少し詳しく聞いて事態を分析していたら今度のような事件を未然に防ぐことができたかもしれないと悔やんでいる。[25]

その後のこと

1983年に東京都の婦人相談員になった常澤愛子さんにお話を聴くことができた。1961年（昭和36年）、女性単独の留置所があった警視庁菊谷橋分室内に、更生保護相談室の台東出張所が設置され、東京都の婦人相談センターはそこにあった。婦人相談員は更生保護相談室に派遣された。1階が台東出張所、2階から上に留置所があって、売春で検挙された「本来ケース」と呼ばれる女性たちが連れてこられる。3階には衛生局予防部性病係の分室があって、検挙された人は、まず性病の検査をされ、病気があれば、3泊4日で台東病院へ送られる。釈放された女性たちの後のケアをするのが婦人相談員の役目だった。

「本来ケース」は、基本的に地域に繋げる。帰るところがあれば帰すが、難しそうなら福祉事務所に繋げ、地域の婦人相談員に訪問してもらう。住所がない場合は一時保護し、保護所に入所してもらう。当時の所長は男性だったが、理解のある人で、女性たちの保証人にもなっていた。定年まで長くいたので、その所長がいる間は、女性たちも時々訪ねてきていた。

更生保護相談室の取扱い相談件数は減少し続けており、1985年には東京都の更生保護相談室だけが残った。ほとんど休眠状態だったが、川沿いのテント村に彼氏がいるので、そこに帰りたいと言う女性がいた。そこは住所ではないので帰せない。釈放する時に、テントまでついていったが、彼氏はいなかった。その地域の相談員を紹介したが、高齢だったこともあり、その後のことはわからない。その後テント村はなくなったが、どこかに落ち着いていてくれたらと思う。

八王子にある東京婦人補導院で、篤志面接員もした。補導院に入ってくる時には昼夜逆転しているので、生活習慣から始まる。生まれて初めて誕生日を祝ってもらったとか、お正月に着物を着せてもらったとか、そういうことを喜んでいたことが記憶に残っている。少し知恵が回る人は、携帯を使って愛人バンクなどとうまくやるので、能力的にそれができない人が捕まる。「手に職を」と言っても、生活に困り、やはり手っ取り早くお金になる売春にいく。「愛の手帳」(東京都が発行している知的障碍者の手帳)があると対応も違うが、厚生省や法務省の縦割り行政で、手帳取得もなかなか難しかった。

1982年(昭和57年)頃から「じゃぱゆきさん」と呼ばれる外国人が増えてきて、1989年(平成元年)には31人が五条違反で検挙された。うち20名が入所し、台湾、タイ、シンガポール、コロンビア、ブラジル、フィリピンから来た女性だった。1985年(昭和60年)には入室者89人のうち2名が外国人だったが、1989年には50人中20人となった。1990年から外国人も入室対象となった。ソープランドやストリップなどは場所の提供なのに、風俗営業法は単なる届けだけなので、あちこちに抜け穴がある。おとり捜査などで警察が動かない限り、五条違反にはならない。

組織替えで相談室が閉所となり、1997年12月に退職した。

常澤さんはやめる前に問題提起しようと、参考人や働いている人たちに声をかけ、所長と警察に行ったが、アプローチが難しいと言われたそうだ。6年間、全国婦人相談員連絡協議会の会長も務め、沖縄の米兵による少女暴行事件に抗議文を出したり、タイのスタディ・ツアーをするなど活発に活動された。

7．全国婦人相談員会連絡協議会の発足

1957年(昭和32年)1月、先駆けて東京都婦人相談員連絡協議会が発足し、1958年(昭和33年)、東京都婦人相談員連絡協議会と近県の相談員が事務局となって、全国婦人相談員連絡協議会が結成された。紆余曲折がありながらも、全国的なネットワークが必要であるとの信念から、西村好江を会長に1960年(昭和35年)に第1回総会が開催された。

発会にあたり、西村は、「婦人解放、婦人の人権を基本理念に制定された売春防止法であるが、古い因習をもつ国内事情の中で売春防止に対する反対的ムードは強く、いつでも形骸化されそうな空気がある。全国の婦人相談員が力を結集して法を守り、婦人保護事業を推進したい。横のつながりができ婦人相談員同志の親近感が深まることで、流動性のあるケースへの対応が一層円滑にできるようになるであろう。就任以来、全国組織結成の必要性を痛感してきた」と述べている。[26] 各県に

県単位の婦人相談員連絡協議会ができ、1961年（昭和36年）には全国8ブロックに全国婦人相談員ブロック会が結成された。

1963年（昭和38年）、相談員の熱意が認められ、厚生省主催の第1回全国研修が開催され、その後、主催県との共催で実施されるようになった。この組織の存在は、以後、婦人相談員の仕事の困難を共有し、学び支え合うと同時に、地域を越えて広範囲にわたって相談に来た女性たちを支援するネットワークとしても機能し続けている。

第3章

高度経済成長と売買春の変化

1．婦人保護事業変化のきざし

1956年（昭和31年）に成立した売春防止法による婦人相談員の仕事は、「要保護女子の発見・相談・指導」だった。しかし、1955年（昭和30年）から始まった高度経済成長によって、日本社会は大きな変化を遂げていく。それに伴い1957年以降になると、売買春は形態を変え、次第に潜在化し始めた。簡易旅館、一時休憩所が増え、素人下宿の2階や離れが場所提供で検挙され、女給、仲居に混じって主婦や未亡人が「参考婦女」として通告されるようになる。売春ケースが減少し、一般の婦人相談が増加していった。

当時の厚生省は、婦人保護事業は売春防止法による業務であると言わずに、施設も一般の婦人専用のアパートにするなどと提案し、「要保護女子の範囲は、相当広く解釈して転落の未然防止に努めなければならない。婦人相談所は広く婦人の心配ごとの相談所として一般婦人の来訪を歓迎し、売春関係の婦女が周囲の眼を気にせず門をくぐれるように配慮する」としている。[27]

1959年（昭和34年）には、早くも「曲がり角に来た売春対策」が指摘されるようになった。東京都の婦人相談所の受理件数は増えているが、7割が再来であり、入寮しても、「ヒモ付き」（陰で操る愛人がいること）が多いため寮に居付かず短期間で無断退所する。検挙が繰り返され、妊娠後期になって街頭に立てなくなり、男に見放されると中絶の相談に来る。知的障がい、人格障がいをはじめとする精神疾患が多いことも指摘された。[28]

東京婦人補導院では1958年（昭和33年）から1966年（昭和41年）の補導生の半数以上がI

Q70以下であり、「精神薄弱、性格異常」（当時の分類による）に該当するものが四割を越えていた。[29]大阪の婦人相談所では、「三年間に取り扱ったケースのうち、IQが70以下のものは総数の八割を超え、精神状態が正常なものの比率が激変し、1959年（昭和34年）度には四割を切った」という。売買春が巧妙に潜伏していくなか、五条違反で検挙される女性たちの実情だった。

そこで、このような対象者について、別途対策を講ずるべきだとの声があがるようになった。[30]「IQ50〜60クラスの要保護女子は、外勤も不可能であり、寮内における簡単な内職も出来ず、団体生活を営むことが難しく、それらの者を分類して収容することとコロニー的施設（コロニーとは心身障がい者のための長期、場合によっては終身保護施設）の設置の必要性を痛感する」との記載も残っている。[31]なお、これらの分類は当時の言葉であるが、知的障がいを抱える女性や、度重なるトラウマから精神障がいを抱えた女性たちだったであろうことが推測される。

2. かにた婦人の村の開村

婦人保護事業に困難な者が増加していることが指摘され、コロニー式に組織運用される施設を求める声が挙がるようになる。売春防止法が生まれた1956年（昭和31年）、日本に奉仕女教育を始めた深津文雄牧師は、婦人保護に貢献するため、1958年（昭和33年）、実験的コロニーとしてできた「いずみ寮」の寮長になり、そこに学んで、東京大泉の赤松林を提供して、婦人保護施設「い

かにた婦人の村（千葉県館山市）

ずみ寮」を建てた。定員50名で、奉仕女5名を配し、都内で発見される最も重い要保護女子を受け入れることにした。そのほとんどすべてが幼少期から悲惨な環境にあり、本人だけを責めても解決しないもので、じっくり腰を据えてどこか広い自然のなかで指導する場所が必要だと考え、24時間体制の実験的小コロニーとしての運営を始めたのだ。[32]

長期収容保護施設コロニーの必要性が広く認められ、深津牧師は、1965年（昭和40年）、千葉県館山市に婦人保護長期施設「かにた婦人の村」を開村する。定員100名の規模だった。「かにた」とは、そこを流れる小さな川の名前で、「そのほとりに捨てられたいとも幸うすき女性　百人の共に住む村の名称に成りました」と深津牧師は記している。

2019年（令和元年）、「かにた婦人の村」を訪れたが、このあたりは、関東大震災によって隆起した浅瀬を埋め立てて、1930年（昭和5年）に館山海軍航空隊が置かれ、東京湾の防備を担当する海軍航空部隊の重要基地だった。かにた婦人の村には、「昭和十九年竣工　戦闘指令所」と書かれた壕が残っており、天井に龍が彫られていた。周辺には、本土決戦に備えて多数の地下壕や掩体豪《えんたいごう》が建設され、巨大な赤山地下壕、零戦を隠した掩体壕、砲台や弾薬庫跡、本土決戦に備えた陣地跡など多数残っている。

城田すず子さんのこと

「かにた婦人の村」の丘の上には、「噫《ああ》従軍慰安婦」という文字を刻んだ鎮魂の塔が立てられている。「かにた婦人の村」に暮らし、戦後40年にして初めて日本人「慰安婦」であったことを告白した城田すず子さんの願いにより、深津牧師が1985年（昭和60年）8月15日に建立したものである。毎年、この日に「鎮魂祭」が開かれている。

鎮魂の塔

すず子さんは1921年、東京のパン屋の両親のもとに生まれ、不自由のない少女時代を送っていたが、14歳の時、母親を亡くし、その後、父親が親戚の借金の保証人になったことで破産し、17歳で芸者屋に売られた。性病に感染し、病気が悪化して働けなくなると娼妓として遊郭に転売された。その後も、次々に売り飛ばされ、台湾やトラック島などを経て、最後はパラオで働かされた。筆舌に尽くしがたい辛酸を舐めて生き延び、敗戦後、東京に戻ったが、食べるにも事欠き、結局夜の生活に舞い戻った。ある時、夜学を出て看護婦を目指して勉強していた妹が、姉が売春婦をしていると知り、前途を悲観し自殺したことを聞く。「今のままではいけない。この世界から足を洗いたい」とたまたま手にした週刊誌の記事を頼りに慈愛寮を訪れ、深津牧師と出会い、「かにた婦人の村」に暮らすようになった。[33]

すず子さんが深津牧師に送った手紙は、次のような内容だった。

深津先生……戦後40年……日本のどこからも、ただの一言も声があがらない。軍隊がいった所、どこにも慰安所があった。……死ぬ苦しみ。なんど兵隊の首をしめようと思ったことか。半狂乱でした。死ねばジャングルの穴にすてられ…、それを私は見たのです。この眼で、女の地獄を…。40年たっても健康回復できないでいる私ですが、まだ幸せです。1年ほど前から、祈っていると、かつての同僚がマザマザと浮かぶのです。私は耐えきれません。どうか慰霊塔を建ててください。[34]

すず子さんは、1993年に亡くなった。すず子さんの生涯を考えると、もしも母親が早くに亡くならなかったら、もしも父親が借金をせずにすんでいたら、もしも何かひとつ条件が違っていれば、すず子さんは奉仕女として女性を助けていた側にいたかもしれないと思う。どちら側にいるかは、いつの時代も紙一重である。

日本で唯一長期入所が可能な「かにた婦人の村」は、全国から約200人を受け入れ、現在、21歳から91歳までの女性43人が暮らす。多くが知的障がいや精神障がいを抱え、性被害や搾取を受け、家族からも見放された行き場のない女性たちである。[35]

3. 売買春の形の変化

売春防止法の制定と婦人保護事業の開始も束の間、日本社会は大きな変化を見せていく。1950年代の朝鮮戦争、1960年代のベトナム戦争による特需を背景に、高度経済成長が始まり、1960年に首相に就任した池田勇人は「所得倍増計画」を打ち出し、経済成長を推進させた。

個室付浴場「トルコ風呂」

売春防止法施行時の1956年（昭和31年）前後、赤線業者は個室付浴場に転業した。これは、1948年（昭和23年）の公衆浴場法に基づいてスタートしたものであるが、1951年（昭和26年）、東京温泉に個室が付き、通称「トルコ風呂」と呼ばれるセックス産業の花形となった。1960年（昭和35年）、東京オリンピックを前に、売春対策が強化され、警察が摘発を強化したため、「トルコ風呂」での売春行為は一時期、鳴りを潜めたが、オリンピック以降、また数を増やした。1965年（昭和40年）頃には、住宅地や小学校の隣にまで出現し始め、永田町の首相官邸近くにまでできそうになった。

世論が厳しくなり、1966年（昭和41年）には風俗営業法が改正された。その内容は、「個室で異性の客に接触する役務を提供する営業は官公庁施設、学校、図書館、児童福祉施設並にその他の施設で善良の風俗を害する行為を防止する必要上都道府県で定めた施設の周囲二〇〇メートルの区域内では営業できない」とあり、実質的にはそれを認めるものだった。個室付浴場「トルコ風呂」

は在日トルコ人たちの強い反対で、業者は1984年（昭和59年）に「ソープランド」と改称した。

京都で

1967年（昭和41年）5月、売春防止法制定10周年記念式典が京都で開催された直後、福知山市で2軒あるトルコ風呂のうち1軒が売春事犯で検挙された。参考婦女15名のほとんどが神戸のトルコ風呂や福原の浮世風呂から流れ込んできた者で、面接では「何て言ったって死ぬまでやるよ」と昂然としていた。うち5名は3日後に元の門内に戻り、残った者のほとんどが暴力団やその他の組員をヒモにしていた。相談員は、散在するアパートを自転車で走り回り、ヒモの存否にも神経をピリピリさせたが、暴力団の絡んだトルコ売春に対する苦闘も結局徒労であった。

2年後、残るトルコセンターで2回目の検挙があったが、トルコ嬢が長椅子に並んで客の指名を待っている様子は赤線時代と同じだった。参考婦女16名の半数は福知山出身であり、うち3名が助言を受け入れて更生の道を歩み始めたのがせめてもの救いだった。組員や一匹狼的なヒモのついている者は、業者の営業停止が3ヶ月に及んでも豪華な道具に囲まれているばかりで働こうとはせず、営業再開待ちの姿勢である。舞鶴には海上自衛隊、福知山には陸上自衛隊があるためか、人口各9万人、6万人の小都市に800軒、600軒の風俗営業がある。府下南部や舞鶴には団地主婦売春が発生しており、青少年の遊び型の性非行は蔓延している。世界的なフリーセックスの風潮の中での性のモラルは大きく変化し、退廃文化のゆきつくところが憂慮される。[36]

売春防止法で客引き行為が禁止されると、法の摘発を逃れるために派遣型の闇売春が急増した。これが、マントル（マンショントルコ）、ホテトル（ホテルトルコ）から現在のデリヘル（デリバリーヘルス）につながっていく。高度経済成長は性風俗だけでなく、歓楽街の経済にも影響を与え、朝鮮戦争の特需から、企業は飲食費を惜しみなく使い、ピンクサロンやノーパン喫茶などが最盛期を迎えた。

4．対象拡大「45通達」

1960年代の高度経済成長も後半になると、売春歴無しのケースが増えていき、夫の問題を含む家庭問題や結婚、離婚、住居がないなどの問題に主訴を移行させていった。バブル期の好景気を反映して、性風俗のサービスは多様化し、ソープランドのような本番行為ではなく、個室でマッサージや性的サービスを受けるファッションヘルスや愛人バンク、テレクラ（テレフォンクラブ）などへと拡がっていった。この時期、「素人」女性の性風俗参入も顕著だった。背景には性風俗のイメージが接客業へと拡大し、メディアによる宣伝で、女性の中でも性産業への抵抗感が薄れていった。自宅で見るビニール本やアダルトビデオの普及もこの時期だった[37]。

1970年（昭和45年）4月には、こういった変化を受け、厚生省は「転落の未然防止の見地から対象範囲の拡大」を通知した。それによって、従来の対象者に加え、「当面転落のおそれは認められないが、生活上の障害となる問題があって、それを解決すべき他の専門機関がないため、正常な社会生活を営めない状態にあるものをやむを得ない場合に婦人保護事業で受け入れる」とされた。従来は、他法他施策を優先し、積極的に対応しないようにというものだったが、公然と対応できるようになり、窓口が広がった。その後、１９８５年（昭和60年）には、「やむを得ない場合」だったものが、「要保護女子」の早期発見のため、日常生活を営むうえで何らかの問題を有する女子すべてが対象となり、あらゆる相談ができるようになった。

１９８６年（昭和61年）には、厚生省社会局生活課に設置された「婦人保護事業ハンドブック作成委員会」によって『婦人保護事業ハンドブック』が作成された。「刊行のことば」には、現在の売春形態は派遣型が全体の４割を占め、初回売春の状況としては、結婚の失敗、家出、家庭内の不和、ヤケになってなど、通常の家庭生活を乱す要因が売春に踏み切るきっかけとなっており、20代、30代では８割が両親の揃った経済的には中流以上の家庭に育ち、過度の飲酒癖、家族への暴力、ギャンブル、婚外の異性関係など両親の問題行動が頻繁に見られる家庭が多く、だからこそ、「早期発見と未然防止」を積極的にする必要があるという説明がなされている。

高度経済成長の恩恵を受け、物質的な貧しさを脱したものの、戦後日本社会が大きな問題を抱えていることを示しているかのようである。１９７５年に発行された『売春防止法と共に』や１９８７年に発行された会報『売春防止法30周年特集号』には、親や親族による性暴力から家出し、売春に行かざるを得なかった事例や、深刻な精神障がいに陥ったような事例が目立ってくる。

5．キーセン観光から「ジャパゆきさん」へ

１９７３年７月、ソウルで開かれた日韓教会協議会に、韓国女性キリスト者から「日本男性は経済的優越をたのみとして韓国女性を性の奴隷としている」との文書が出された。いわゆるキーセン観光である。買春は韓国のみでなく、台湾、タイ、フィリピンなどにも繰り出され、１９７９年頃にピークを迎えた。

１９８０年代になると、国外からの厳しい批判や各国の内政事情もあり、キーセン観光は減少し始めたが、今度は「ジャパゆきさん」と呼ばれる女性の「輸入」が急増した。タイ、フィリピン、台湾の３ヶ国の女性の入国がほとんどで、１９８７年、日本での不法滞在で摘発された女性の総数７千１８人のうち93・２％が風俗産業に従事していた。

アジアの国々からの出稼ぎ女性労働者が、観光ビザ、興行ビザ、配偶者ビザ、学生ビザなどで入国してくる。観光ビザに対する取締まりが厳しくなればなるほど、暗躍する仲介業者の存在が大きくなった。保証人やプロダクションが介入し、手数料を搾取し、数々の偽装をして人身売買が行われた。送り込まれた女性労働者は拘束され、たとえ自由があったとしても、言葉や地理がわからないために行動は制約された。多くの場合、パスポートや帰りの切符を預けさせられ、給料は帰国後に一括払いということが多く、軟禁状態で売春を強要されていた。警視庁の発表によれば、１９８８年１月から８月までに１２３人のフィリピン女性、３０３人のタイ女性、３３１人の台湾女性が売春防止法違反として摘発され、全員が強制退去させられたが、売買したとして起訴された業者数

はわずか10件にも満たない。[38]

人権団体や支援組織の強い要請によって、1987年、厚生省が「いわゆる『じゃぱゆきさん』の保護について」を打ち出した。「当該女性を地方入国管理局が受け入れるまでの間、一時的に保護する必要がある場合に、各都道府県の婦人相談所で対応する」「帰国費用または航空券を所持しており、二週間の滞在期間内に帰国が可能な者に限る」とされた。こうして、1980年代後半から外国籍女性が婦人相談員のところに多くやってくるようになる。タイを筆頭にフィリピン、中国、韓国の国籍を有し、夫としてもっとも多いのが日本人で、34％に子どもがあった。日本には出稼ぎや結婚で来日しているが、主訴の33％が「売春の強要」、15％が「夫や内夫の暴力」だった。[39]

1991年の全国婦人相談員研究協議会分科会に、この年、初めて「要保護外国人女性の抱える問題」というテーマが立ったことが記録されている。[40] 外国人女性の相談が増え、問題は多様化しており、限られた条件のなかで対処せざるをえない苦労が語られている。東京のある福祉事務所からの報告では、「前年相談を受けた外国人女性は15ケースで、医療費、とりわけ出産にからむ相談が多い。出産後の帰住先がないマレーシアの女性は、オーバーステイのため妊産婦を対象とした婦人保護施設を利用できず、設備の不十分な他施設を利用せざるを得なかった。オーバーステイを防ぐため偽装結婚するケースも増えている。多額の借金を背負って日本にやってくる女性たちの姿は、かつての日本と同じ。入国後すぐに地方に送られ、借金返済後上京する場合が大半で、問題は、地方に潜在化していると思われる」という。

分科会では、さまざまなケースが報告されていた。たとえば、「シンガーとして入国したフィリピン女性は、出産後、母子で外国人登録を行い医療扶助を適用した。婦相で一時保護後に帰国したが、帰国費用は支援者のカンパでまかなった」「ドヤ街では外国人女性が集団で暮らしている。自宅で出産し救急車で入院したフィリピン女性に生活保護を使った。最近は、日本の若い女性とフィリピン男性が同居するケースも目立つ。建設現場で事故にあったフィリピン男性に労災適用を働きかけている」「空港から連れていかれ売春を強要されて着の身着のまま逃げてきた10代のタイ人女性を、警察の依頼で保護した。最初は表情がこわばっていたが、安心できる場所とわかり、心がほぐれてきた」などである。医療費、通訳、文化の違いが課題として議論され、外国人女性の問題では、不法入国・不法滞留であろうと要保護性のある外国人女性も日本人女性と同様に婦人保護事業の対象であることを確認している。[41]

1992年（平成4年）、厚生省の通知で、あらためて「要保護女子」の範囲の拡大が示され、「外国人婦女子の緊急一時保護」が可能になった。「じゃぱゆきさん」は、法務省入国管理局に送致するまでの間、一時的に保護が必要とされる場合は、婦人相談所での相談や保護ができるということである。しかし、これでは十分な対応はできず、1986年に矯風会によって開所された「女性の家HELP」を筆頭に、民間団体がこれを支えてきた事実がある。HELPは、発足後10年で2千493人の女性を受け入れ、そのうち75％が人身売買被害者で外国人だった。うち55％がタイ人、13・4％がフィリピン人だった。1997年になると、子連れの外国人ホームレスが来所し始めると同時に、1998年に初めて日本人女性が外国人女性を上回るようになり、60％が居所なし、40％がDV被害者だったという。[42]

第4章

追加される法律と制度

1. DV防止法

1993年、国連総会での「女性に対する暴力撤廃宣言」に続き、1995年の北京世界女性会議では、「女性に対する暴力」が重点課題として掲げられた。日本からは5千人が参加したと言われ、そのなかには各自治体から派遣された婦人相談員たちがいた。日本におけるDVへの本格的取り組みは、1992年に行われた「夫(恋人)からの暴力調査研究会」による実態調査から始まった。ボランティア・サンプルによる限られた調査だったが、59%の女性が夫(恋人)からの身体的暴力を経験していた。女性への暴力についての国際的な意識の高まりの中で、この調査は注目を浴び、国連の『世界の女性』(1995)のなかに日本の調査として引用された。その後、1997年、東京都が本格的な調査を実施し、3人に1人の女性がパートナーからの暴力を経験していることが明らかにされた。民間のDVシェルターも増え、1997年には「女性への暴力、駆け込みシェルターネットワーク」が発足した。翌年の1998年、札幌で第1回大会「拡がれ! シェルタームーブメント」が開催され、その後、「全国女性シェルターネット」と改称され、毎年全国大会を開催している。

女性への暴力が、本格的に取り上げられるようになるには、人々の意識や女性の地位が一定程度まで向上する必要がある。法的にも経済的にも社会的にも離婚が受け入れられるようになって初めて、虐待的な関係に耐え忍ぶ以外の選択肢が開ける。離婚した女性が生きていけない社会では、DVを問題にすることさえできない。

民間団体や研究者らの働きかけもあり、2001年4月に「配偶者からの暴力防止および被害者の保護に関する法律」(以後、DV防止法とする)が議員立法で成立し、10月に施行された。内閣府に「女性に対する暴力に関する専門調査会」が設置され、さまざまな調査が行われるようになった。2005年の調査では3人に1人が配偶者からの暴力を経験していることがわかった。内閣府では3年ごとに調査を続けているが、最新の2023年の調査では4人に1人となっている。

DV防止法によって、すべての婦人相談所は、「配偶者暴力相談支援センター」(DVセンター)の機能を付与され、従来の売春防止法による婦人保護事業とDV防止法によるDVセンターの両機能を合わせ持つようになった。夫の暴力による相談はDV防止法以前からあったが、2001年度約3割だった夫の暴力は、2003年度には約4割、2005年度には約5割を占めるようになる。その理由のひとつとして、DV防止法以来、業務量が増加・煩雑化し、DV被害者の支援が優先され、離婚問題やサラ金問題、外国人の問題などに対処する余裕がなくなったためという指摘もある。

2. 人身取引被害者

人身取引とは、性的搾取や強制労働、臓器売買など、相手を搾取することを目的に、詐欺や欺罔により、あるいは強制的に人を略取・誘拐して取引・売買の対象にすることであり、グローバル化の進展に伴い、国境を越えて拡大してきた。人身取引は、被害者に対して深刻な精神的・肉体的苦痛を与え、人間の尊厳を奪う重大な人権侵害である。日本では売春強要などの性的搾取が中心に考えられてきたが、近年、研修生制度を悪用した労働搾取被害が顕在化し、問題となっている。

日本は国連から人権侵害、人身売買の国と指摘され、２００４年12月、人身取引行動計画が策定された。行動計画では、人身取引の防止（出入国管理強化、偽装結婚対策、不法就労防止等）、人身売買者の摘発、啓発予防と共に被害者保護が定められている。ホステスをしながらの管理売春や売春が多く、ストリップやファッションヘルスなどの性風俗を含めた性的搾取が多い。強制労働、臓器売買などもある。

２００４年、米国ボストンの大学で開催された会議で、多種多様な団体の参加者の中に一人の中国人の人身売買被害者の女性がいた。チベットから売られてきた女性だったが、日本人を見て逃げ出した。日本に関わりがあったのではないかと思われた。サンフランシスコに着いた貨物船の船底から48人の韓国人女性が発見されたという報告もあった。世界の人身売買は増加の一途をたどっている。その性格上、正確な被害者数はわからないが、全世界では、毎年60万人から80万人程度と推定されており、その多くが女性と子どもである。

かつては、からゆきさんを送り出していた日本も、今では受け入れ国である。タイ北部の農村の小学校を訪問した時のことである。教師は、「自分のクラスの子どもがいなくなり、家族が探しているが１ヶ月してもまだ見つかっていない。きっと日本のやくざが連れて行ったのだろう」と言う。真偽はわからないが、タイ国境には人身売買の警告をする大きな看板がかかっていた。北朝鮮から中国に脱北し売買される、ミャンマーと中国の国境にあるカチン州から中国に花嫁として売られるほか、中国では数万人の児童（大半が男児）が売買されている。ＩＳの女性たちの奴隷としての売買もあると聞いた。

２００４年８月、厚労省通知において「人身取引被害者」が婦人相談所の新たな対象者として加えられ、相談、一時保護、関係機関への連絡調整、帰国手続きなどを実施するものとされた。外国人女性からの相談は少しずつ増加しているが、そのための新たな職員配置予算は計上されず、婦人相談所にとって負担の大きな業務となっている。２００１年度から２０２０年度まで婦人相談所等で保護した人身取引被害者は４７９人で、フィリピン人、タイが全体の７割を占める。２０１８年度から２０２２年度の５年間で警察が認知した被害者は１９６人、18歳未満が約６割となっている

人身売買の警告看板
（タイ国境）

タイの小学校で

が、大半が日本人となっており、婦人相談所で経験されている実態と突き合わせてみると、外国人ケースは潜伏している可能性がある。[43]

売春を強要されていた若いフィリピン女性

ある婦人相談員の経験である。カトリック教会の神父から、フィリピン人の女性たちが重大な相談があるというので来て欲しいという相談があった。そこには、若い1人の女性と2人の年長者の女性達が同席していた。その若い女性は、国では母と2人暮らしだったが、日本に行くという仕事のプロダクションに応募したところ、レイプされ、借金を背負わされたという。母を脅し、彼女は日本に送られた。その際、偽パスポートを持たされたが、それも取り上げられている状態である。パスポートは21歳となっているというが、実際には16歳で（洗礼証明書を持っていた）、入管で怪しまれないはずはないと思えるほど、いかにも幼い様子である。

その彼女が売春をさせられ、「嫌でたまらない、国に帰りたい」と言っている。同席していた女性たちは、「自分たちは我慢するが、彼女だけは逃がして国に帰らせてやって欲しい」と言うのである。日本語、英語、タガログ語が混じる会話の中で、帰国させる方法を相談した。外国人を支援する民間団体に助けてもらい、パスポートの返還、給料の支払いも実現した。帰国した時に再度プロダクションに捕まらないようフィリピンの宗教団体の助けを得たと聞いた。

3．ストーカー規制法

2000年5月、「ストーカー行為等の規制等に関する法律」（以下、ストーカー規制法という）が成立し、11月に施行された。この法律ができたのは、埼玉県桶川市で1999年10月、元交際相手の男性からストーカー行為を受けていた大学2年の女性が男性の仲間に殺された事件があり、警察の対応が問題視されるとともに、ストーカー犯罪の法整備が進むきっかけとなった。それまでは、ストーカーは脅迫や暴行などの事件に発展しなければ摘発できなかった。交際を迫って嫌がらせなどをした場合、加害者に警告などの「行政処分」を出し、悪質な場合は、警察が摘発して懲役または罰金刑を科すことができるようになった。

2013年、「ストーカー行為等の規制等に関する法律の一部の改正をする法律の施行に対応した婦人保護事業の実施について」が出され、婦人相談員は婦人相談所と連携してストーカー被害者からの相談にも対応することになった。DVケースの元夫がストーカーになることは多いが、交際相手や見知らぬ相手からのストーカーの問題は、警察との連携が欠かせない。警察における2021年のストーカー事案の相談対応件数は、2万件近いものになっている。

ストーカー規制法は、つきまとい、待ち伏せ、見張り、押しかけ、交際要求、連続して電話をかけるなどの「つきまとい行為」を規制の対象とし、「つきまとい行為」を反復して、相手に不安を覚えさせる行為を「ストーカー行為」として犯罪化した。禁止されるストーカー行為とは、「特定の相手方に対し、相手の意思に反して、私生活に踏み込んで、嫌がらせやつきまとい、脅迫などの行為を反復して行って、相手に不安や恐怖を感じさせる行為」である。

ストーカー行為規制法上、ストーカー被害については警察が中心となって対応する。被害者が警察に行って相談し、警告の申出を行った場合は、それに基づき、警察は加害者に警告を行う。警告が守られない場合は、公安委員会で禁止命令を加害者に発令する。被害者が警告を申し出なければ禁止命令は発令されない。禁止命令は、DV防止法の保護命令とはまったく異なるシステムであり、裁判所は関与しない。原則として、警告から禁止命令の発令までのすべての手続きを警察（公安委員会）が担う。

エスカレートするストーカー行為

ストーカー被害にあっているという女性が、職場の上司から紹介されたと言って婦人相談員のところに相談に来た。話を聞くと、過去に交際していた男性がいて、別れたいとはっきり言った時からストーカー行為が始まった。朝から携帯で居所の確認があり、ほとんど1日中行動を知ろうとしているという。ストーカーはエスカレートすると怖いので警察への相談を勧めるが、どうしてもしたくないと言う。警察への相談を説得したがかなわず、次回の相談に繋いだ。

2日後に「警察に相談したい」との電話があり、生活安全係に同行して相談した。加害者がどんどんエスカレートし、職場の出先に現れて「家に火をつける」と言ってきたので怖くなり、家族に打ち明けたという。彼女は夫からDVを受けており、このことを知った夫のことも怖いと憔悴しきっていた。結局、遠い他県に逃げることになった。

第5章

婦人相談員の仕事

1. 婦人相談所

婦人相談員は、売春防止法を基に設置された相談員である。その後、根拠法にＤＶ防止法、ストーカー規制法、人身取引行動計画が加わった。婦人相談所、婦人相談員、婦人保護施設は、婦人保護事業の３本柱と言われる。

婦人相談所は、売春防止法第34条に基づき、都道府県に必置義務があり、２０２０年4月現在で、全国49ヶ所が設置されている（徳島県のみ3ヶ所）。現在、すべての婦人相談所がＤＶセンター機能を兼ねている。婦人相談所の管轄官庁は厚生労働省であるが、都道府県における所管が男女共同参画部門となり、ＤＶ被害者支援の仕組みとしての活用に力点が置かれている地域もある。婦人相談所（現在では、女性相談所か女性相談センターとなっている）の7割以上が婦人保護施設、児童相談所、児童相談所一時保護等何らかの機関・施設と併設し、名称も子ども家庭相談センター、福祉相談センターなどと多様化している。政令指定都市は任意設置であるが、設置されている都市はない。さらに、婦人相談所には一時保護所の併設が義務付けられており、全国で47ヶ所に設置されている。

婦人相談所の業務規定は根拠法によって異なり、売春防止法では、相談、調査、医学的・心理学的・職能的判定及び必要な指導、一時保護である。ＤＶ防止法では、被害者・同伴家族の安全確保、一時保護自立生活促進のための制度の利用に関する援助、保護命令制度の利用、被害者を居住させ保護する施設についての情報提供、助言、連絡調整、その他の援助となっている。[44]

2. 婦人相談員

売春防止法第35条で定められ、婦人相談員は都道府県には設置義務、市では任意設置となっている。1956年、売春防止法の下に設置された婦人相談員は、当初、全国で468人からのスタートだったが、年々増加し、2022年度では都道府県に446人、市に1千133人、計1千579人が配置されている（厚生労働省発表）。市区によるばらつきが大きく、全国815の市区のうち、半数以下の390市区の配置である。

婦人相談員委嘱の条件は、「社会的信望」「職務を行うに必要な熱意と識見」であり、法律で「非常勤」と規定されていた。これは2016年に削除されたが、婦人相談員のうち8割が非常勤だった。専従は約半数にすぎず、母子自立支援員との兼務が3割、家庭相談員、DVセンター、相談員などとの兼務が続く。2001年の調査では、週3日から5日勤務している人が多いが、賃金は月額5万4千350円から23万1千200円であり、大半が勤続年数に関わらず、報酬は増額されない。通勤手当や出張旅費が支給されない場合も多い。厚生労働省は、長い間、婦人相談員の手当として10万円余の金額を予算として上げていた。2016年、売春防止法成立60周年を記念して厚生労働省の講堂で開催された全国婦人相談員・心理判定員研究協議会のシンポジウムの場で、全国婦人相談員連絡協議会会長が「生活困窮の相談者の収入と婦人相談員の給料の額はほぼ同じくらいである」と現状を話すと、会場にいた婦人相談員の多くが頷いた。2019年からは手当額が変わり、14万円台、次に19万円台となり、研修修了者という名目でさらに手当がつくことになった。しかし、それは国の予算であって、全国の各自治体ではそうはなっていない実情がある。

それほどに低賃金で、身分の不安定な状態で仕事をしている婦人相談員が多かった。シングルで子育てをしながら働く婦人相談員たちは、仕事を掛け持ちして、ダブルワーク、トリプルワークをせざるを得ない。女性の自立を支援をしているはずの相談員自身が経済的自立を果たせないような現状は大きな矛盾である。その理由のひとつとして、売春防止法成立当時、想定されていた相談員は、キリスト教などを背景に社会活動をしている女性、「地域の名士の奥様方」だったことが指摘される。加えて、女性問題や婦人相談員の専門性の軽視、社会全体に女性のケア労働に対する過小評価や女性差別があるだろう。

3．婦人相談員の業務

婦人相談員の勤務機関は、常勤・非常勤を問わず福祉事務所が大きな割合を占め、婦人相談所、本庁と続く。婦人相談員の業務としては、相談業務、同行支援、サポート・情報提供、連絡調整、ケース会議、事務などが挙げられるが、勤務機関によって、その業務には相違がある。また、配置されている場所は同じであっても、やっている業務は一律ではない。

県の婦人相談員と市区の婦人相談員の業務にも違いがある。県の婦人相談所には、都道府県によって違いはあるものの、1人から6人の婦人相談員がいる。電話相談だけ受ける、来所相談と電話相談を受ける、一時保護所の入所者への対応のみ、ハローワークや病院等の同行まですする、一時保護の受理会議に婦人相談員が参加できる、できない、ケースワークまでする等、さまざまである。婦人相談員が調理の担当をしている（入所者には食事が出る）という県もあり、一時保護の利用者のみの対応で、来所や電話相談をさせない、反対に一時保護所の入所者には一切関われない等もあった。異動でやってきた上司によって業務の内容が変わるということも少なくない。

市区の婦人相談員は、福祉課の中に配置されている場合、来所相談、電話相談、家庭訪問、同行、ケースワークまでする。ほとんどの婦人相談員は庁内（住民課・国保、年金・教育・障がい・生活保護・住宅他）に同行できるが、庁外には出ることができない婦人相談員もいる。庁外とは、警察、病院、裁判所、ハローワーク、弁護士事務所等である。緊急保護の相談があった場合、課内で協議後、婦人相談所に連絡し、受理を依頼する。一時保護が決定すれば婦人相談所まで同行する。関係機関と連携してケースワークすることも重要である。ただ、福祉課内の他の仕事を担うこともある。児童扶養手当申請の面接や、保育所担当者の保育所廻りに同行する等である。これが相談業務への学びになったり、早期発見に繋がったりもするが、そのことから相談業務が忙しくなっていったという婦人相談員もいた。

上述したように、婦人相談だけでなく兼務をしている所も多い。母子父子自立支援員との兼務が多く、東京都の市は、母子父子との兼務、福岡市では3つの相談（婦人・家庭・母子父子）兼務となっている。母子相談員は、母子福祉資金の奨学金の貸付シーズンはとても忙しいが、給付型奨学金の制度が始まったことで、貸付を希望する世帯がほとんどなくなっていると聞く。現在は自立支援の方に重点が置かれてきており、兼務でも9割近くが婦人相談の業務となっている婦人相談員が多いのではないかと思われる。

4．婦人保護施設

婦人保護施設は、売春防止法第三十六条で「当道府県は、要保護女子を収容保護するための施設を設置することができる」とのみ規定され、その目的や業務については示されていない。婦人保護施設の推移を見ると、1960年の65ヶ所をピークに徐々に減少し、2022年では全国に47ヶ所になっている。婦人保護施設の設置は任意であり、設置していない県が7県ある。また1県が休止中である。婦人保護施設は、第1種社会福祉施設となっており、公設公営が22ヶ所、公設民営が8ヶ所、民設民営が17ヶ所である。単独施設は19ヶ所、婦人保護所、婦人相談所および一時保護所との併設施設が21ヶ所、一時保護所のみと併設している施設が7ヶ所である。一時保護所併設では7割が施設と同一フロアとなっており、婦人保護施設入所者を一時保護所のルールに合わせることが求められる。

DVや性暴力や性的搾取を受けた女性たちが心身を傷つけられ、困難を抱えて入所しているが、定員数も減少しており、縮小化が続いている。さらに在所率が顕著に減少している。その理由として、①婦人相談所からの入所措置数が減少している　②母子生活支援施設やシェルターへの入所、および生活保護でのアパート入居ができる　③婦人相談所がDV被害者中心の受けとめで本来の対象者が少ないからとされ、経営主体による大きな相違と地域格差が指摘されている。

ニーズはあるが、入所するには結構ハードルが高い。婦人保護施設は、婦人相談所の一時保護所に入所した者で、措置権は婦人相談所長にある。婦人相談員が直接、施設に繋げることはできない。婦人保護施設も単身者しか入所できない施設と、母子生活支援施設と同じように母子で入所できる施設とがある。入所には期限がないので、自立ができるまで、施設で支援員等の支援を受けて暮らすことになるが、本人負担はゼロである。就労し、ある程度お金が貯まると住宅を探し、自立していくのがほとんどである。

一時保護された場合の婦人相談所の対応は全国で違う。例えば東京都の場合、一時保護されると、一時保護を依頼した市区の婦人相談員がすべてのケースワークをする。関東には同じように依頼した福祉事務所の婦人相談員がケースワークしていくところが多いが、一時保護したらすべて相談所の婦人相談員や、相談所のケースワーカーが対応するという県もあり、全国で半々くらいである。ケースバイケースでやるという県もある。一時保護所と婦人保護施設が併設されている所では、書類の書き換えで、一時保護から施設入所の形をとることができる。

このように都道府県が、地域の事情でばらばらな支援のやり方をしている現状があった。北海道などは面積が広いため、民間シェルターがあちこちに点在していて、道の一時保護所に行くには1泊しないと移動できないなどの事情もあり、民間に依頼することも多い。また、婦人保護施設のない県の一時保護所から広域で他県の婦人保護施設への入所を依頼するケースもある。

ＤＶ防止法以降はＤＶ被害者の入所もあるが、婦人保護施設はもともと売春防止法の施設であることから、入所者が自立を目指すために働きに出て行くという女性たちと、第一に避難を目的とするＤＶ被害者とでは、施設の利用目的が違うため齟齬が生じている。また、母子生活支援施設への入所は依頼する福祉事務所が費用を持つことになるため、市区の婦人相談員が直接母子生活支援施設や、施設のある市に入所依頼することで決まる。利用者の希望が第一であるが、ＤＶの場合は断られることが多く、１つのケースで10ヶ所の母子生活支援施設から断られたという市区の婦人相談員もいた。

ＤＶでは、安全のためほとんどが広域入所で、他県から他県へ移動することになる。母子生活支援施設では、利用者が依頼した福祉事務所の婦人相談員が、自立まで施設側と随時連絡し、施設訪問もするので、かなり密接な関係が作られ、次に繋がりやすい。ただし、利用者が住所を母子生活支援施設に異動したとしても、退所するまでは、依頼した市区町村が費用を払わなければならない仕組みになっており、予算がないと入所できなかったり、短期間での退所となるケースも出てくる。

5. 対象者の範囲

この婦人保護事業が対象とするものは、売春防止法、ＤＶ防止法、人身取引行動計画、ストーカー規制法からなっていた。

実際の現場では、成育家族による性虐待、夫婦間や親族または見知らぬ者からの性暴力、性風俗産業などにおける性暴力、外国人、セクシャル・マイノリティ、心身の障がい等も挙げられている（婦人相談員相談・支援指針）。その後、ＡＶ（アダルトビデオ）強要問題やＪＫ（女子高生）ビジネスが加えられた。

相談内容は、半数近くがＤＶ、その他には離婚、家族の問題、性暴力被害、経済困難、住居、就職等様々であるが、背景に売春があったり、その人の属性（精神疾患・知的障がい・児童養護等施設出身・虐待被害の経験他）もあって、複合的な内容になっており、高度な専門性が求められる。これは、売春防止法が定めた婦人相談員委嘱の条件である「社会的信望」と「職務を行うに必要な熱意と識見」だけで対応できるものではない。

婦人相談の窓口で扱うことは、将来法制化される内容である。ＤＶも１９８０年代頃から相談が現れ、その後法制度化された。性暴力被害の問題も多くあった。その時々で大きな問題を抱えた人たちが相談に繋がっている。２０１５年3月に出された婦人相談員相談・支援指針には、「婦人相談員は、相談者の人権を尊重し権利擁護を図る立場から、支援を要する女性を発見し、ソーシャルワークによる相談・支援を提供し、必要に応じ関係機関との連携を図りながら問題解決を担う役割を有している。また、相談によって可視化された社会や制度の課題については、それを社会全体で改善していけるようにソーシャルアクションとして発信することも社会福祉従事者に求められる役割である」と書かれている。

歴史的変遷を経てこのような現場で働いてきた婦人相談員たちの現状はどのようなものだったの

だろうか。第2部は、婦人相談員が語ってくれる。ここで記載されている婦人相談所、婦人相談員、婦人保護施設の名称は、2024年4月に施行された「困難な問題を抱える女性への支援に関する法律」の前の名称である。

第2部

婦人相談員の物語

婦人相談員たちの話を聞くにつれ、相談に来られた女性たちの話だけでなく、その相談に応じる相談員たちの個性豊かな人柄と対応の多様性に惹かれ、それは彼女たちの生い立ちや人生と切り離すことができないと感じるようになった。婦人相談員の物語は、彼女たちの人生そのものである。ここでは、それぞれの婦人相談員の物語を紹介する。婦人相談員になった年の早い順に並べた。生まれも、婦人相談員になった年もバラバラなので、時代は行きつ戻りつするが、ここにある物語から、ある意味で戦後の女性史が浮かび上がってくるように思われる。なお、守秘義務の観点から事例の詳細は曖昧にしてあり、第1章を除いて相談員の名前はすべて仮名である。

第1章

婦人相談員こそ天職

高里鈴代（1977年-1980年、1982年-1989年）

1．相談員になるまで

高里は台湾で5人きょうだいの4番目として生まれ、5歳の時に戦争が終わり、両親の故郷である宮古島に帰った。その後、父の転勤で那覇に引越した。後に夫となる人も同じく宮古島の出身で、パラオで生まれ、高校2年生の時に大阪から那覇に転校した。2人は教会で出会い、同学年で、けんか友達のようにいつも一緒で、進学も一緒だった。24歳の時に結婚して、子どもが生まれた。大阪にいた義母が癌で手術したため、家族も大阪でしばらく一緒に暮らした後、「将来、沖縄のために働けるよう、もっといろいろな経験を積もう」と話し合い、1970年、東京に出た。

半年間、親子3人が住める部屋つきの大学生の寮母をした後、2人目を妊娠し、夫は早稲田奉仕園セミナーハウスのアジア担当主事になった。東南アジアセミナーを企画したり、アジアの言葉を学ぶ講座を開設したりし、高里もその一角でアジア女性セミナーを開設した。女性史を学ぶ勉強会を始めると、沖縄出身の女性たちも集まってきた。高里はフィリピンに留学した経験があり、米軍基地オロンガポが沖縄のコザの雰囲気と一緒だったことに強い衝撃を受けていた。バーや質屋が立ち並び、女性たちがいる。景色も臭いも同じだった。1972年に沖縄は本土復帰し、海洋博が開かれたが、レイプ事件のことを沖縄の新聞で読み、フィリピンで見た光景と重なる基地周辺で働いている女性たちのことが脳裏から離れなかった。

1975年に国際婦人年世界会議（メキシコ会議）が開催されるのに先立ち、東京で開催されたシンポジウムで、パネリストの1人として沖縄の女性問題について発言した。同じパネリストとして参加していたのが、兼松左知子だった。兼松は、1956年の売春防止法制定から、20年も新宿区で婦人相談員をやっていた。終了後、兼松に、「あなたの話に感動しました。私もあなたのような仕事をしたいのですが、どうしたらなれますか」と尋ねると、「私は東京都立社会事業学校に行きました」という答えが返ってきた。夫は牧師になるためにもう一度大学院に入る決意をしたばかりだったが、高里もその日のうちに決意して、東京都立社会事業学校に入学した。子どもは小学生と幼稚園児だったが、夫婦で非常勤の仕事を続けながら学んだ。

実習はいずみ寮で受けた。五味百合子先生や林千代先生など著名な先生たちから学ぶ機会に恵まれた。その年は、女性運動家たちが女性の駆け込みセンターを作るべきだと美濃部知事に要求していた時期で、東京都は婦人相談所を婦人相談センターに変え、「暴力被害者に対する門戸を拡げます」と全国初の女性相談電話を置いた。高里は、卒業と同時に、都立婦人相談センターの電話相談員第1号として採用された。1977年のことである。

2. 電話相談員になって

東京都がテレビや新聞で広報を始めると、毎日電話が鳴りやまない。何ヶ月かして、福祉関係を長くやってきた男性が第2号として採用されたが、相談は増えるばかりで対応が追いつかず、電話相談員は5人にまで増えた。全国の女性たちが夫の暴力から逃げて来て、「今、上野まで来ています」などと電話してくるので、相談所に入所できるよう新宿の婦人相談所に繋いだ。1年目は4千件ほどの相談があった。最初の電話は男性からだったので内心驚いて聞いていると、父の暴力がひどく、母と一緒にあちこち逃げ回り、学校の下駄箱に泊まったこともあったという。母親から「もうこういう思いをしなくてよくなったんだから、本当に嬉しいと伝えて」と頼まれ、息子が電話してきたのだった。

強く印象に残っているケースとして、電話を受けてもずっと黙っているという相談があった。しばらくすると電話が切れ、また電話がかかるが、沈黙。息づかいが同じなので、3度目にかかってきた時、「電話のそばにいらっしゃるのね。何か相談したいことがあるんですか? 私の方から質問しますから、もしあっていたら『はい』とか何か言ってくれますか」と語り掛けると、「はい」と聞こえてきた。「まだお若いですね。10代?」「はい」と、言葉を手繰り寄せるように聞くなかで、だんだん状況が見えてきた。彼女は短大生で、一流企業に勤める父からずっと性虐待を受けていて、好きな人ができて、ますます耐えられず拒否したいが、できない。来所するように誘っても、門限を一秒でも遅れてはいけないし、小遣いの1円までチェックされるから、バスに乗って来ることもできないという。次に電話がかかった時に、何とか説得して呼び寄せ、保護した。センターに母を呼んで話すと、「じゃあ、娘の部屋に鍵を付けます」と言ったことは忘れられない。

性暴力の相談の他に、観光買春に行く夫の相談もずいぶんあった。夫から性病をうつされ、3度目にうつされた時、「もう離婚を決意しました」と言うかと思ったら、「病院を変えました」と言ったのは本当にショックだった。大学教授、大企業の幹部、労働組合委員長などの妻からの相談もあった。電話相談というのは、夫の社会的地位が高くて、どこにも相談に行くことができない女性たちが匿名で相談でき、途中で切ることもできる手段だった。

3．アジアの女たちの会

１９７７年、マレーシアのペナンで開かれたアジア女性会議に参加した。会議の帰りにタイとフィリピンに足を延ばすと、留学から15年ぶりに訪れた場所はすっかり様変わりして、日本からの買春ツアーであふれていた。東京に戻って、「アジアの女たちの会」の会員になった。１９８０年には、マルコス独裁政権がフィリピンで世界観光会議を誘致したのに対し、アジアキリスト教協議会がマニラでカウンター会議を主催し、日本から高里と当時朝日新聞の記者だった松井やよりが参加した。世界中から人が集まって、国の進める観光業がいかに住民を弾圧し、環境破壊につながっているかを語り合う場になった。

フィールドワークの日に、高里と松井は、５つ星ホテルの従業員から話を聞き、そのホテルに泊まってみることにした。翌朝、19階の部屋から下を見ていると、ホテルの裏口から沢山の女性たちが出ていくのが見えた。従業員エレベーターの扉が開くたびに、こけし人形や飲み残しのウィスキー瓶を持った女性たちが、ドドッ、ドドッと出てくる。裏口の箱には、部屋番号が書いてあり、その部屋から指名された女性のライセンスが入っていた。管理していた男性に観光客のふりをして

「えー、こんなにたくさん。今日は何人？」と聞くと、「今日は210人。昨日は休日だったから300人を超えていた」という返事が返ってきた。

高里らは、3人の女性と一緒に朝食を取りながら、話を聞いた。彼女たちは、毎日、違う客の指名を受けてここに来る。1人は田舎から出てきたばかりの若い女の子、もうひとりは出産したばかりでお乳が張っていて、もうひとりは離婚して2人の子どもを抱えていた。彼女たちのアパートに誘われて、さらにいろいろ話を聞いた。部屋には日本人客からもらったという名刺がたくさんあった。堂々と名刺を渡し、こけし人形を土産に持ってくるなど、信じがたい状況だと思った。

東京に戻り、この状況をラジオや雑誌で訴えたが、真摯に考える男性もいれば、ひどい評論家もいた。松井が朝日新聞に記事を書くと、論説委員の男性が「経済が高いところから下に流れていくのは道理だ。売る者がいれば買う者があって何が悪い」という反論の記事を載せた。

4. 沖縄に帰って

電話相談員を4年間やったところで、夫が大学院を卒業して西原町にある教会の牧師になった。高里は1年間同じ西原町にある「うるま婦人寮」でボランティアを始めた。1972年の本土復帰で売春防止法が適用され、婦人寮には精神疾患などさまざまな問題を抱えている人たちがいた。指導員たちは真面目に作業をするように指導していたが、人権侵害だと思うような作業もあった。それぞれ小さな個室があるので、部屋に招かれて、一緒にラジオを聞いていると、アメリカの有名なサミー・デイビス・ジュニアの歌が聞こえた。「この人がさー、沖縄に来た時さー」と話が始まる。彼女は米兵相手に売春をしていたが、「一緒に聞きに行こう」と米兵に誘われたのに、その日はペイデーで行けなかったと言った。ペイデーとは米兵の給料日のことで、その日に店で働かないと10ドルの罰金が科せられた。また、部屋の壁に貼ったウィスキーの宣伝の大きなポスターの森林で働く男性たちを指して、「これはね、ジョーでね、これはね、マイケル。これはベトナムに行って、死んで帰ってこなかったさー」と言う。そんな話を聞きながら1年を過ごした。

復帰で売春防止法が適用されることを見越して、1969年、琉球政府は、売春に関連した従事者の実態調査を行った。約7千400人という数字があがり、おおざっぱに売春可能な女性人口で計算すると40人に1人である。産業が潰され、働く場所を奪われた中で、軍雇用とともに、米兵相手に性を売るということが社会の収入になっていた。1回の売春料金は5ドルで、その7千400人が1晩平均4人の客を取ったとすると、年間総額5千400万ドルで、沖縄の基幹産業といわれるパイナップルやサトウキビ産業を上回った。米軍基地が占拠しているといういびつな経済を、ある意味で女性たちが根底で支えていた。

返還後に売春防止法が適用され、7人の相談員が任命された。相談員たちは、日本では14年前に法律ができ、最高裁で前借金無効の判決も出ていることを伝え、チラシを撒き、業者に対しても売春業からホテル業などへの転業指導をした。前借金を抱えた120人が相談して、婦人寮に25人が入ったと聞いている。しかし、米軍駐留は続き、米兵の数も変わらない。本土復帰しても、197

5年までベトナム戦争があり、米兵たちは、沖縄からベトナムに飛び、B52の爆撃をして戻ってくる。復帰で1ドル360円になり、1回の売春料金が5ドルだったものが、ソープランドになると15分5千円となり、円高で払えない。パラダイスだと思ってやってきた米兵たちは、フィリピンで買春し、ビーチの観光客を狙うようになった。沖縄から帰って妊娠が発覚したという相談が他県から入ってくるようになった。

5. 婦人相談員になって

ちょうど1年が経とうという頃、那覇市の相談員に欠員が出ると聞き、応募して採用された。東京での4年間は電話相談だったので、カウンセリングや法律相談などに繋ぐのが仕事だったが、今度は、それまで寮でボランティアとして出会っていた女性たちに相談員として関わることになった。婦人寮から退所して那覇にアパートを借りるというような時に、一緒にあちこち回って探すなどの直接支援だった。

相談員になったばかりの頃、女性の前借金を巧妙に銀行の借入れのような形にして返済を強いている人と対決したことがある。女性は高里と同い年だったが、子守をしながら働き、小学校もほとんど行けず、お酒も薬物もやらず、できるだけ売春はしたくないと店の仕事をやって必死に生きていた。店の業者は彼女が字を読めないことをいいことに、住み込みをさせ、給料もほとんど払わず、巧妙に何十万円分もの借用書を作っていた。壱拾万、弐拾万と漢数字で書き、読めないまま署名させられ、いくら借りたかもわからないが、文字を読めないと言えず相手の言いなりになっていた。

体を壊して生活保護となり、悪徳業者が役所に待ち伏せて、保護費支給日に取っていくというのもあった。弁護士に相談して、前借金無効を裁判に訴えたことがあったが、本人はまだ来ていないところに高里が法廷に入ると、書記官が「あー、こいつが売春婦か」という蔑みの目で見た。「あー、彼女たちはいつもこんなふうに見られているんだな」と身をもって知った瞬間だった。

売春が違法になり闇の売春が始まると同時に、フィリピンの女性をエンターテイナーのビザで入れ、基地の街はフィリピン女性でいっぱいになった。夜には、そういったフィリピン女性のいる所まで出かけて行った。店に入っていって、「何かあったら連絡してね」と電話番号を書いた紙を渡すと、彼女たちは靴の中にその紙を隠す。でも、店のアパートに隔離されているので、逃げて相談に来るようなことはなかなかできなかった。相談員になって2年目、外から鍵をかけられ隔離されていたフィリピン女性2人が火事で焼け死に、現場に駆けつけたことがあった。

日本の国籍法では、父が日本人だと国籍が取れるが、母が日本人でも、父が外国人として登録されていると、子どもは日本国籍がとれなかった。アメリカ国籍をとる条件を満たしていなかったり、置き去りや戦死など、父親の国籍を継承できない場合があった。米兵によってレイプされて生まれた子どもは母の籍に入れるのに、正式に結婚したために、子どもが無国籍児になる。出生届を受け付けてもらえず、学校にも行けないし、保険証もパスポートももらえない。そんな無国籍児が100人近く発生しており、それは限りなく女性問題だった。沖縄から無国籍児の問題を国会に提訴し、ようやく1985年に国籍法が改正された。

6．うないフェスティバル

1985年、民間ラジオ局が開局25周年を迎える時、女性ディレクターから相談があり、沖縄で沖縄の女性達をつなぐ番組を作ろうということになった。高里を筆頭に6人の女性運動家メンバーが揃い、社長に掛け合って、朝の9時から夜の9時までの12時間、電波を全部女性に明け渡してもらうことになった。あちこちの女性グループに呼びかけ、実行委員会を作った。5万人規模の団体から2～30人規模のグループまで、50を超える多種多様なグループが集まった。ワークショップ形式でプログラムの企画会議をした。それぞれ立場や考え方も違うが、互いの歴史を尊重して一切批判をしない。配偶者を「主人」「つれあい」「パートナー」と言う人がいても批判しない。複数の政党グループもあったが、代表として実行員会に出てきた人がみんなで話し合って決めたことは、それぞれの組織も尊重する。高里が事務局を引き受け、すべてみんなで話し合って決めた。

シンポジウムには松井やよりを呼び、辻遊郭で女性たちが売られてジュリ（遊女）になっていった話や、「慰安婦」、観光買春などをテーマにした。ラジオ沖縄なので、各島々の意見も聞く。市場の声も聞こうと、女たちから女たちへ1分間メッセージを10分ごとに挟んでいった。「うないフェスティバル」と名づけ、最後の2時間は「うないコンサート」をやった。「うない」というのは、姉妹を意味する沖縄の古語である。母子会の大正琴グループがバンバンバンと始め、歌い終わった民謡の歌い手は、「赤ちゃんを産んだばかりで、今、おっぱいが張ってます」と言った。最後は、有名なロックンローラーが長いブーツでフィナーレを飾った。楽屋に戻ると、彼女は残っていたお弁当を見て、「ねえねえ、このお弁当子どもたちにもらって帰っていい？」と持って帰った。

企画は大成功で、ラジオ局も那覇市も予算をつけてこれを継続しようと言い、次の年には、「女性の政治参加で社会を変えよう」というテーマで、沖縄の女性議員13人全員が市民会館の大ホールの壇上に並んだ。活気あるシンポジウムで、司会だった高里は、「次はこの数がもっと増えているように、私たちの社会を変えていきましょう」と締めた。那覇市の市議の補欠選挙があり、「女性議員を増やすために次は誰を？」となった時に、みんなに「あなたが出るべきだ」と言われた。東京出張で松井に相談すると「それは大事なことよ。出た方がいいわよ」と言うので、出る決心をして戻ってきたものの、翌日受けた相談の深刻さに断ることにした。

7. もう婦人相談員をやっていられない

目の前にいたのは、関東のソープランドから逃げてきた女性だった。暴力団の男性にだまされて、ソープ嬢の訓練を受けさせられ、軟禁状態で働かされ、コースを覚えないと言っては殴られ、やめたいと言っては殴られ、体中青痣だらけで、ソープ嬢たちがお金を出し合って逃がしてくれたという。相手の男性は「彼女は、精神的に不安定で自殺の危険があるから心配で探している」と写真をばらまいていた。「婦人相談員こそ私の命。こういった相談を受けずして何が婦人相談員か」と選挙に出るのをやめた。

そうやって仕事を続けていたが、今度は「もう婦人相談員をやっていられない」と思う事件に出会った。相談者は若い女性で、「何でもしますから400万円貸してください」と言う。何を聞いても「普通」としか言わない。事情がわからないまま1日が過ぎ、「また明日来られますか?」と言うと、ワーッと泣き出した。実は子どもがホテルに監禁されていて、400万円持っていかなければ子どもが殺されるという。慌てて警察に連絡し、子どもを保護して、一緒に婦人相談所に保護された。その後、子どもたちは養護施設に行き、彼女はうるま婦人寮でアルバイトを始めた。

彼女は、悪質な売春業者を「警察に訴えたい」と言うようになった。ところが売春防止法では、買春者は全く罰せられない。そのうえ女性を2手に分けて、表に出ていたら公序良俗違反で逮捕され、もう一方は保護される。保護された人が店を訴えようとしても、現行犯でないと警察は立ち入らない。業を煮やしていると、ある日、子どもを連れて行った病院の医者が買春客だった。彼女は警察に行き、警察がその医師に確認すると、悪びれもせず「確かに客でした」と認めた。彼は罰せられないのである。

店は摘発されて、警察から検察庁に書類がいった。検事は、婦人寮の課長を呼び、「男もひどいが、この女も結構したたかだ。こんなケースはやりがいがない」と言って取り下げさせたという。彼女は子どもを抱えて売春しながら、電化製品の小売り店で短い期間のローンを組んで、商品を受け取ってはリサイクルショップに売って、何とか生き延びてきた。彼女からの電話でその経緯を初めて知った高里は、「もう婦人相談員をやっている場合ではない」と思った。それまで「婦人相談員こそ天職だ」と思ってやっていたが、どんなに一生懸命支援しても、こんなひどい扱いをされたのではどうにもならなかった。

8. その後

「こんな性差別意識に満ちた社会の中にいて、これを変えないでどうする」という思いで、議員に立候補した。婦人相談員は非常勤で月10万しか給料がなかったので、女性たちが後援会を組織し、「候補者は一切お金を出さない。支える人たちが出す。お金のかからない選挙をやろう」ということで、「女の幸せはみんなの幸せ。女が喜ぶと書いて〝嬉しい〟町を作りませんか」と呼びかけて当選した。4期継続し、母子寮を建設し、暴力の問題をやった。

相談員は辞めたが、自分は天性の婦人相談員ではないかという思いで、議員になっても女性相談の仕事は継続している。学校の人権教育に呼ばれると飛んで行って、女性の人権、性暴力防止をやった。1995年の北京女性会議では、「軍隊その構造的暴力と女性」というテーマで沖縄の問題を提起した。ちょうど北京会議の最中に、3人の米兵による12歳の少女のレイプ事件が起こった。みんなに呼び掛けて、精神科医、カウンセラー、元婦人相談員たちと「強姦救援センター・沖縄

REICO」を立ち上げた。今は、そのセンターの代表をしている。「沖縄の怒りがピークに達して、8万5千人集まった」と言われたが、その怒りには、12歳の少女がレイプされたというだけではなく、沖縄の人の記憶の中に、40年前に強姦殺害された由美子ちゃん事件を始め、たくさんの事件があった。百人の女性の署名を集め、「基地・軍隊を許さない行動する女たちの会」を立ち上げ、3日間、県庁前に座り込みをした。アメリカに訴えに行こうと、議員や福祉関係者、女性13人でスピーキングツアーをやった。その結果、フィリピンと韓国の人たちと繋がった。フィリピンでは米軍基地の周辺で売春をする女性達がたくさんいて、それを支援するために自立に向かうためのセンターができている。そことも繋がりながら、今も支援運動をしている。

第2章

支え、支えられる関係はいつまでも続く

早川和江（1984年-2004年）

1. 相談員になるまで

早川は3人きょうだいの末っ子で、戦死した父の顔を知らない。母はよく働く人だったので、重宝がられていたが、今から考えれば早くに夫を亡くし、大変な人生だったと思う。可哀そうだった。早川自身は、のびのびと育ったが、家のすぐ前が海なので、学校から帰ると、早く泳ぎたくて、すぐに泳ぎに行っては叱られた。兄たちは鞄を放ったらかして出て行くのに、女の子は掃除や用事をしなければならなかった。男女格差の教育だった。

夫になった人は、2つ違いの兄の同級生だった。兄に勉強を教えてもらうと余計に訳がわからなくなったが、その人はきちんと教えてくれた。寡黙だけれど、頭のいい人だなと思い、何となく結婚した。アルバイトを少ししていたが、ある時、スーパーでぶつかったのをきっかけに仲良くなった人の勧めで、県の職業訓練校に嘱託で働くようになった。そこの校長が婦人相談所の所長と親しく、「ここはもう3年目だし、そっちならずっと続けられるので、どうか」と言われた。所長に会うと、優しそうな人だった。婦人相談員については何も知らなかったが、「普通の生活をしている人だったら助言できるようなことしか相談がないから大丈夫」と言われ、受けることにした。

2. 相談員になって

実際に行ってみると、全然大丈夫ではなかった。最初に驚いたのは、「万引きしたけど、どうしたらいいか」という本人からの相談だった。「警察に行きなさい」とも言えず、どうしたらいいのかわからなかった。「これは普通の生活をしてる者にはできない」と思い、先輩に相談すると、「まずは電話相談の研修を受けなさい」と研修を紹介してくれた。「やっぱりこれではダメだ」と自分でも一生懸命勉強したし、2人の先輩が手取り足取り教えてくれた。

五条違反

ある時、五条違反で捕まった女性がいると警察に呼ばれた。五条違反というのは、売春防止法五条の「公衆の目にふれるような方法で人を売春の相手方となるように勧誘した場合、六月以下の懲役又は一万円以下の罰金に処する」というものである。手錠と腰ひもをして連れてこられたが、そんな姿を見たのは初めてで、本当に驚いた。「婦人寮というのがあるから、終わったらおいでね」と繋いだ。それから売春防止法を勉強したが、当時は「転落未然防止」というのが通っていた。寮に入る時には付き添ったし、就職の面接には必ずついて行った。婦人寮が困ると連絡してくるので、いろいろと知恵をつけてサポートした。ある時は、五条違反で、警察がクラブから5人の女性を連れてきた。当時は携帯もなかったが、婦人寮は「タバコはダメ」など規則が厳しくて、「こんなところにはいられない」と言う。「警察にちゃんと連絡してからじゃないと出て行っちゃダメなのよ」と言うと、「はい」と言って、知人のところに行ってしまった。

希望のある少女

大きな事件が起こり、マスコミの取材が激しく、児童相談所に保護されていた16歳の少女にも取材の手が延びそうになった。虞犯での保護であり、婦人保護施設で対応して欲しいと、急きょ保護した。少女は体格もよく、考え方もしっかりしていて、とても子どもとは思えなかった。「養護施設で育ったから、施設はいや。住み込みで働きたい」と、希望はいつも同じだった。生活の細々したことを教えながら、ゆっくり様子をみることにした。同室者とのトラブルもなく、だんだん明るくなっていった。職業安定所に連れて行ってみると、指導員との面談はうまくいったが、適当な就職先はなかった。保証人もなく、16歳ではなかなか仕事も決まらないが、「婦人寮は絶対にいや」と本人の希望は一貫している。懇意にしている旅館に相談すると、「ちょうど忙しくなるから、連れてきて」と言ってくれた。

皆に可愛がられ、馴染んでいったので安堵したが、その旅館の常連と親しくなり、「もっと良い仕事があるよ」と誘われ、彼女は喜んですぐに決めてしまった。慌ててその人に連絡したが、「大丈夫です。責任は持ちます」と言い、本人の希望で旅立っていった。その後、飲食店の下働きで彼女なりに頑張っていたようだった。何年かして、養護施設で一緒だったという男の子と来所した。妊娠したので、結婚して、ちゃんと生んで育てたい。こちらに引っ越してくると言うが、住む所もないし、働く所もない状態だった。話し合っても、「2人で決めたので」と聞き入れない。上司と相談し、彼女を一時保護し、彼の方は友人の所に行って就職先を探し、荷物は住む所が見つかるまで預かるという話が決まった。数日後2人でやってきた。彼は仕事を見つけて、すぐに働き始めた。

敷金の工面ができるまで荷物を預かったが、荷物が相談室をひと部屋占領している状態で肩身が狭かった。その間、彼女の方は重点的に料理を習い、日常生活に必要なことを学んでいった。

居住地が決まったので、地区の相談員に依頼に行った。その相談員が親身に相談に乗ってくれ、無事出産し、生活が出来るまで見守り、子育てのサポートもしてくれた。子どもも順調に育ち、今は彼女が思い描いていた希望の生活ができている。時々、子どもを連れてきては成長を見せてくれる。

自責の念に苦しむ女性

いつの頃だったか、新聞に、相談者が抱える息子の問題と関連する記事が出た。「彼女がこの記事を見ていなければいいが」と思っていたら、泣き声で電話がきた。暗い気持ちを払拭して、明るく「○君は大丈夫？　どうしている？」と聞くと、「新聞を見せないようにしている」という。焦らないように励ましながら、早川自身も「焦らない、焦らない」と心に誓った。

彼女は北の方の出身で、彼女の行動が理由で家族から勘当されて、音信不通の状態だった。子どもにも恵まれて幸せに暮らしていたが、夫の仕事がうまくいかなくなったことから、夫の生活が乱れ、暴力を振るうようになった。家族に背いての結婚でもあり、随分悩んでいたが、耐え切れず逃げてきた。資格を取り、真面目に働くので、仕事は沢山あった。蓄えもあり、子どもを呼び寄せたいと希望したが、保証人がなく、部屋を借りることが出来ず、婦人保護施設に入所して、施設から働きに出ていた。最終的には施設長が保証人になり、ようやく施設の近くに住む所を確保した。

子どもを呼び寄せるのは大変だった。とくに男児を呼び寄せるまで時間がかかった。男児は小6で新しい環境に馴染まず悩んだ。転校の手続きには行ったが、何も出来ず3年が過ぎた。相談員として何が出来るだろうと悩み、母親が以前いた婦人保護施設の行事には必ず連れ出し、手伝いをさせると、そんなことは楽しそうにしていた。父親のような男性がいた方が良いのかと思ったりした。

家族と縁を断つことになった出来事に、彼女は自責の念を抱え続けた。息子は中学校を卒業し、高校に入学した。アルバイトをしながら頑張り、明るくなった。学校の先生がこの子を理解し、ちゃんと認めてくれ、とうとう高校を卒業した。現在は仕事に就き、結婚もして平穏に暮らしている。子どもたちもそれぞれ結婚して、母は1人で生活している。

雪国に行った女性

南の方からやって来た30代の女性は、静かな佇まいで小さい声で話した。学生時代から交際していた彼の元で暮らすために実家を出た。彼の家庭は男の子ばかりで、娘は珍しく、とても可愛がられた。はにかんだように小さな声でしゃべるが、胸の内に強靱な神経が備わっているように感じられた。彼とうまくいかなくなったのでもないようだが、原因ははっきり言わない。資格を取りたいと、就職活動は沢山した。住み込みの就職を希望して、山村での高齢者の特養施設に決まった。同行したが、周囲には何もない所で、大丈夫かと聞くと、「こんな所の方がいい」という。「頑張ろう」と励まし、別れた。

それから何年かして、田舎の町で男性の部屋で隠れ出産した女性がいると連絡が入った。家族が怒って家を出されたとの保護依頼だった。それが彼女だった。子どもを乳児園に預けて、一時保護となる。冷静に経緯を話すが、子どもに関しては曖昧で、どうしたいのかはっきり言わない。それでも住み込みの就職には意欲的で、遠い雪国に就職が決まった。重い荷物があり、それは全部、資格関係の本だった。あまりにも多く、送るのに高額な費用がかかるというので、赤帽に依頼して旅立った。雪国のテレビニュースを見るたびに、子どもを置いて頑張っているだろう彼女を思うと切ない気持ちになる。

3. その後のこと

63歳で定年退職したが、仲間たちと婦人相談員のスキルアップの研修を行う組織を立ち上げ、活動を続けた。最近のこと、相談員仲間のお通夜に行ったら、役所の偉い人が来ていて、挨拶すると、「あー、あなたがあの悪名高い早川さんですか?」と言われた。驚いたが、相談者のために役所と結構喧嘩もしたから、煙たがられていたらしい。

辞めてから18年以上になるが、今もやりとりのある相談者たちがいる。ある女性は夜間高校にしか子どもを入られずに苦労したが、今ではきちんと自立して、1人で暮らしている。時々電話があって、子どもや孫の話をしてくれる。ある時は、かつての相談者が子ども食堂をしたいと相談してきた。「できることがあったら言ってね」と言っておいた。自責の念を抱え続ける相談者とは、今も時々会っては語り合う。彼女の根底にいつも「罰があたったんだ」という思いがある。誰一人知り合いもなく、子どもを育てたあげた彼女には、いつも尊敬の念を抱いている。「もういいよ。もう時効だから忘れよう」と言うが、彼女の心には届かない。そんな彼女に会って、一緒に食事をしてお喋りすることしか出来ない。「いつか2人でお遍路参りをしよう。そのためにお互いに健康管理をしっかりしようね」と言っている。支え、支えられる関係はいつまでも続くだろう。

4．振り返って

相談所の所長から家で仕事の話をしたらダメだと言われたので、夫に仕事のことはあまり話さなかった。ある時、かつての相談者が、「家族が全員揃ったから、一度お礼に行きたい」と、子ども3人連れて自宅まで来てくれたことがあったが、夫はきちんと応対してくれた。「何も言わないけれど、わかっているんだな」と思った。家のことは何もできなかったが、最近、怪我をしたら、介護してくれた。初めてのことで戸惑ったが、「長い人生、恨みつらみもあったけど、もういいか、チャラにしてあげよう。私も悪い所が沢山あるし」と思っている。婦人相談員の仕事をしたことで視野が広がって、子どもを育てる上でも役に立ったと思う。それまでは、「そんなことをしたらダメ」と一方的に怒っていたが、「なぜしたのだろう」などと考えられるようになった。今もグループラインなどで何でも話せるたくさんの相談員仲間ができたことも宝だと思う。

第3章

好きな仕事をして人が喜んでくれるなら最高

中田美佐子（1987年－2012年）

1. 相談員になるまで

中田は戦後すぐの生まれで、父は13人きょうだいで乳母に育てられたが、祖父が保証人になったことから突然すべてを失い、学校にも行けなくなって、旧制中学を中退し、丁稚奉公に出た。奉公先が韓国に出店するというので、韓国に移って働いていた。母はひとりっ子で、女子大を出ている。大正ロマンの洋服を着て、秘書をしていた。親戚のいる韓国にしょっちゅう遊びに行って、紹介された父が男前だったから結婚したという。そのうち戦争が始まったが、父は肺病を患い、「この戦争は絶対負けるし、人殺しなんかしたくない」と咳をし続けて、戦争に行くのを免れた。敗戦後はすべてを失い、引揚船で帰ってきた。「あの時、子どもがいなくてよかった」という言葉を繰り返し聞いた。その後も両親は子どもに恵まれず、養女にしたのが中田だった。

産みの親については何も知らない。父から「知りたいか」と聞かれたことがあったが、「知りたくない」と聞かなかった。育ててくれた両親が親だと思っているので、会いたいと思ったことはない。高校を卒業する頃、知らない男性が家に来て、中田を見て泣いたことがあった。「誰だ、この人」と思ったが、それが父だったのかもしれない。両親は、ひとりっ子だった中田が我儘にならないようにといろんな人を預かり、家にはいつも人がたくさんいた。仕事の関係で外国からの客も多かった。戦前に従業員だった人たちに家族で招かれ、韓国で手厚くもてなされたこともあった。大陸気質の両親のもとで育てられたおかげで、人が好きで、人の笑顔が見られることが大好きだった。

大学では幼児教育を学び、結婚して、夫の転勤に伴い移動しながら幼稚園で働いていた。その後、引越し先に保育園がなかったので、まだ若かったが、保育園を立ち上げて園長をした。近所の人たちも手伝ってくれて、子どもたちはのびのびと育ち、毎日が楽しかった。ところが、中田はそこで5歳になった長男を事故で亡くすことになる。「よその子を見ていて、我が子を守れなかった」という思いが巡り、1年ほどは記憶がない。長女にはかわいそうなことをしたが、何もできず、近所の人たちが世話してくれた。「こんなことをしていたら、子どもも浮かばれない」と気を取り直し、仕事を続けたが、夫の転勤で地方都市に移ったのをきっかけに、精神障がいの勉強をしようと精神保健センターのデイケアで働くようになった。1987年、41歳の時、欠員が出たと声をかけられ、面接と試験を受け、市の婦人相談員になった。

2. 相談員になって

市の婦人相談員は区に振り当てられ、母子支援員、児童相談員を兼務する。25年勤めて区を移動したが、最初に勤めた区では、婦人相談員によくある校長を退職した人や地域の名士の奥様がいて、仕事を教えてくれるどころか、いじめにあった。外国人が「暴力を受けている。助けてください」と来ると、「外国人は受けられない」と追い返すのを見て、こんな所ではとても働けないと思っていた。当時は、暴力を受けた人が助けを求めてやって来ているのに、警察に連絡しても、民事不介入と言われ、助けることができなかった。自分なりにやりながら、これは困った人に情報をあげる仕事なのだと理解するようになり、勉強した。そんな自分を見て、ケースワーカーの職員がいろいろ助けてくれて、仕事を覚えていった。

ホームレス

ホームレス対策もない時代だったが、ホームレス支援もたくさんした。そのケースワーカーが、「誰にも内緒だけど、一度、俺についておいで。中田さんを慕ってくる人たちがいるでしょう。いろんな人生があることがわかるから」と声をかけてくれて、夜、マフラーで顔を隠して公園に行った。じっと見ていると、ドーナツ屋の店員が、店を締める時に、何食わぬ顔をして、残ったドーナツをポンとゴミ箱に捨てる。女性がそれを拾って持ち帰る。ホームレス仲間で役割分担していて、女性が食物調達係をし、男性が子どもを見ていた。1人のホームレスの女性が、「先生でしょ。わかってるよ。マフラーなんかしてたら、かえって目立つんだから」と言われ、よく見ると自分の担当の人だった。「はい」とドーナツを振舞ってくれたので、内心ギョッとしたが、ケースワーカーが「ありがとう」と食べたので、中田も食べた。

彼女たちは、亡くした子どもの位牌を大事に持っていて、お茶をあげたりしていた。その公園は区をまたいでいて、簡素な小屋を作って寝泊まりしていたが、警察が来ると、荷物をリヤカーに乗せて、あっという間に反対側に移る。そうやって生き延びていた。ホームレスの人たちは、近づいてくると臭いでわかる。公園に赤ちゃんがいて児相に保護され、母親がわからないというから、公園でお乳の張っている人を探し出したことがあった。昼はあまりいないが、暗くなって、帽子をかぶって知らん顔して見ていると、必ず見つかる。彼女たちは、病院へも行かずに、そこで子どもを産み、仲間が見ていたりする。男女を問わず、ホームレス仲間でがっちり組んで協力し合っていた。「お互い助け合っていかなければいけないから、これが生きるということなのか」と思っていた。

いつも公園の掃除をしている男性がいた。どこで拾ってくるのか、いつも英字新聞を読んでいた。仲良くなって話を聞くと、借金をして大きな家を建てたところ、不景気になって会社をクビになり、ローンが払えなくなった。自分が死んだことにすれば保険金で支払えると、家族のために姿を消したという。女性のホームレスたちは情報交換をして、良い場所に移動する。駅の地下にみんなで寝ていて、そこを通ると「今日はどこ行くの」と皆が声をかけてくれた。ある時、港の温泉に行ったら、相談者がいた。ワンコインで女性が割引になる曜日があった。公園で缶拾いをしてお金を貯めては温泉に入りにくるのだという。入浴後にすっきりして出てきていた。

組関係

児童相談員も兼務していたので、子どもが押し入れに閉じ込められていると保育園から連絡があった。今日は子どもが来ているというので、会いに行った。組関係の父子家庭で、食事も与えられておらず、保育園に来た時に給食をたくさん食べる。虐待防止法がない時代だったが、痣がたくさんあって、「これは虐待だ」と、警察と児相に入ってもらった。父親が保育園に迎えに来た時に、警察の指示で門を閉じ、逮捕劇となった。児童相談、母子相談、婦人相談は重なる部分が多く、兼務であることが強みだった。縦割りと違って1人でできる仕事も多く、母子家庭の相談では貸付もあったし、子どもだけを預かることもできたし、警察もよく動いてくれた。

組関係のケースは多かった。ケースワーカーと一緒に組関係の人の所に行くことがあったが、生活保護などでその人たちも何かあった時に助けてもらわないと困るから、みんな礼儀正しかった。靴もちゃんと並べ替えてくれて、お茶を出してくれた。虐待やDVも多く、ケースワーカーと一緒に行くので警察だと思われていたのかもしれない。靴を並べながら挨拶して、こっそり妻に「こんなところもあるよ」と相談室のことを教え、そこから相談に繋がった人たちもある。鎖に繋がれ、1週間近く監禁された所から、鎖を切って逃げてきた女性は、親分の妻で、食事も与えてもらえず、排泄もそのままで悲惨な状態だった。

ある時、詐欺でつかまった女性がレイプされて妊娠中だったことがわかった。依頼があって留置所に面接に行ったら、そこには組の子分がたくさんいて、前を通るたびに中田に挨拶してくるので、皆びっくりしていた。

夜逃げ屋本舗

やくざ絡みの相談は多かったので、夜逃げ屋本舗のようなこともした。暴力を受けて売春をさせられていた女性が逃げてきた。しばらくは男性がいないというので、ケースワーカーが個人的なネットワークで家を貸してくれる人を見つけてくれ、運送会社を頼み、名前を伏せて夜中に引っ越しをさせた。本当に貧しく、冷蔵庫も空っぽだった。ケースワーカーに「危ないから、あんたはここまで」と言われ、後は任せた。「もしも男が怒鳴り込んできたら、俺を呼んでくれ」とも言ってくれたが、相談所の前は警察署だったので、そのようなことはなかった。

一生懸命なベテランのケースワーカーで、中田より若かったが、早くに亡くなった。葬儀には彼に助けられたケースの人たちがたくさんお参りに来ていた。

売春ケース

警察と婦人相談員が一緒に動く日があって、「今から張り込みに行く」と店に踏み込んだ。これは本当に驚きの経験だった。本番の最中になろうかというところで、皆、毛布をかぶって走って逃げる。外国人もいたし、なかには自分の相談者もいた。当時は呼び込みで、スナックの2階、3階で売春をさせていたが、摘発によってだんだん派遣型が多くなっていった。

繁華街を歩いていたら、「先生」と声をかけてくる人がいた。「3人の子どもがいて、コンビニで仕事している」と言っていたが、本当は風俗に行くところだった。子どもたちを食べさせるためにはそれしかなかった。「また相談においでね」と言っておいたら、「子どもがいるから頑張ってるんだね」と言ってもらって嬉しかったと来てくれた。綺麗な人で、若い時はデートだけで良かったが、だんだん本番をさせられるようになった。やくざが管理して、女性を使い分けていた。若くて綺麗な人はデートだけさせて高額をとり、歳を取ると「本番でも断るな」とか「何分以内」とか、厳しくなっていく。ホテルに行って売春をさせられ、30分経ったら携帯が鳴るのだと言う。

貧しい地域から来た女性で、学校に行けず文盲の女性がいた。貸付に行くにも書類が読めず、友達についてきてもらっていた。「母ちゃんは字が読めないから、あんたが覚えてね」と子どもに言っていた。子どもは優秀だったが、教育費がないから、初めは掃除婦をしていたが、やむなく売春をするようになった。本人の責任ではないし、生活のために仕方がなかったと思うが、最後は精神を病んだ。息子は頑張って国立大学の医学部に入って、貸付金をきちんと完済した。母の仕事を知っていたのかどうかはわからないが、母の真面目さを見るような思いだった。

ＤＶ防止法

ＤＶ防止法ができる前、法律を作るために、毎週土曜に集まりを持って学習会をしていた。近県の相談員たちも集まった。研究者にデータを提供し、自費で厚労省に行くこともあった。みんな熱心で、よいネットワークの場となっており、そこからシェルターも生まれた。分担して原稿を持ち寄り、相談マニュアルを作った。新しく相談員になった人も、それを見るとわかるように、外国人、売春、ＤＶなど問題ごとに利用できる機関や制度を書き込んだ。行政にも提供し、後に改訂版も作った。ＤＶ防止法ができて、状況はずいぶん変わった。警察が動いてくれるようになったが、眼に見える身体的暴力は減り、見えない部分への暴力や精神的暴力が増えた。

男性の被害

男性の相談もあった。若い人が性被害を受け、どこに相談したらいいのかわからず、あちこちたらい回しされ、「わからないから、中田さんの所に行ってみたら」と言われたとやって来た。親しくしていたＬＧＢＴの支援者に相談すると、「よく相談に来たね。男性の性暴力被害は多いんだよ」と語れる場に繋げてくれた。性被害の相談に来る男性や男の子たちは他にもいた。「男性はそういうことを言えないから苦しいよね」と話を聞き、情報提供すると、その後の報告にも来てくれた。

ホストをして1千万円稼いだが、被害もたくさんあったと言う人もいた。金持ちの女性たちが、札束でやりたい放題をする。婦人相談の男性版だと考えていた。それほど数は多くないが、そのうち妻によるDV相談も出てきた。数分おきに「何してるの」と報告を求め、携帯をチェックして、夜も暴言を浴びせかけ、寝かせてくれない。警察も「男なんだから、自分でやっつけなさい」と言いがちだが、男性は我慢して苦しそうだった。偏見を持って話を聞いてはいけないと思った。

3. その後のこと

定年退職してからは、総合病院のソーシャルワーカーとして9年勤めた。小児科で性被害を見つけることが度々あった。そういう場合、母親が子どもにピタッとついて離れない。母親もわかっているのではないかと思う。子どもが「お母さんには絶対言わないで」と言い、精神的な症状を抱えていたりする。性被害の場合は、とにかく加害者から離す。児相からケースが来る場合もあるが、時すでに遅しで、多重人格など重篤な問題を抱え込んでいる。そういう場合は、精神科につなげてチームでケアするようにした。

病院では、過去に関わったケースと再会することも少なくなかった。負の連鎖が続くのだと思う。相談員時代、虐待も性虐待もあって学校にも行けないまま、未成年で逃げ出し、公園で保護されたケースがあった。当時、精神科医だった児相の所長が自分たちも勉強しようとみんなで力を入れてフォローした。その後、30歳を過ぎて、妊娠して病院に来た。背景がわかっていたので、理解のある医師に頼んで支援した。深刻な過去を抱える人が、担当者が変わるたびに支援者に合わせていかなければならないのは大変で、同じ人がケアできる方がいいと思う。今では自分が育ててきた人たちがあちこちでそれなりのポジションで頑張っているので、安心して繋げることができる。小児科の先生や保健師も巻き込んで、大変な母子の見守りをするシステムも作ったし、産後のケアをする母子寮もできた。公費で賄えるから、大変な人はそこに繋げる。

病院で組関係の人と再会することもあった。回診の医者と一緒に廊下を歩いていたら、白いスーツにエナメルの靴を履き、いかにもという恰好の人が挨拶してきて、医者に「あんた姐御していたのか」と驚かれた。かつて親分だった人が末期がんで入院してきて、すっかり痩せ細り、「痩せてしまったのね」と言ったら、「中田さんにだけ見せてやる。情けないよなあ」とこっそり入れ墨を見せてくれた。昔は立派だった龍がミミズみたいな蛇になっていた。女性の牡丹も、やせ細るとコスモスみたいになる。

重い問題を抱えたケースの場合には、退院時、担当医、産婦人科医、精神科医、行政の担当者、保健師、児相など関係者を呼んで話し合うシステムを作った。婦人相談所はなかなか相談員を出してくれなかったが、法律のもとで役割があることを主張すると出してくれるようになった。現場は人員不足で大変ななか人を出してくれているので、病院のワーカーたちには、偉そうにせず、常に感謝を示すように言っている。自分も多くの人に教えてもらってきたように、次を担う人を育てなければと努めてきた。現在、婦人相談員は、3年で試験を受け直して5年までとなっている。相談員も経験を積めず、相談に来た人を「できません」と帰したり、対応が事務的になったりする場合もあるようで、一部の相談員の負担が多く、とても残念に思っている。

4. 振り返って

退職した今も、さまざまな形で支援に関わっている。そういう役割があって自分は生まれてきたのだと思う。海外研修で知り合った人たちとも深いつながりがあるが、その延長で出会ったアメリカ先住民の酋長《メディソンマン》から、何も話していないのに、「あなたには亡くなった子どもさんがついていて、あなたを守り、人を助ける運命にある。その役割の為に生まれてきた」と言われたことがある。その酋長の妻がなぜか母にそっくりだった。もう両親ともに亡くなったが、どちらも危篤になりかけた時、「貴方達の家族が居てくれたから本当に良かった。ありがとうねぇ〜。仕事を大事にしなさい。無理しないでいいから」と言ってくれた。「好きな仕事をして、人が喜んでくれるなら最高だから」と言ってくれる両親だった。お陰様で夫も良き理解者で、助けてもらった。子どもたちも同じような仕事に就いた。これからの人たちには、自分にとって何が大切だと考えて仕事をしているのかを考えて欲しい。それぞれに答えは違うと思うが、「相談とは何ぞや、もし自分だったら」という想像力が絶対に必要だと伝えたい。

多くの相談者から人生を教えて頂き、学ばせてもらったことが今も大切な宝物となっている。相談員仲間とは今も交流が続き、支えあえた仕事に感謝している。1人では何もできなかったかもしれない。

第4章

生活と仕事に境目はない

芦原陽（1987年－現在）

1. 相談員になるまで

実家の母は結構翔んでいる人で、家事はほとんど父がやっていた。生きていれば90歳をとうに過ぎているから、当時は珍しかったと思う。専業主婦だった頃は、母が家事育児をやっていたが、芦原たちが成長すると、仕事を始め、社会活動に目覚めていった。幼い頃に父親を亡くし、母親の手伝いをしていた父は、自然に家事をやり始めることになったのだと思う。芦原も食事の準備などを学生時代から手伝っていた。

職場結婚した。両親は義父母と同居することを心配したが、夫の家を初めて訪問した時に、義母が部屋の障子戸を足でひょいと開けてお茶を出してくれたのを見て、「この姑なら」と思った。義母は、「男子厨房に入らず」というような人だったが、先進的な考えも柔軟に受け入れる人だった。義父は早くに両親を亡くし、進学できなかったことで学歴に対する思い入れが強く、自分で疑問があると義娘に質問してくるようなフラットな人だった。婦人相談の世界に入ったのも、民生委員をしていた義父が市役所から後任者を相談され、芦原を推薦したのがきっかけだった。夫は社会活動が好きで、「俺は社会大学で社会学を勉強している」と豪語し、家を空けることが多い人だったが、夫の人脈は芦原の仕事に役に立った。義父母も協力的で、泊りがけの出張も快く送り出してくれた。

2. 相談員になって

相談員になったのは1987年だった。当時は県の嘱託で市に駐在する母子相談員・婦人相談員・償還協力員という身分だった。当初は何もかも初めてのことだらけで、職員にいろいろ教えてもらった。相談者とのつながり方もわからず、児童扶養手当の申請に来た母親と話をして相談につなげることが多かった。また、母子福祉資金の督促に行って、相談が始まることもあった。たとえば、事業資金を借りて美容室を経営していた女性が、子どもの教育資金が生活を圧迫して償還ができなくなっている相談を受け、分納を指導した。離婚の原因は夫の暴力だった。長期に関わることになる相談者もあり、地域の複雑な人間関係についての話は、人生経験の少なかった芦原には学ぶことが多かった。

知的障がいのある女性

仲居として働く知的障がいのある女性が同僚たちからいじめられていたのを見た板前が同情し、一緒にその旅館を辞め、彼女を連れて各地の旅館を転々としていた。そうこうするうちに彼女が妊娠し働けなくなって、一緒に彼女の実家に戻って来た。彼女の両親は亡くなっており、家も荒れ果てて、子育てをするのには不適切に思えたが、長女を出産した。保健師に同行して関わるようになったケースだった。

夫も求職中で家にいたので、彼の話も一緒に聞くようになった。そのうち夫が喧嘩をして傷害罪で服役した。彼女1人の子育ては難しいとの判断から、母子生活支援施設に入った。服役を終えて帰ってきた夫とまた生活することになったが、夫は、家族を自分が守らなければ、何とかしなければばという気持ちが強すぎたのか、彼女に強い言葉や、時には暴力もあったらしい。娘にも知的障がいがあり、その子にも強く当たることが多くなり、耐えられなくなった娘が中学1年の時に学校に訴え、保護された。

夫は大騒ぎしたが、それまで家族ぐるみで関わってきたので、一緒にいられないことを納得させた。彼は、その後も窃盗で服役し、更生保護施設に入所したりしていたが、他県で生活保護を受給しながら生活している。時折「妻や娘に会いたい」と言ってくるがそれは出来ないと説得してきた。彼女はすでに亡くなったが、娘は今、グループホームで自立している。

夫婦関係の調整

DV防止法が施行され、警察の取り組みも変化した。以前は民事不介入と言っていたが、積極的に介入するようになっている。本当に危険な時は助かるが、ちょっとした喧嘩でも通報があると警察が介入するので、本来は夫婦間で解決すべきことまで、自分たちで解決しない人たちが増えているような気がする。暴力は決して許されることではないが、お互いが関係性を見直すことで改善する場合もある。

17歳で、10歳ほど年上の男性と結婚した女性から、夫が実家に帰ってばかりで、家事育児への協力がなく、辛く当たると相談があった。夫も入れて3人で話し合ったが、夫は仕事で責任ある立場になり、家のことをするのが難しくなっていた。自分の両親に手伝ってもらえば彼女が楽になると思い、実家に相談に行っていたが、彼女に話そうとしても聞かないので頭にきていたと言う。彼女は夫の両親に頼るのは嫌だというので、保育園の利用を提案した。初めは「実家があるのに」と言っていた夫だったが、少しずつ彼女の気持ちを理解し、保育園に預けることを受け入れた。身体的な暴力はなかったが、話し合うことができず、モラハラのある家族だった。

外国人の相談

フィリピン、中国、韓国など外国籍を持つ女性の相談もある。最近の相談では、家に監視カメラを付けられていたDV被害のフィリピン女性がいた。10年以上も前に興行ビザで入国し、日本人と結婚して子どもができたが離婚、他県で外国籍の男性と再婚したが、DVがあり、現地の相談員に相談し、こちらに逃げてくるということでつながった。現地の相談員と密に連絡を取り合って対応したが、いよいよ障がいのある子どもたちを連れてこちらに逃げてくるというので、当地で生活できるように生活保護などの支援を考えていた。以前踊り子として働いていた時に知り合った当地在住のフィリピン女性に助けを求め、その彼女が5百キロ以上も離れた所まで迎えに行き連れてきたという。フィリピンのコミュニティはすごい。

ところが、迎えに行った車のナンバーと彼女の顔が監視カメラに映り込み、SNSの彼女を夫が特定し脅迫の電話をよこしたため、警察に相談し、緊急一時保護となった。当地は夫に知れてしまい危険なため、他県の相談員を頼り、母子生活支援施設を紹介してもらって移送することになり、当地の福祉事務所の協力で引っ越しした。朝6時に出発し、彼女の入所手続きをして、帰宅は深夜12時を回った。現在、彼女は新天地で就職し、子どもたちも福祉サービスを利用しながら、自立を目指している。ちなみに外国人の夫とは母子生活支援施設の指導員と一緒に調停を申し立て、離婚が成立した。

3．連絡協議会に支えられて

現在は2人体制になり互いに相談出来るようになったが、長い間1人でやってきたので、連絡協議会の存在は大きかった。県の連絡協議会では、年3回、全員で集まり顔の見える研修をしている。毎年1回、仕事から離れ、交流会と称して県内各地で一緒に食事をし、思い思いに日頃の悩みなど話をする。温泉に入ってリラックス、現地の相談員が案内人になって観光もする。相談員のリフレッシュタイムである。時折同じ仕事をしている仲間と話し合うことでエンパワーされて次の仕事に向かう。県内で移動する相談者もいるので、「ここに行けば○○相談員がいるから」と安心してつなぐことが出来るし、相談者の不安を少し和らげる効果があるように思える。

連絡協議会を通じて、先輩の新人時代の話を読んだり、相談員としての思いに勇気づけられたり、お互いの人となりを理解する手掛かりになっている。話し方や相談の技術なども先輩が教えてくれた。長くやる中で割り切る術も身につけたが、相談を引きずって眠れない夜、先輩が話を聴いてくれた。経験を積む中で関係機関と顔の見える関係もできてくる。いろいろなこと、とくに仕事に対する思いを後輩たちにつなげていけたらと思っている。

4. 振り返って

相談員になってしばらくして、「男女共同参画基本法」が施行され、男女共同参画担当課が企画した女性問題に詳しい有名な講師を迎えての「ジェンダー」の勉強会に参加することを上司に勧められた。相談を受けるうえで大切な視点だからということだったが、参加したことで自分の中にあるジェンダーの意識に気づくことができた。母は「翔んでいる人」だと思っていたが、意識の中に「女性としてきちんとしなければ」という呪縛があったように思えた。相談者のなかにも「こうあるべき」から踏み出せない人が相当数いる。そこから自由になれるような言葉かけをする。なかなか抜け出せなくても、少しでも気づくことができればと、何度でも繰り返す。「困った時にはいつでも来てね」と、ずっとつないでいくことが大切だと思う。

関わりが長くなると、相談者の子どもや孫の世代までつながっている。街中でバッタリ会って、近況報告されることがある。良い報告を聞くと報われる思いがある。振り返ると、女性の生き方について考えさせられるところが多かった。自分の生活と仕事の境目などない。相談は自分の生き方にもつながっている。いろいろな考え方を持っている人がいて、自分の知らなかった世界を知ることが出来、自分を成長させてくれた。芦原は現在まで仕事を続けながら、義父母を看取り、つい最近夫を見送った。

第5章

根幹にあるのは信仰

松葉千代（1988年-2021年）

1. 相談員になるまで

松葉は自由気ままな少女時代を過ごした。ユーモアあふれる父が大好きだったが、母の愚痴の聞き役だったので、愚痴の先にある祖母や叔母たちには優しい気持になれなかった。今になれば、双方の気持ちがよくわかる。大学では社会福祉を学び、妊娠中絶をテーマにした論文を書いた。簡単に中絶する同級生がいて驚く一方、「自分の魂も消えてしまった」と言う人もいて、中絶が女性に与える影響に興味があった。

大学を卒業してすぐ結婚して、遠く離れた小さな町にやって来た。夫は海外勤務が多く、家にいることは少なかった。知らない土地に来て、知った人もなく、何もかもよくわからないまま、最初の頃は辛かった。しょっちゅう実家に電話して、帰っていた。長男の幼稚園がカトリックで、子どもの頃から親しんでいた宣教会の教会が隣にあり、子どもと一緒に洗礼を受けた。幼稚園の土曜学校で、子どもたちの英会話も手伝った。教会でゴッドマザーに恵まれ、信者たちとも知り合って、少しずつ地域に根づいていった。3人目の子どもが生まれた時、夫の両親が退職して、「子どもを見るよ」と言ってくれた。せっかく社会福祉の勉強をしたので福祉の仕事をしたいと思って、市役所に履歴書を出したら、「婦人相談員をやりませんか」と言われた。婦人相談員というのは初めて聞く言葉だった。仕事の内容は知らないまま、1988年に婦人相談員になった。

2. 相談員になって

退職する相談員から「引継ぎをするので、家に来てください」と言われ、自宅を訪問して、丸1日かけて仕事を教えてもらった。彼女は戦争未亡人で、以前はそういう人たちがこの仕事に就いていたという。県内の相談員のほとんどが50代、60代で、経験年数20年以上のベテランばかりだった。自分では子育てが一段落し、遅まきながら仕事に就いたという感じだったのに、「若い人が入ってきた」と言われ、4年目の相談員に、「後輩が入ってきたので、やっとものが言えるようになった」と言われて驚いた。

前任者は福祉の勉強をしてきた人に後を任せられると喜んでいたのに、部長が履歴書を見て、「そろばんができるから良かった」と言ったらしい。「婦人相談員はその程度でいいという考えが根本にあるということの表れではないか」と憤っていた。相談員の戸棚の資料の中に、大学時代のゼミの先生だった林千代先生がまとめた婦人相談員の実態調査を発見し、自分が体験していることが婦人保護事業の中の婦人相談員の実態そのものであることを知った。

自力で逃げていた時代

最初の頃、どうすればいいのかわからないケースが2つあった。50代と60代で、どちらも夫の暴力から逃げたいというケースだった。支援の方法がわからず、ただ話を聞いただけだったが、どちらも「自分で逃げます」と言って帰った。初めて聞く話だった。何かできたらと思ったが、方法がわからず、ふがいなく心配でもあり、何もできなかったことが印象に残った。

退職した先輩の相談員がしょっちゅう来ていたので相談すると、自分のケースの話を聞かせてくれた。入院していた時に洗濯物を取りに来る女性がいて、夫から暴力を受けているという。妾もいて、2人ともしょっちゅう暴力を受けていた。「退院したら、相談に来ていいよ」と相談所の住所を渡したら、やって来て、「今から逃げるから、荷物を預かって欲しい。時期がきたら連絡するので、送ってください」と言う。広域で知っている婦人相談員を紹介して、子どもをそこの児童相談所に預け、本人は他所に逃げた。預かった箱には番号が書いてあって、季節ごとに、「番号順に送ってください」と連絡があった。だいぶ年数が経ってから、約束して駅で会ったが、頑張って働いて、ようやく子どもを引き取ることができたということだった。「そういうこともあったよ」と教えてもらい、「彼女たちも自分で逃げただろう」と少し安心した。昭和の時代は皆、そんなふうに自力で逃げていた。

被害者の力

夫から首を絞められ、殴られて、目を真っ赤にしてはやってきていた女性がいた。夫がしょっちゅう鎌を研いでいて怖いから、「やっぱり別れることにしました」と言う。逃げる前にヘルパーの資格を取るのだと、講習に通い始めた。途中で、「もう耐えられない」と身を隠したが、見つけられてしまった。弁護士を頼み、保護命令が出るのを待って逃げることになった。軽自動車に布団と犬（夫に虐待されていたため、こっそり連れ出していた）を乗せて、朝5時、はるか遠くに住む兄弟のところへと出発した。それを見送りながら、「1人で小さな軽自動車に乗り、初めての高速道路を都会のジャンクションを越えて行くなんて本当にすごい」と思った。

「離婚すると夫が何をするかわからない」と、結局、離婚はしないままだった。もともと暮らしていた家は彼女の実家で、彼女が固定資産税も払っているのに、夫はその後もそこに住み続け、女性を連れ込んでいた。彼女はずっとヘルパーをして生活し、退職後にゆっくり暮らそうと他所に引っ越した。「10年間、お世話になりました」と連絡があった。

当時は逃げたいという女性が多く、4年間一緒だった上司は、松葉のことを「逃がしやお千代」と呼んでいた。被害者は大きな力を持っていて、決意さえあればやり直すことができる。だから、別れて自分のために生きて欲しいと思う。

アルコール依存の陰で

「アルコールを絶ちたいができない、どうすればよいか」と相談に来た女性がいた。よく聞くと、アルコール依存の陰に夫からの暴力があった。すさまじい身体的暴力だったが、精神科の医師から何度「あなたは悪くないですよ」と言われても「私が悪いんです」と言い、夫は夫で、警察にも「妻が悪いから殴る。法律があろうとなかろうと殴る」と言って憚らなかった。顔を判別できないくらい殴られても、逃げなかった。

彼女が暴力から逃れられないと思っているのには理由があった。相談が始まって2年ほどして初めて彼女はその話をしてくれた。4、5歳の頃から親戚のお兄さんに性虐待を受け、中学生になって母親に打ち明けたが、信じてもらえなかった。夜間徘徊、プチ家出を繰り返して、高校も中退した。他県にいる叔父を頼って家を出た。成人式の前に、両親から着物を準備したから帰って来いと再三連絡があり、もう大丈夫だろうと帰ったところ、親戚のその男からまたもや性暴力を受けた。その時、彼女は、固まってしまって全く抵抗できなかった。そんな実家から彼女を救ってくれたのが夫だった。「どんなに殴られても、あれよりはましだ」と、どうしても夫から離れられないのだという。

彼女との付き合いは10年に及んだ。逃げては戻ることを繰り返し、2人目の子どもを出産した。「今度こそやり直す」と言ってアルコールを絶ったが、今度はパチンコが辞められなくなった。知人からお金を借り、デリヘルで体を売るということを繰り返し、とうとう警察に捕まった。身元引受人に婦人相談員を指名してきたので、引き取りに行った。自宅は荒れ放題となり、経済的にも追い詰められ、母子寮に入った。夫は「居所を教えろ」と役所の窓口に押しかけてきた。近所の老婦人、タクシー運転手、病院など、「借金を返して欲しい」という人たちが再三、福祉課にやってきた。

子どもは児童相談所に保護され、彼女は精神科入院となった。父の元に残り16歳となった娘が、ある日やってきて、「一生母を恨む。殺してやりたい」と言った。もっと早く抜け出ていたら、違った人生の再スタートが切れたのではなかったか、もっと後押しが必要ではなかったのかなどといろいろな思いが交差し、悔やまれた。彼女が住んでいた借家は壊され、更地になった。そこを通る度、彼女のことを思い出す。相談員として最も大切なことは、謙虚に真摯に相談者と向き合うことだと思っているが、自分の限界を知ることも重要であることを彼女から教えてもらった。彼女は今、病院のデイサービスに行きながら静かに暮らしている。娘は結婚し、母になった。

裁判に立って

検察庁から書留が届いた。驚いて封を開けると、証人喚問の呼び出し状である。それは、父親から性暴力を受けていた女性の裁判のものであった。一緒に警察に行って欲しいと相談があり、同行した。知的障がいがあることから、相談員の同席が必要と言われ、警察の繰り返される調書作成時に同席し、現場検証や実証検分にも同行した。それは暴力の再現であり、「辞めて欲しい」と頼んだが、「これをきちんとやらないと、起訴できない」と言われた。警察の調べが一段落すると、今度は検察官から同じ聴き取りがあった。彼女は精神科の治療を受けながら頑張った。松葉も二次受傷して、被害現場に似た場所を通ると心臓がキューと締め付けられ、過呼吸を起こすようになった。

裁判は、本人には法廷でなく別室のテレビで進められたが、途中具合が悪くなり、中断、中止となることもあった。相談員には衝立があり、加害者と直接顔を合わせないように配慮されたが、声はすぐ近くから聞こえてきた。父親は、強姦罪で7年間の実刑となった。父親の罪が確定した後、彼女の妹が会いに来た。あの時はどうしても言えなかったが、自分も中2の時に父親にレイプされていたことを知って欲しかったと言った。最後まで裁判を傍聴したのは、父親を絶対許さないという心に秘めてきた思いがあったからだという。妹も父親の幻想に悩まされるようになり、治療が必要となっていた。

家族支援も

脳溢血で倒れ、救急車で運ばれた女性がいた。6ヶ月間入院治療をし、杖を突いて歩けるようにまでになった。彼女との出会いは、夫からの暴力があると相談があった時である。子どもたちが成人してからも、何かあると彼女の家族をよく知る相談員として関係機関から連絡があり、その度に海のそばに住む彼女を訪ねていくのが常となっていた。彼女の家族は、3人の成人した子どもたちと、離婚後に親しくなった男性との間に生まれた子どもである。最近は、他人に会いたくないと、連絡もなかなか取れない状態で、家はゴミ屋敷になっていた。彼女が入院すると、力を合わせて暮らしているように見えていた家族が、実は、暴力や経済問題を抱えていることがわかった。

婦人相談員は他機関と連携協働し、地域での中長期的・継続的な自立支援までを担うケースワーカーであり、このケースもそんな支援を必要としていた。いろいろな問題があるとわかっていても、孤立している家庭の中に入っていくのは容易ではない。家族の意志が尊重され、それぞれの希望に向かって自立していけるように、関係機関と連携し丁寧に支援していかなければならない。

死を見送る

婦人相談員は相談者が生きることに関わる仕事だが、死に際しても立ち会う場面がある。病気で亡くなる人が多いのは、苛酷な状態で生きることに精いっぱいで、自分の治療がおろそかになり、手遅れになってしまうからなのだろう。

ある女性は、「死んだら絶対親族に関わって欲しくないから、相談員に託したい」と言いながら、相談員の長期留守中に亡くなってしまった。発見された時は死後1ヶ月ほど経過していた。聴覚障がいがあり、訪問しても不自由さからドアが開くことはあまりなかった。そのせいか、会うと必ず、「会えて嬉しい」と大声で泣くのだった。彼女のお金を全部持って行くので絶縁状態だと嫌がっていた親族が引き取っていった。

松葉が喪主となって葬式を出した女性がいた。阪神淡路大震災の被災者で、死のうと海に飛び込んだが死にきれず、近くの病院で助けられたと市役所の窓口にやってきた。持っていたものはすべて海の中ということで、助けてくれた病院のナースシューズを履いていた。震災後、アルコール依存となって離婚し、1人息子は行方不明だった。一時保護し、その後生活保護を受給し借家に入居しようとしたら、大家から「ここで死ぬことはないでしょうね、困るんですよね」と言われた。腹水がたまり大きなお腹になっても、なかなか病院に行きたがらなかった彼女が入院し、長くないとわかった時、「家族を探して連絡をしましょう」と言ってみたが、「誰にも連絡しなくていい」と言う。

そんな折、妹と名乗る女性から電話があった。病院で姉を見かけたということだった。妹の話では、故郷に来て、飲むためのお金で家族にさんざん迷惑をかけ、妹もこれ以上関わると離婚すると夫から言われたそうだ。親戚も皆、背を向けていた。松葉が関わった5ヶ月程の期間、彼女は一度もお酒を口にしていなかった。亡くなった時、妹から葬式は出したいが、喪主になる人がいないと相談された。喪主がいないと葬式費用が出ないので、相談員の名前で葬式費用としての生活保護を申請し、葬式を出した。彼女は今、市の無縁仏の納骨堂に眠っている。

忘れられない女性

「娘に何か仕事がないか」と母親から相談があった。娘は20歳になったところだが、酔っ払い運転で保護観察中だった。アルバイトを紹介したが、遅刻ばかりで首になった。次に会ったのは彼女が38歳の時である。生活保護のケースワーカーから、家庭訪問に同行して欲しいと依頼があり、会ってみると彼女だった。アルコール依存症だが、病院受診をしないので、何とか受診につなげて欲しいという。

彼女は若くてとても美しく、理論派で、飲むと哲学者のようになる。「私は何者か」「なぜ生きているのか」などと禅問答のように話しかけてくる。本棚には哲学書が多く並んでいた。彼女は、母に望まれずに生まれてきた。1人娘だった母は婿養子を取らなければならず、子どもが産まれていたが、夫の暴力があって離婚した。次に現れた男性もひどい暴力を振るい、彼女は障がいのある体になった。何とか別れたものの、妊娠しており、仕方なく産んだのが彼女だった。母から「生まれて欲しくなかった」と言われて育った彼女は、自分を責めながら大きくなったが、そう言いながらも彼女が生きていけるように何かと助けてくれる母が好きだった。高校を卒業後、仕事もしたが、飲むのをやめられず、精神科病院を転々とした。「精神科はね、どこも同じことをいうのよ、あの青い空をみてごらん！って、空なんてどこも同じなのにね」と言って、有名な精神科を退院した日、その足で空港に行き、遠い島に旅立った。そこで1年間飲み続け、また戻ってきたが、実家からも縁を切られ、生活保護を受けるようになった。

アルコールを飲んだ状態では、病院は受け付けてくれない。何度も彼女を訪問し、ある雨の日、やっと彼女と手をつないで病院に向かった。そこで、ようやく彼女が尊敬できる医師に出会うことができた。しかし、数年経ってもアルコールをやめられない彼女は、医師を失望させたくないと通院をやめた。その後、癌に侵され、「なんで私なの？　死ぬのは怖い」と死に直面し、自暴自棄の言葉を発することもあったが、放射線や抗がん剤の治療を受けるようになった。彼女の心配は、家では受け入れてもらえないので、「無縁仏でいいからどこかに置いてくれないか」というものだった。母からの支援、ヘルパーの派遣、訪問看護、訪問薬剤師等、できる制度は全部使ったが、彼女の支えになったのは、数匹の猫だった。交通事故にあった猫もおり、自力で生活できない猫を心配して、入院できないと、自身の排泄がコントロールできなくなるまで1人暮らしを続け、46歳で亡くなった。

最期の別れに行った時、母と家族がそばに座っていた。花が大好きだった彼女に持って行った花束を胸に乗せた。髪の毛は抜けてしまっているため、帽子はかぶったまま、やすらかな顔だった。お骨は家族の納骨堂で眠っている。「悲しい、寂しい、恨みがある」と言いながらも強い絆で結ばれていた母と娘だった。彼女の残したメモがある。訪問をして、彼女が不在だった時のものである。「松葉さーん、待たせてごめんなさいネ！　みかん1つ置いていています。食べて下さい、おいしいよ！」と、猫のイラストがついていた。今も手帳に挾んである。

3. 振り返って

相談員の仕事に巡り合えて本当に良かったと思っている。その根幹にあるのは信仰、キリスト教である。相談者の思いを自分のものとして考える、人として尊重する、自身の限界を知り天にお任せする、その方のために祈ることができることが、自分にとって大きなことである。それは、自分自身を良く知ることに通じるし、自分の家族、夫や子どもたちとも信仰で一致しているので、安定した気持ちで相談業務にあたることができる。相談員をして、皆に多くを頂き、自分を養ってもらった。相談員として悩み、後悔し、押しつぶされそうになる経験をすることもあるが、そんな時は、相談員仲間やスーパーバイザーに話を聴いてもらえることが特効薬になっている。仕事を通して尊敬する女性達に会うことができたことは宝物である。

第6章

「できない」ではなく「できる」を探す

佐藤恵（1989年-2007年）

1. 相談員になるまで

佐藤は1944年、ごく普通の公務員の家に生まれ、4人きょうだいの長女だった。同い年の夫は米軍基地のある沿岸の出身だったので、米兵の捨てたコンドームを風船だと思って遊んでいたと言うが、内陸部で育った佐藤に敗戦後の記憶はない。子どもの頃から物を書き、論を述べるのが好きだった。中学の頃、弁護士の講演を聞き、刺激を受けた。「この社会はなぜこんなにも理不尽なのか」と思っていたものが、実はそういうことではないのだと、眼の前が開けた感じだった。母は、父より学歴は高かったが、家では父が偉いし、男女できょうだいの待遇も違った。4年制の大学に入りたいと思ったが、弟は下宿して進学校に進んでいるのに、「女は地元の高校で、卒業したら就職すればいい」と言われ、月謝の安い地元の短大を見つけて入学した。

卒業後は、保健福祉の領域で働いた。乳児死亡率がゼロということで、全国で有名な村があり、村が打ち立てた教育で村を変えていくという課題が魅力的に感じられ、「よし、そこに行って何かやってみよう」と、栄養士免許をもって村の健康管理課に勤めた。医者、保健師、栄養士で協働し、大きな成果を出して、全国からたくさんの人がやって来た。今でこそ塩分の問題はどこでもやっているが、当時はそんなことを言う人はおらず、佐藤の発想で試験管を持って、それぞれの家の味噌汁に番号をつけ、味噌汁と漬物の塩分調査をしたりした。生活保護家庭を一軒ずつ訪問して、1週間分ずつ食べたものを書き出してもらう栄養調査もした。5年計画で取り組んだことを全国の栄養改善学会で発表すると、著名な医師が、「日本で初めての地域栄養士だ」と言ってくれた。

25歳で結婚して、仕事を辞めた。夫は、結構「男女共同参画の夫」だったが、転勤族で、今のように単身赴任など考えられない時代だったので、最初の10年は、非常勤で高校の家庭科教諭をしながら、女性達に生活改善指導をしていた。都市部に異動になると、「働く婦人の家」でおせち料理やパーティ料理など教えることもした。4年制大学に行きたかったのに、親の考えで短大に入ったので、「短大を是非とも4年制にして欲しい」と同窓会の活動をしていた。当時県の仕事をしていた同窓会長から声をかけられ、県の婦人相談員になった。「ただの電話番だよ。あなたの知識や経験を結集してお話を聞けばいいだけだから」と言われ引き受けたが、それは大間違いだった。

2. 相談員になって

3月に内定を受け、上司になる女性から「まずは福祉六法をきちんと読んできてください」と言われた。六法を読み、次には日本国憲法を勉強した。実践よりも先に座学だった。それから電話相談を多くやった。来所相談も7〜8件、一時保護のケースも2〜3人は担当していた。県には相談員が2人いて、居場所がなくて困った女性が次々に一時保護されていた時代だった。

驚くことばかりだった売春防止法関連のケース

ちょうど昭和から平成に変わる頃だった。売春防止法関連のケースは多くなかったが、驚くことばかりだった。まず驚いたのは、対象者は世間のイメージの「ぴちぴちギャル」や援助交際などではなく、60代、70代の女性が公園や駅前に立ち、普通に客を取っていたことだった。寝る場所もなく、食べるものにも事欠くので、「客を取ればそのまま宿に泊まれる」と言う人たちに会ったことは衝撃だった。案外、良いものを着ているので、聞いてみると、公園に寝泊まりしていたので、公園のゴミ箱から拾ったものだと言う。立派な毛皮のコートを着た人さえいた。そんなケースは、市や民生委員や警察などを介して来ることが多かった。昔、その辺りに遊郭があり、そこで働いていたという人たちで、それが自分の正業だと思っていた。

採用時には何も教えられなかったが、法律を読んでいたので、「自分はこういう人たちのことをやるんだな」と思った。いわゆる「本来ケース」と言われるものである。ケースは、婦人保護施設に繋げる。屋根があって、ご飯が食べられて、着るものも何とかなる。「かにた婦人の村」にもよくお願いした。お菓子や果物など故郷の味を送ったり、持って行ってお話ししたりすると喜ばれた。「かにた婦人の村」は売春防止法の施設だから、男性を相手にして、人を振り回すような人が入っているのかと思っていたら、知的障がいや精神障がいのある人が多く、皆明るく屈託がなく、穏やかに暮らしているのに驚いた。

掘立小屋での自宅売春

施設に送る前に、ひとりひとり家庭訪問もした。寒村の地域だったが、ある女性の自宅に行ってみると、掘立小屋というか、バラックのような一間の家で、扉もなく簾をかけただけのところで、自宅売春をしていた。捕まったのが50代か60代で、母親はもう亡くなっていたが、聞くと、母も姉もそうやって売春をしていたらしい。詳細はわからないが、きょうだいが複数いて、そんな環境で育っても、国立大学まで行った優秀な甥がいたことが後にわかった。本当に驚くことばかりだった。知的障がいもあったので一時保護し、「かにた婦人の村」に行ったが、何回も逃げ出し、職員がこちらから探しにも行った。当時は部屋も2～3人一緒だったし、なかなか人間関係を結べない彼女にとっては、決して居心地の良い生活ではなかったのだと思う。ごく普通の会話ができず、下ネタが好きで、そういうのに乗ってやると喜んで話し、親近感を持ってくれた。

ズボンが立った

初めの頃、警察経由で60歳過ぎの女性を保護した。臭いし汚いから洗おうと脱いでもらった所、ズボンが立ったのには驚いた。ずっと洗わないで同じものを着ていたので、ズボンが汗や垢で固まってしまっていた。彼女は、若い男性の心理判定員と面接する時、トイレの鏡を見ながら、マッチ棒の黒い芯の燃えたところで一生懸命眉を描いた。男性と会うには、「お仕事の顔」でないとだめなのだった。彼女も知的障がいと精神障がいがあり、成育歴もよくわからなかったが、やはり自分の気に入った下ネタばかり話していた。検挙されたのは初めてだったと思うが、結構な年齢で、体が弱っていたからなのか、施設に馴染んだのか、逃げることもなく、十年くらいいて、大動脈破裂で亡くなった。彼女たちは健康管理もしていないし、タバコやお酒も多いので、肝臓などの病気になる人も多い。

故郷に触れる

佐藤は父も夫も転勤族だったので、県内の各地域に馴染みがある。一時保護に来る女性は県内のあちこちから来ていて寂しい思いをしているので、故郷の祭りの話や、地域地域の山や川の話をすると少し心を開いてくれる。一時保護もそろそろ終わりかなというような時に、まだ心を開いてくれていなければ、近くの川のほとりにある喫茶店に行って、一緒にお茶を飲みながらゆったりとした川の流れを見たり、周辺を散歩したりしながらいろいろと話をした。そのうち気持ちも開けてきて、「えー、そんなことがあったんだ」というような思いがけない話が聞けて、そこからまた支援の糸口につながったりもした。

ケースから教わる

いろいろな問題があることをケースから教わった。デリヘルで客を取っている17歳の女の子が捕まった。2000年代初めの頃である。話を聞くうちに、児童養護施設から逃げてきて、ある夫婦にうまく取り込まれ、稼がせられていたことが発覚した。その子に稼がせながら、食事もろくに与えていなかった。まず男の方が逮捕され、一時保護中だった彼女を証人として確認するというので、警察とラブホテルめぐりに付き合った。裁判では懇意にしていた女性弁護士を頼み、暴力団絡みのケースだったので、時間まで彼女を車に隠しておいて、裁判に出てもらった。結局、その夫婦は有罪になった。

彼女はいったん親元に帰って児童養護施設に入ったが、18歳で出るように言われたので、施設まで出向いて連れて帰り、アパートに入れた。個人的に付き合いにある大家さんに頼んでアパートを確保し、担当した若い子や家族で、暮らす場所がなく、名前も出せないという人を入れていた。生活保護をつけ、何か異変があれば連絡してもらう。彼女たちは苦労してそこに入れたという思いがあるので、仕事につき自立して出ていった。

婦人相談員として無念はない

「できない」ではなく、「できる」を探す必要がある。24時間体制、泊りがけで様子を見に行ったこともあった。どこまで逃げても探されて「もうダメだ」と立ち上がる元気さえなかった人に、自分の名前でアパートを借りて、電気、ガスも全部自分名義にしたこともあった。経済的援助もし、他県の母親の所に戻した。問題のある母親だったが、娘が変わったことで母親も変わり、毎年、母親から桃が届く。本当はもらってはいけないのだろうが、受け取って、お礼としてクリスマスには子どもたちにお菓子を送っている。

個人的にお金を出すことは結構あり、返ってこないこともある。知的障がいのある人たちは計画的にお金が使えないから、「お金を落とした」とか「財布を失くした」とか言ってやってくる。「見え見えの行動」だが、子どもがいると、どうしてもお金を出さないわけにはいかない。最終的に親子がよければ、自分としてはＯＫ、それで意外とみんなうまくいって、相談員として無念はない。

3. 退職後も

婦人相談員を退職した後も、社会福祉協議会と町の男女参画推進で相談員を続けている。社会的に弱い立場にあり不利益を受けている女性を救うのが仕事だが、アジアの国からきた「お嫁さん」の相談もある。裁判所の調停委員もやったが、男性が「高い金出して連れて来たのに、俺に逆らいやがって」などと平然と言うので驚いた。調停委員も保守的な考えの人もいて、最初はびっくりしたが、話しているうちにわかってくる人も出てきて、何度か勉強会もした。

先日、全国巡行していた「私たちは買われた展」を見に行った。若い人たちの手記や写真の展示を見ているうちに、涙が出てきて、最後まで見られなかった。「あー、私にあったことではないけれど、私にあったこと。それは私が関わった人たちの辛さだったんだよね」と、いたたまれない感じだった。女性たちから男のエゴをずっと聞いてきたから、自分では意識していなかったが、自分の体で追体験していたのだと思う。性被害を受けている人たちは、時代が変わっても変わらない。新しい法律になったら、自分よりずっと若い人たちが、その人たちの情熱でやってくれることだろうと期待したい。

今住んでいる地域の女性にも歴史があり、素晴らしい人が沢山いる。「地域の女性史を読み語る会」を立ち上げて、本にまとめた。男性はちょっと偉くなると本になるが、女性が本になることは少ない。女性も志を立てて信念をもって、ちゃんとやれる。地域で頑張ってきた先人たちの足跡を残さねばと思う。相談の仕事は、まだまだ男性に踏みつけられている女性をちょっと押し上げることだが、女性参加の社会活動も続けている。「何かやりたいという人を集めて活動し、そのネットが大きくなって花開けばいいな」と、女性の会を作って十年になる。

4. 振り返って

婦人相談員の仕事は天職だったと思うし、自分の人生に悔いはない。進学の希望は少し阻まれた感じがあるが、もし大学に入って弁護士になっていたら、こういう人たちに会うこともなかったわけだから、これでよかったのだと今は思える。どういう所におかれても、精一杯努力して思いを貫くことができたので、幸せな人生だと思う。

夫も男女共同参画の人だったし、口論することはあっても、お互い声を荒立てたことは一度もない。彼の家は商家で、たくさんの人が来てともに作業する。忙しかったので、手の空いた人が家事をするという習慣が身についている。みんなに助けられて生活があることを肌身に感じて育っているので、人のことを悪く言わないし、何かあっても、とことん人と話をする。

今、一緒に活動をしている60代、70代の人たちは、親や祖父母が明治、大正生まれだったりするので、明治憲法的考えにまだ縛られている。「性別役割分担意識の鎖から解放されて、自分らしく生きていいんだよ」ということが社会に広まれば、女性はずっと生きやすくなる。死ぬ時、「ああ、よかった。この世をすべて満喫したよね」と思えるように女性たちが生きる社会になってほしい。

第7章

親きょうだいから受けた愛を基盤に

山本忍（1990年－2016年）

1．相談員になるまで

山本は5人きょうだいの末っ子で、皆に可愛がられて育った。両親は高齢だったが両親や兄姉の理解と協力で短大に入り、保育士の資格を取った。県内の公立保育園で4年間勤務した後、結婚で県外に住むことになり保育士を辞めた。子どもが3人生まれ、同期の保育士の仲間は働きながら子どもを育てていたので、仕事への意欲や焦りもあったが、自分の子育てを楽しみたい思いも強く、7年間、子育てに専念した。

その頃、義父の介護が必要になり、夫の通勤可能なエリアの住宅を探すことになり、元々保育士として働いていた県内の地域に住宅を決めた。夫とは同郷なので義父母との生活環境として言葉や故郷の慣れ親しんだ味覚も共有でき、3人の子ども達も祖父母が居る三世代世帯としてお互い助け合って賑やかな生活を過ごした。

平日、事務職のパートで働いていたが、40歳の時、昔の同僚と会う機会があり、その方の夫が当時、福祉事務所の所長で、婦人相談員が欠員で募集しているという事で声をかけられた。婦人相談員という業務内容もわからず不安だったが、受けることにした。

2．相談員になって

婦人相談員の職務を理解しないまま、児童家庭課の部署で児童扶養手当や特別児童扶養手当などの事務手続きをしていた。その作業の中で窓口へ「離婚したので……」と来所され、面接室で話を聞きながら、母子手当ての手続きをする。そうするなかで、所得証明とか戸籍謄本、児童扶養手当の申請などの制度が頭に入っていった。婦人保護事業のハンドブックに出会い、「これだ」と思ったが、売春防止法といわれてもピンとこない。国の通達文書を読みながら試行錯誤しているとき、全国の婦人相談員連絡協議会の研修、ブロック協議会や県の研修もあって、ベテランの先輩たちに何でも聞くことができた。研修の機会には恵まれていた。

最初の頃の印象深いケース

事務手続きをやりながら、たまに緊急一時保護が入った。勤めて間もない頃、印象深いケースがあった。夫がやくざ、連れ子の息子は中学1年生で、「息子のために、もう出たい。こんなやくざの世界にこの子を置いておきたくない」と福祉センターに相談に行き、そこから回されてきた。「もう家を出たいです」と言うが、大きなクラウンに乗って来ていた。ほとんど知識もなかったが、車を居住地の大型駐車場に置いて改めて来所するよう説明すると、翌日、彼女は言われたように車を置いて、子どもを連れて福祉事務所にやってきた。彼女を婦人相談所で保護し、中1の男の子は児童相談所に一時保護してもらった。

その後のことは、婦人相談所の対応となり、後から聞いた話だが、彼女は就労支援を受け、住み込みである程度まで生活基盤を作って子どもを引き取るという段取りで一生懸命やっていたが、子どもが「やくざのお父さんは嫌だと頑張って出てきて、お母さんと一緒がいいと言ったのに、離れ離れになってしまった。もうお父さんの所でいい」と作文を書いたと聞き、彼女は家に戻ったということだった。まだ婦人相談員として経験も浅かったので、力不足を実感し、女性支援を学ばなくてはと強く思った。

DV夫からの面会交流

他県で保護され、姉を頼って当市に転入してきた女性があった。夫は薬物中毒で刑務所の出入所を繰り返し、生活保護世帯だった。戸籍上は離婚していても、内縁関係のままで、子どもの父親としての存在も大きく、夫を見捨てる決意がつかない生活が続いていた。夫の執拗な嫉妬によるDVが続き、このままでは自分が殺されるか、自分が殺すかの窮地に追い込まれ、3歳の娘を連れて逃げ、女性相談センターで保護されたのだった。

DV対応として住所異動をせず、生活保護は移管し、ワーカーと一緒に支援に関わるようになった。ようやく生活環境が整ったが、不安、不眠、動悸、パニック障害、うつ症状など様々な体調異変が起こり、通院治療が続いた。窓口へ来る度に、「夫の元から逃げてきたことは良かったのか、娘から父親の存在を奪ってしまった」などと自分を責めて嘆き、相談員の顔を見ると大粒の涙をぽろぽろこぼす日々が続いた。「夫から離れたのは、DVの環境から娘を救ったので良い決断だったよ」「今はまず子どもの養育を中心に考え、日常生活を一番に考えようね」と繰り返した。

ある日、元夫の福祉事務所の担当者から、「元夫が家庭裁判所に子どもの面会交流の申し立てをして、調査官から調査依頼があった」と連絡があった。夫も生活保護世帯なので、行政機関としては情報を共有しており、連絡窓口になった。彼女の承諾を得て、医療機関の意見書を出し、直接面会は困難であることを伝えた。家裁の審判で年に3回程度、子どもの成長がわかる手紙や写真の提供をするよう言い渡された。彼女は子どもの写真の背景から居場所がわからないように細心の注意を払って写真を撮った。その時期になると精神的に不安定な状況が強く現れ、心の傷の深さと回復には時間がかかることを痛烈に実感した。

養育の悩みや、時には子どもに手を出してしまう自分を責め、親失格を嘆く日々が何年か続いた。その後、遠方の実家の両親が自営業を廃業して一緒に住む事になった。気がつけば、その前後から、彼女は元夫への写真を預けに来ることもなくなった。現在は、仕事を掛け持ちしながら頑張っている。ようやく住民票と本籍地を異動させ、10歳になった娘と一緒に笑顔で窓口に来てくれた。幼い時に会ったきりだったのに、その成長ぶりに驚かなかったのは、何年も成長の歩みを写真を通して一緒に見ていたからだと気づかされた。人はみんなどんなに辛いことがあっても回復する力を持っている。相談員はいつもと変わらない平穏な心持ちで横に並んで寄り添う存在でいいのかなと思う。

DV夫の子を宿して

もうひとりの女性は、離婚して1歳に満たない男の子を連れて、実家で母親と同居していた。子どもを保育園に預けて働いていたが、そんな生活を数年続けた後、出会い系サイトで知り合った人と一緒に暮らし始めた。怒鳴ったり暴力を振るったりするので、子どもが怯え、祖母との生活を望んだので、子どもを実家へ預け、入籍した。彼は仕事が続かず、収入もなく、彼女の名義で次々に借金し、巧みな言葉で車2台も購入させられていた。彼の故郷の地に来て働いていたが、妊娠し、つわりがひどく辞めることになった。

ある日、彼が夜勤前で寝ていたところに足音をたててしまい、怒り出し、顔面を殴られ、腕や足を叩かれ蹴られた。恐怖と痛みを我慢して、彼が仕事に出た後で、アパートの隣人に助けを求め、警察からの連絡で一時保護になった。彼女は妊娠6ヶ月で、母子手帳も受け、最初は出産を待ち望んでいたが、夫の暴言、暴力がひどく、その男の子どもを産むことに拒否感が強くなって、堕胎を口にした。現実的には無理で、子どもの命の尊さを伝えるしかなかった。沢山の問題を抱えて混乱していたが、少しずつ落ち着きを取り戻し、婦人保護施設で出産まで過ごす事を決め、生活保護の対応をした。

夫はすでにアパートを出て行方がわからない状況だったが、弁護士に相談し、保護命令、離婚調停、破産申し立てなど、法律扶助の制度を利用して身重の体で頑張った。実家の母に連絡を取り、正月休みには姉妹が訪ねて来て、母に預けていた息子の写真を部屋に飾って喜んでいた。ところが、息子が母の妊娠を知ってショックを受けていると知り、お腹の子の存在を否定し、不安定になって泣き叫んだ。「まずは元気な子どもを産み、それから一緒に考えましょう」と気持ちを収めることに努めた。無事女の子を出産し、産む前の不安感は嘘のように「とっても可愛い」と笑顔で話してくれた。実家の母が一緒に暮らすことを受け入れ、彼女は娘を抱いて故郷へ帰って行った。彼女からの「本当に沢山のお力と優しさをありがとうございました。最後にこの子を産んで良かったです」という短い一筆は、何よりも嬉しいプレゼントだった。

3．その後のこと

ＤＶの相談業務が増える中、福祉事務所として、婦人相談員を１人増員してもらえ、相談業務を共にする事ができ、ケースの対応や情報など次に引き継ぐ事が出来て有難かった。

退職してからは、気になっても「あの人どうなったかな」とは聞かないようにしている。ただ、やめる前に関わっていた高齢の２人だけは連絡が取れるようにしている。どちらもＤＶで、１人は一時保護し、離婚はしないが老人施設に入る形で別居し、もうひとりは身体障がいがあったが、所持金があったので婦人保護施設のそばにアパートを借りた。老人施設は自宅から近いので、家の花がたくさん咲いた時に届けると、とても喜んでくれる。もうひとりとも、近くに行った時に待ち合わせて会ったり、時々、手紙で日常生活の報告をしてくれるので、返事を出している。

退職後、民間団体で支援の手伝いをしている。婦人相談員だった頃はケースも多く、いろいろな関係機関と連携していたが、今はＤＶに特化し、民間ならではのひとりひとりの女性にきめ細かな関わりが出来ている。社会的評価も得て、行政の助成金なども受けているが、財政的にも厳しく、支援者の高齢化の問題もあり存続は厳しい現状である。

4. 振り返って

市の福祉事務所に所属していたので、相談者の相談内容やニーズなどは行政機関の窓口の担当者に直接聞くことができた。保険や手当、保育園、学校、住宅供給、生活保護、外国人の離婚など具体的な情報を得ることができたし、嘱託職員なので職場の異動もなく、行政職員は異動があるので、各担当課に知り合いが増え、仕事をする上でとても助けになった。

心身共に傷つき、大変な人生を背負っている方の相談を受けることが多かったが、その状況に寄り添い、それぞれの生き方や考え方を尊重し、焦らず、落ち着いて対処していた自分の支援者としての姿勢の土台はどこで育まれてきたのかと振り返ると、自分の両親やきょうだいの存在が大きいことに気がつく。両親は話を聞いてくれ、いろんな岐路で相談に乗ってくれ、自分の目指す進路を押してくれた。両親を見送り、歳の離れたきょうだいたちで集まる機会には、戦前生まれのきょうだいは子ども時代、食料のない時代を過ごしたことを懐かしい思い出話として話す。分け隔てなく育ててくれた両親の生き方や深い愛情に気づき、親きょうだいの愛情が自分の心情の基盤と感じている。

第8章

仕事を超えた友は墓場まで持って行きたい宝

田代千鶴子（1991年－2008年）

1. 相談員になるまで

ずっと専業主婦をしていたが、子育てが一段落した37歳の時、新聞紙上で「いのちの電話」のボランティアを募集しているのを知った。学んだことを生かせるかもしれないと思い応募した。相談員をするにあたって養成講座があり、十数年ぶりに勉強の機会を与えられ、ワクワクしながら受講した。相談者の話を「受容すること、傾聴すること、共感すること」を徹底的に叩き込まれた。

相談員になって、さまざまな思いを抱えて電話をかけてくる人、またさまざまな人生経験を積んだ相談員仲間と出会い、人生がそして視野が広がった思いを体験した。そんなとき講師として来てくださっていた先生が、児童相談所・婦人相談所の所長で、欠員になっていた婦人相談員にと推薦してくれた。

2. 相談員になって

婦人相談員になったのは、1991年、48歳の時だった。その頃、婦人相談所の婦人相談員は県職員OBの指定席になっていた。したがって相談業務とは関係のない部署からの天下りが多く、婦人相談所なのに男性の相談員も多かったようだ。田代が相談員になった時も、相談員は天下りの男性と2人だった。当時、相談件数は少なかったので、時間の許す限り、売春防止法や女性問題の勉強をし、フェミニスト・カウンセリング講座を受講したりもした。

数少ないケースの中で一時保護に至るケースは、行き場のない女性や売春をさせられている外国人、たまに夫からの暴力で痣だらけにされた女性、骨折した女性などで、警察経由で来所した。駆け込み寺というのは知っていたが、こんなひどい暴力を受けた女性を目の当たりにしたのは初めてで、言葉を失うほどびっくりした。当時はまだDVという言葉はなく、女性がこんなにひどい目にあっているのに、なぜ女性への暴力が黙認されてきたのか、女性蔑視、男性優位の社会など女性の人権問題について認識を新たにする日々であった。

DV防止法前

相談件数も徐々に増え始め、「夫からの暴力」のケースも多くなった。そんな中、顔中痣だらけ、鼻は骨折し、目の周りはパンダのように黒く腫れあがった状態で幼児を連れ、警察官に付き添われて来た女性を見た時は、言葉も出ないほど驚いた。「もう大丈夫。安心してね」と抱きしめた。

売春防止法に基づいて設置されている婦人相談所は「夫からの暴力」の女性を保護する法的根拠がないので「転落未然防止」の見地からと売春防止法を拡大解釈して、一時保護をしていたが、実際には四苦八苦していた。警察に相談に行っても、夫婦喧嘩だから喧嘩両成敗、一方の意見だけ聞いてもわからないからと、夫の意見も聞いて和解させて家に帰すことが多かった。一時保護しても、家に帰ってしまう人が多く、帰ると相談所のことを悪く言うので、夫が怒鳴り込んできたり、義母が「公的機関なんだから、ちゃんと説得して夫婦仲良くやれるようにするものでしょう。ここにいると聞いて安心してたのに、何ですか。ここは別れさすんですか」と文句を言ってきたりした。当時はまだ、「暴力を受ける女性にも責任がある。夫婦仲良くするには夫を立てて、少々のことは我慢するもの」という風潮が強かった。

DV防止法後

DV防止法成立後、警察や市町村の対応も変化し、世間の眼も変わってきた。警察や市町村から繋がるケースも多く、一時保護退所後のケアについても市町村が積極的に関わってくれるようになった。住民票非開示の法制定直後は、市町村が不慣れでうっかり開示してしまったこともあり、お願いした遠方のセンターにご迷惑をかけたこともある。

忘れられないケースの1つは、出勤したら、生まれて間もない双子の赤ちゃんを籠に入れた女性が待っていた。「夫に暴力を振るわれた。怖い。もう帰らない」と言う。まずはゆっくり話を聞いてからと思っているところに夫が息せき切って駆け込んできた。タクシー会社に片端から電話して相談所を突き止めたという。まだ20代の若い夫婦で、夫は「ごめん、ごめん。痛かった？もう絶対しない」と甘い言葉で平謝りし、「もう絶対帰らない」と言っていた女性は夫に抱かれるように帰って行った。その後どうしているか気になったが、相談はなかった。幸せに暮らしていることを祈るばかりだ。

電話がかかってくることもあるし、いきなり来ることもあるが、電話だと迷っている場合が多いので、DVとはこういうものだと情報提供したり、「いざという時のために余裕があれば仕事を見つけておくとか、お金を貯めるとかした方がいいよ」とアドバイスする。そうすると、またかかってくることがある。「言われたように、いろんなものを貯めてきました」と、使った割り箸をいっぱいためて、「こんなのも役に立つかもしれない」と持って逃げてきた人もいた。

ある女性は相談所が終了になる夕刻、幼い子を連れて玄関先に立っていた。他県から来たという。急いで部屋に入ってもらい、話を聞くと「あの人の所にはもう戻らない」と決意は固そうだった。とりあえずその夜は保護し、翌朝改めて話を聞くと、前日と変わらず決意は固く、早く仕事を決めて自立したいという。「子ども連れての就職は難しいから、まず母子寮かな？」と提案すると「子どもと離れてでも就職したい。早く一緒に住めるよう頑張りたい」という。子どもは児童養護施設に預け、住み込みで働ける料理旅館に就職することになった。涙を誘う親子の別れは今でも忘れられない。それから彼女は子どもと一緒に暮らすために頑張ったのだろう。2年余りで子どもと一緒に暮らせるだけのお金を蓄え、実現させた。そして次の就職先で良き伴侶に恵まれ、新しい家族も増えた。毎年、家族全員で幸せいっぱいの年賀状を送ってくれる。これこそ婦人相談員冥利に尽きると思っている。

退職後の関わり

65歳で婦人相談所を定年退職した。退職の数年前に、犯罪被害者支援センターが設立され、DV被害者や性犯罪被害者の支援を通じて協力体制ができていた。退職したら来てほしいと請われ、スタッフとして、事務局長として80歳までお世話になった。

「DVは犯罪被害」ということで、自立支援の援助をと思い引き継いだケースが数件あった。それぞれ問題を抱えながらも、周囲の方々の力を借りて何とか自立して生活している。DVで自立心や経済力が奪われた女性たちはよく頑張っているものの、DV被害にあった人はやはり自己開示しにくいこともあり、地域に馴染みにくく、心許せる友人が出来にくいのだろう。そこで安心して話せる人が恋しくなるのかもしれない。時折、近況報告だったり、アドバイスを求めたりという電話がかかってくる。

3. 振り返って

今年81歳になった。婦人相談員にならなかったら自分の人生はどうだったかと考えることがある。全国婦人相談員連絡協議会では毎年研究会が実施され、アメリカやカナダへのDVスタディ・ツアーも企画された。それぞれに参加し、その後とても役立った。支援だけでなく全国的に友人も増えた。この仕事は広域で連携しなければ成り立たない面が多々あり、特に弱小県は他府県のセンターにお世話にならなければならないことが多かった。その度皆さんに親切に適切に対応してもらった。関わった方々に教えられ、学ばせて頂いた。感謝しかない。その上、仕事を超えて友人としてお付き合いくださることがとても嬉しい。これこそ墓場まで持って行きたい宝だと思っている。

第9章

やって身に着いたものは一生自分のもの

島崎弘子（1992年‐2013年）

1. 相談員になるまで

父は明治の生まれで、満州に出た後、戦争で南方に行っていた。当時の写真が残っていて、たくさんの女の人たちと仲良く楽しそうに映っていたので、「どうして戦争に女の人がいるの」と聞いたことがあるが、父は笑っていた。戦地で病気になって、陸軍病院に搬送され、終戦前に故郷に帰ってきて、母と結婚した。その後、商売を始めたので、跡継ぎを望んだが、なかなか子どもに恵まれず、1950年、やっと島崎が生まれた。父は何も言わなかったが、周囲から「あんたが男だったら、お父さん喜んだのにね」と言われ続けた。

祖母からは、「おまえは養子さんをもらって、ずっと父ちゃんと母ちゃんの面倒を見ないといけないんだよ」と言われていた。だから小学5年生の時に、みんなが将来なりたい職業を言うのを聞いていてびっくりした。島崎には「お嫁さん」しかなかった。ショックを受けて、ここを脱出しなければと思った。周囲からは「お父さんは可愛がってるから、外に出さないよね」と言われたが、「冗談じゃない。絶対ここを出るぞ」と心に誓った。自分では「正当な家出」と名づけ、心に秘めたまま勉強して進学することにした。

進学で家を出たが、入学してすぐ父が癌だとわかり、卒業と同時に亡くなった。その頃には祖母も亡くなっていた。妹はまだ中学生で、母が「どうしよう」と頼ってくる。「養子をとって、親の面倒をみないといけない」という言葉が頭のどこかにあり、養子に来てもいいという人がいるからと紹介されて、結婚した。夫は4人兄弟の次男で、経済的にも大変だったので、「お前は養子に行け」と言われて育ったらしい。最初に会った時に、相手を心地よくさせるような嘘はつけない純朴な人だと思って結婚した。

夫は家を空けることの多い仕事で、それほど手はかからなかったが、性を対等な人間関係の営みとしては考えておらず、「結婚したらお金を出さずにできる」ぐらいの認識だった。結婚したての頃、周囲が「母ちゃん、他の男といるかもしれんぞ」とからかうので、不安になって、うるさかった。今でも印象に残っているのが、マニュキアを塗っていたら、「そんなもの塗るな」と言う。「え、私が私の爪にすることを、何であんたから止められないといけないの」と喧嘩になった。そんな小さなことがたくさんあった。

男として妻子を養えないのは1人前ではないという意識だったから、妻には働いてもらわなくていいという人だったが、いつもいるわけではなかったので、島崎はちょこちょことアルバイトをしていた。周囲の人がしていることは割と受け入れるので、子どもが大きくなると、パートに行くのは許容範囲になった。ある時、知り合いから「相談員を探しているけどどう?」と言われ、行ってみることにした。所長と面談して、「私、何も知らないんですけど、いいですか」と言ったら、「常識でいいから。だけど40歳ではちょっと若いかな」と言われた。「40歳で若いって、どんな仕事なんだろう」と思った。

2. 相談員になって

県には婦人相談員が1人しかおらず、長くやっていた人が定年でやめた後、新しく来た前任者は1週間で辞めたということで、最初はすごく大事にされた。所長、次長、係長、調理、それに相談員の5名で、福祉を知っている人は誰もいなかった。相談は、次長と2人で受けるのが原則だった。大変なケースがたくさんあって、電話は1人でとらないといけないから、鳴らないで欲しいと思っていた。空いている時間に過去の記録を読んで、どんな相談があって、どんなふうに対応したかを勉強した。前の人は十数年はやっていたと思うが、ケース数は多くないので、記録はきちんと書かれてあって、大体の感じはつかめた。

所長が「昔は、給料をもらったら遊郭に行ったもんだ」と言っていたことを記憶している。売春防止法ができる前は違法ではなかったから、公然と「行こうか」という会話が成立していた。まったく知らない世界だった。前任者によれば、時々、「今日は手入れをします」と警察から連絡が来ていたというが、島崎にはそんな経験はない。

最初の頃の印象深いケース

二十歳にもなっていない女の子で、親から遺棄され、遠方の施設で育っていた。とにかく物を言わない。何を聞いても黙っている。「ま、一息ついたら仕事を探して、働いたらここでお金貯められるから、そうしましょうね」と一時保護を始めた。ところが、1週間経っても、2週間経っても変化がない。部屋の掃除もしないし、洗濯もしない。前いた施設に連絡しても、ほとんど情報が得られず、精神科の先生に相談しても「待つしかないですね」と言われた。2ヶ月くらいいたが、「指導に添わない」ということで強制退所になってしまった。それを島崎が面接で告げなければならないと言われ、前日は眠れなかった。反対する根拠も言えず、彼女と気持ちのつながりも持てないなかで、本当にどうしたらよいかわからなかった。退所の日、10時過ぎても音沙汰がなく、部屋に行ったらもういなかった。半分ホッとしたのと、「死んだらどうしよう」というのとで、もやもやした感情だけが記憶に残っている。

それから2～3週間して、郵便配達の人が、「ここにいたあの人はあっちの家にいるよ」と教えてくれた。驚いたことに、彼女の後に母子で一時保護に入って来たDV被害者が近くに居宅したのを頼って、そこに一緒にいた。そんなに会話もなかったと思うが、「逞しいなあ。この人は、きっと、こうやって生き延びていくんだなあ」と思った。その後、受け入れた方の女性に会う機会があったが、「私たちも生活保護で、そんなに長くは面倒を看られないから、ごめんねって出て行ってもらいました」ということだった。

保護する人は暴力で逃げてきた人が多かったが、それまで年間2桁もなかった。ところが、その年の秋から急に忙しくなった。そんなに責任が大きい仕事だとは思っていなかったので、「私は何も知らない、何もできない。私が相談員になってよかったの？」と思い始めた。そんな頃に全国大会に参加して、組織が見えたというか、この事業はこんなふうに展開しているんだと全体像がよく見え、お金をもらう仕事だから専門性ということを考えるようになった。

上司との葛藤のなかで

2年目に上司たちの異動があって、入所者に「俺の好み」などと言って優遇するような人が入ってきた。その上司が変な関わりをするから、入所者たちがザワザワして、起こらなくていい事件が起こっていた。当時は、まだ何が何だかわからなかったが、島崎がその人に従わないので、ひどくいじめられ、周囲も見て見ぬふりだった。孤独だったし、毎日やめようかと思いながら仕事をしていた。

2年目の後半から、他県で独自にやっていた学習会に毎月参加するようになった。婦人相談のノウハウを冊子にしていて、それをバイブルみたいに読み合わせ、講師を呼んで勉強していた。「事務所にいるより、この人たちの感覚から学ぶ方がいい」と感じるものがあった。元気な相談員がたくさんいて、メンバーが北京女性会議に行ったりしていた。全国大会でパワフルな相談員に会えるのも楽しみだった。新しい入所者が来ると、布団干しなど何から何まで日常生活のことをやっていたが、そんな仕事を理解してくれて、「頑張ってるね」と言ってもらえた。上司は次々に変わり、ストレスは続いたが、だんだんとやりたい気持ちが出てきていた。

外国人のケース

しばらくは中国人が多かった。最初に来たのが1995年で、中国残留婦人だった。夫が統合失調症で、一緒に生活するのに耐えられないと逃げてきた。所長が、「大地の子」を見ていて、「この人達にはよくしてやらなければ」と優遇した。相談所がバックアップする形で就職して、住まいも見つけた。彼女は賢い人で、娘も優秀で、結構なキャリアを築いている。あとは、結婚相談所で紹介されて結婚したが、嫁を買ったという感じで奴隷のように扱う男性が多くて、恥ずかしいと思った。中国領事館に相談に行ったりもしたが、中国人は国に帰りたがらないので、生活保護で居宅という形で落ち着いた。

フィリピン人もあった。フィリピン人を1回保護すると、口コミで次々とフィリピン人が来るようになる。ＤＶ防止法が出来てからは、日本語が書けないので、ローマ字で保護命令を作った。エンターテイナーのビザで入ってきた人もあったが、結婚紹介所経由で来た人は、セックスを断ったらひどい暴力を受けると警察に駆け込んで、警察から繋がって来た。ビザやパスポートも夫から取り上げられていた。

あるフィリピン女性は、幼児が2人いて、高級なマンション住まいだったが、夫が家から出さないので、日本に来て4〜5年経つのに日本語をほとんど話せない。セックスを断ると暴力を受ける。教会で知り合った同郷の女性から情報を得て、婦人相談所に逃げ込んで来た。夫があらゆる手を使い、次々といろんな政党の議員が相談所にやって来た。彼女は、古いボロボロの保護所に2ヶ月いた。「豪華なマンションに住んで、お金の苦労もなかったのに、こっちの方が彼女にとって居心地がいいというのはどういうことなのか考えて下さい」と言うと、議員たちも納得して帰っていった。

相談員を取り巻く変化

相談員の扱いが時代の変化によって変わってきたことを感じる。最初の所長に、「ずっとここにいていいから、そのうち、あなたが思うような相談所に作りなさい。職員はどんどん交代していくけど、あなただけはずっとここにいるわけだから、あなたの好きな相談所を作ればいい」と言われたことが、印象に残っている。DV防止法ができる頃には結構いい感じになっていた。初めて女性の所長が来て、福祉分野は初めてという人だったが、「こんなところがあるとは知らなかった。夫とけんかした時に家を出ようと思っても、みんな夫と関わりのある人ばかりなのよね。私が入っても、また帰って来たいと思えるところにしたい」と言い、相談員への期待も高かった。

婦人相談所便りを作り、研修の報告や、各福祉事務所で相談員をしている人や母子寡婦の相談員などに原稿依頼をして、そこの状況を伝えてもらうことなどをしていた。「DVはここで受けるぞ」という覚悟もあって、相談所のなかで1つの事例を皆で考え、この事例だったらどういうふうに保護命令を書くかの練習もした。ずいぶんケースが増え、警察の対応も変わり、保護命令が出せることで相談所の対応も変わった。しかし、相談員は1人のままだったし、仕事量は半端でなく、夜8時、9時に帰ることはざらだった。

その後、相談員は1人増えたが、職員がケースワーカーとして入るようになると、「あなた方は相談だけです」と線引きされた。女性相談所だけの時はアットホームで、何でも持ち込むことができたが、ワンストップ化が言われ、相談所がセンターになると、多くの職員が机を並べ、人間味のない事務的な雰囲気になった。保護と相談機関は完全に別々になった。相談を受け、一時保護して寮での生活まで見ると、付き合いが長くなり、「共に歩く」という感じで、それぞれの生活が見えて、驚くこともあったが、振り返った時にすべてを愛おしいと思え、ケースを組み立てるうえでも役に立った。婦人相談員の仕事は窓口業務だけになり、どこかに繋いで終わりになった。楽にはなったが、寂しい。

NPOの活動を始める

DV防止法ができ、地域に民間のNPOを立ち上げようという時に、行政とうまくやった方がいいからと頼まれて、島崎も理事として入り、一緒に研修を計画したりしていた。最初の頃は、婦人相談所にNPOのパンフレットを置くこともダメだと言われたので、必要な人には、個別に渡していた。相談所では、1人の女性について一緒に動くことができなくなったが、NPOではそれができた。婦人相談員を2013年で退職し、現在はNPOの方で退所後の支援をしている。それは結構長期の支援になる。相談員時代に関わった女性と再会して、NPOとして支援を続けることもあるし、相談を受けて一時保護につなぎ、その後の支援をすることもある。公的機関ではできない支援をNPOでフォローしている。

3. 振り返って

最初の頃、自分はあくまでも相談員で、相談者との間に線引きがあった。それがいつの頃からか、「一緒だったなあ」と思うようになった。相談者の話を聞きながら、夫の言葉を思い出す。自分が正しいと思っていたので、夫にも結構ワーと言うと、そこにダメ出しをするので、ますますエスカレートしていく。相談に来る人もいろいろで、自分と同じ考えの人はいない。こうした方がいいと思っても、違う道を選んで、また戻って来る。相談を通じて自分の正しさと相手の正しさがあるのを学び、「あー、夫には夫なりの理屈があるんだな」と思うようになった。そこで責めても、結果として良くはならない。以前は「闘うぞ」というようなところがあったが、今は「もっとわかりあいたい」というように変わった。

ジェンダーについての問題意識はあったので、子育てにおいては、「男だから、女だから」とは言わないで育ててきたのに、息子がそんなことを言った時には、ちょっとショックだった。自分がどう頑張っても、周りが言えばやはり流されるのだと思った。相談員にならなければ、ジェンダーへのこだわりは持っていても、これほど整理はされなかったと思う。未来を孫の世代に託し、6年生になった孫娘の誕生日に、上野千鶴子の『女の子はどう生きるか』の本をプレゼントした。今読んでもわからないかもしれないが、なにがしかのメッセージが伝わればいいなと思っている。

いろんなことを相談の中で身に着けてきた。これは仕事、これは生活と分けられるものではなく、どちらも自分がしていることなので、自分が変化していくことで、自分の生活も豊かになった。仕事はいつか辞めるが、やってきて身に着いたことは、一生自分のものになる。だから、若い人には、何でも一生懸命やるといいよと伝えたい。

第10章

この仕事に出会うために生まれてきたのかもしれない

濱田桂子（1993年－2008年）

1．相談員になるまで

濱田は、1943年、満州で生まれた。父は役所に勤めていたが、母を連れてハルビンに赴任し、濱田が生まれた。戦況が思わしくないと知り、母は濱田をおぶって一足先に故郷に帰った。父は抑留後帰国したが、激動の時代について行けず破産した。間もなく両親は離婚した。小学校1年生の頃、父母は親権を争った。濱田にはその当時の記憶がないが、父が学校に来て物陰から自分を見に来たことを知っていた。母が怒っていたので、子ども心にとても気を遣った。

廻りの人から不憫に思われていたのか、多くの人にかわいがられて育った。親の離婚後は、母の実家や伯父叔母、多くの人に世話になる暮らしだったので、気を遣って人の気持ちを考える子どもだった。当時、外地から引き揚げてきた人たちが空き地に溢れ、路上生活に近い状況だったから、子どもたちも、登校して臭いといじめられていた。子どもながらそれを見過ごすことができず、「いじめられているから洋服と洗濯代ちょうだい」と母にねだった。母は気の強い反面、やさしい人だった。自分の生活も貧しかったのに、「すぐに持っていってあげなさい」と持たせてくれた。濱田が何かしたいと言えば、必ず何とかしてくれた。「母に一番感謝しているのは、私を欲張りにしなかったこと。子どもの頃、お寺で飢餓地獄のことを知り、欲張るということは辛いことだと教わった。こころが満ちる幸福感は、自分の存在がこれでいいのだと思うことだ」と幼心に理解したという。

大学を卒業して保育園に勤め始めたものの、直ぐに結婚することになり、半年でやめて専業主婦になり、子育てと介護に専念した。2番目の子どもが生まれた時、母は60歳だったが、夫が「早い方がいい」と無理矢理に同居した。夫は母と仲が良く、「自分の親より心が通じ合う」と言っていた。30年以上一緒に暮らしたが、母が夫に苦情を言ったのは一度だけだった。濱田が筍掘りに夢中になって、連絡なしに帰宅が遅くなり、心配していた夫が思わず怒鳴った。母は、娘が大きい声で怒鳴られたことに腹を立て、夫に文句を言って夫を驚かせた。94歳で死ぬまで母親だった。

45歳の時、友達に誘われ、高校で非常勤講師として国語科を担当した。仕事をすることを母は喜び、全面的に協力してくれた。和裁や洋裁など何でもできる母だったが、18歳で結婚したので、職業婦人としての資格は何もなく、娘には大学へ行って資格を取ることを望み、勉強していると機嫌がよかった。学校では生徒たちと楽しく過ごしたが、相談員をしていた友達から、「この仕事は貴女しかできない。ぜひ相談員になって欲しい。心が動くまで待つ」と2年間待ってくれていたので、それならと相談員になった。何もかもそんなふうで、結婚も仕事も「そんなに言われるならそうしようかな」という感じだった。

2. 相談員になって

1993年、50歳の時、役所の福祉総合相談室の婦人相談員になった。売春防止法時代の先輩たちから学んだという彼女（勧誘してくれた先輩）は、相談を受けることは技術ではなく、心で受けとめることだと教えてくれた。彼女は見合い結婚したが、夫との価値観の違いを受け入れられず離婚していた。仕事を掛け持ちしながら子どもを育て上げ、50代になってから婦人相談員となり、警察と喧嘩しても問題解決する女傑だった。

もう赤線・青線を聞かなくなった時代だったが、統計上は五条違反の項目があった。貧困や暴力、虐待、性暴力、精神疾患などで、生活も大変、精神的にも大変な人たちが大勢相談に来た。障害福祉課とリンクできたので、暴力と障がいが重複する人たちの相談は多かった。週3日勤務で、基本的に先輩と一緒に相談に入っていたが、勤務日がずれる日は1人で対処した。すべてが初めて聞く話で、それまで出会ったことのない世界だった。たくさんの女性や子どもたちと出会い、力になりたくても勉強不足で知らない事ばかりだった。カウンセリング、婦人相談員、女性問題の勉強会や講座に通い、必死に勉強を続けた。

DVが赤ちゃんに影響する

最初に衝撃を受けた出来事は、生後8ヶ月の赤ちゃんが小さくて泣き声も立てず、ミルクも少ししか飲まないという相談だった。確かにその赤ちゃんは小柄で表情がなく、まるで人形のようだった。何の相談なのか咄嗟に理解できなかったが、何か話したそうな様子だったので、何としてもまずは話を聴くことだと思った。赤ちゃんの心配事の合間に、4人の子どもがいるが、夫が暴力的な人で、日常的に殴られているということをポツリポツリと語り始めた。当時、DVの知識はほとんどなかったが、直感的に赤ちゃんの状態よりお母さんへ暴力が大きな問題だと気づいた。

夫が数日前に暴れて、警察の調べでクスリが検出されたので精神病院に強制入院させられたから、今日は相談に来ることができた。パーマ屋に行くことも許してもらえず、夫が髪を切っていた。初めは愛ゆえかと思ったが、あまりに束縛がひどかった。殴られる時は、逃げ出せないよう全裸にされる。聞くことに専念すると、驚くような話ばかりで、途方に暮れた。それでも、「聞いた以上は何とかしなくては」という一心で、病院の先生に話を聞きに行き、家庭訪問をし、警察を訪ね、先輩に相談し、あらゆる関係機関に相談して、何ができるか模索した。

最初は逃げられるとは思っていなかったようだが、夫の隙を見ては来所するようになり、少しずつ自分が見えてきたのだと思う。最終的に本人自身が子どもと遠い県外へ逃げる決心をした。夫が傷害事件を起こして再度精神科に強制入院させられた時、先輩が「今がチャンスだ」と言い、子どもたちと一緒に他県の母子寮に逃がした。医者もこの夫婦はいずれどちらかが殺すか殺されるかだと心配する状態で、保護課も協力してくれた。引っ越しにあたっては、夫に情報が洩れて追いかけられないように濱田の名前で遠くの運送屋に依頼し、保護課の人が自分の車で途中まで荷物を運んでくれた。母子寮には長くいたようだ。十年くらい経って、「やっと人並みの暮らしができるようになり、幸せにやっています」と葉書が届いた。まるでテレビドラマのような経験だった。末娘の状態が自分たちのせいではと考えて、相談する勇気が出たのだと後から聞いた。「よくぞ、よくぞ来てくれましたね」と何度も言った。これがＤＶに関わるようになった原点だった。

戸籍のない子どもたち

17歳の姉と16歳の弟に戸籍がないことで、アルバイトの賃金の振込先の預金通帳を作れない、保険証がないなど生活が行き詰まり、複数の相談機関をたらい回しにされたあげく、子ども達2人だけで相談に来た。母親は脳内出血の後遺症で入院しており、言葉がまったく出ない状況だったが、質問に対しては、頷きなどではっきりと反応できたので、子どもからの聞き取りをもとに、たくさんの質問表を作成して、状況を確認した。子どもも交えて何度も面会を繰り返し、ようやく全体像がつかめたのは3ヶ月も経った頃だった。面会を終えて帰ろうとすると、母親が必ず手を合わせて何度も何度も拝むような仕草を繰り返した。その度に彼女の思いが肩にずしりとのしかかるような気がした。

そうやって解ったことは、最初の夫との間に女の子が1人いたが、激しいDVがあったために、そこから逃げた。その後知り合った男性との間に2人の子どもができたが、入籍すると夫に居場所を知られると教えられ、戸籍に入れずにいた。夫が怖くて逃げ続けていたので、戸籍はそのままにして、子どもの存在は隠し続けていた。これではいけないと母親の兄があちこちに相談を始めた矢先に亡くなり、そのままになってしまった。子どもたちの父親からもDVがあり、助けてくれるような父親ではなかった。子どもの話から後で判ったことだが、彼女の脳内出血もどうやら暴力が原因だったらしい。

状況がわかったところで、ひとつひとつ裏づけの調査を始めた。夫の追跡を恐れて母子手帳の名前は仮名であったり、医院の先生が高齢で廃院していたり等、何度も壁にぶち当たりながら訪ね歩いた。元夫と会って、父子関係不存在を使えば戸籍が汚れないと説得した。1年近い時間がかかった。上司からは「仕事から逸脱している」と叱られたが、先輩は「この世に存在しているのに、このままでは、たとえ死んでも火葬もできない。これは自分たちがやるべきだ」と言い張った。本人たちには何の責任もないのに、戸籍がないことで世間から隠れて毎日を過ごし、小学校にも中学校にも行けず、何か悪いことでもしているように感じながら生きてきた子どもたちには手助けする人が必要だった。それがたまたま自分たちだったから、手を離す訳にはいかなかった。濱田らは仕事外の時間を使って駆けずり回った。子ども達はすでに児童相談所から家庭裁判所へ、市役所へとたらい回しにされていた。未就学の件で教育委員会に行くと、そこでも「前例がない」と言われ、「それでは文部省に相談する」と言うと、ようやく中学検定を実施することが許可された。

たくさんの人たちが力を貸してくれた。姉は児童施設に入所し、弟は戸籍のないまま濱田の友人が引き受けてくれて、自社の社員寮を提供してくれた。同時に、家庭教師や塾のボランティアを引き受けてくれる人たちを見つけ、2人の中学検定試験に備えた。あれこれ知恵を絞り、人脈も使いながら、法務省に上申書を書き、法務局にも行った。言われるままに調査し、書類を書いて提出した。何年もかかってようやく戸籍ができた。紆余曲折の末、2人は定時制高校を卒業し、姉は調理師免許を取って病院に勤め、弟は正社員として就職し、幸せな結婚をして3児の父となった。母は、関わり始めて3年で亡くなった。子どもたちもよく頑張ったが、それにも増して、あの母の声なき声の渾身の祈りがこの奇跡のような結果を生んだのだと思う。

歴史に翻弄された名もなき人々

中国から来たという母と娘が紹介されて来た。母は40代なのに髪は真っ白に逆立って、1日で異様と思える様子だった。聞けば、中国残留婦人の子の妻（中国人）で、日本に帰国する直前に夫が病気で死に、途方に暮れたまま、既に帰国していた義母を頼って日本に来たという。まったく日本語を理解しないままに掃除婦として働いていたが、義母との確執、仕事場でのストレスなどいろいろなことが重なり、精神を病んでしまった。母の入院中、娘は中学の担任の自宅から通学し、温かい支援をしてもらった。病院、仕事場、学校、市役所等を回り、今、何が必要なのかを探した。この人とも長い付き合いになった。退院、就職、入退院の繰り返しで、その間、子どもの入試や母子貸付など、日本語がまったくできなかったので、付ききりでつきあった。

義母も大変な人生を歩んでいた。戦争中、満州に開拓団の1員として家族で移住し、終戦を迎えた。混乱の中で家族が命からがら日本に帰国するために、彼女は1人中国に残された。何も知らされず言われるままに中国人の家にいくと、婚礼の準備がされていて、初めて自分が家族のために売られたことを知った。幸い相手の中国人の夫は良い人で、4人の子どもに恵まれ、しばらくは平穏に暮らしたが、中国国内の政変で、手広く事業をしていた夫は社会的な糾弾の的となり、リンチされて殺された。それからの生活がどんなものだったのか、「生きました」というひと言以外、何も語らなかった。日中国交が回復するとすぐに単身帰国し、昼夜働いてお金を貯め、1人ずつ子どもを呼び寄せた。そんな気丈で辛酸をなめ尽くした義母には、いつまでも日本語を覚えない頼りない義娘が歯がゆく、確執は修復不能となり行き来もできなくなった。

この母子は持っているものがあまりに少ないので、何としてでもせめて高校卒業をと考えて関わった。子どもは無事卒業を果たし、就職して母を支えているが、日本で育った娘は片言しか中国語を理解できず、母との生活は容易ではない。

戦争に行くまでは優しい人だったのに、戦争から帰ってから人が変わったように暴力を振るうようになったという話は巷でもよく聞く。ＤＶの相談のなかにも戦時体験からアルコール依存症、暴力のケースはよくあるのを見て、どれだけ多くの人が歴史に翻弄され、このような傷を抱えて生きているのだろうかと思う。

望まぬ妊娠によって生まれた子の特別養子縁組

ＤＶや性暴力で妊娠したり、家出して風俗で働くうちに妊娠したり、産んでも育てられない子どものケースは多い。特別養子縁組で解決する場合もある。ある相談では、中学生同士の妊娠で、とても子どもを育てられる状況ではなかった。難産で、赤ちゃんの頭に血腫ができていたが、産んだ女の子はまるで執着がなく、おできでも取ったような感じだった。看護師がミルクを飲ませているのに、自分はテレビを見てケラケラ笑い、知らん顔だった。あんまりだと思った濱田は、「赤ちゃんが苦しんで生まれてきて、傷ついていることわかってる？　あなたはいったいどう思っているの？　あなたはね、子どもを育てられなくとも、子どもが幸せになるために頑張らないかん。こういうことがあったということを忘れたらいかんよ。これから生きていくために何が大事なのか、ちゃんと勉強しなさい」と叱った。

彼女は、家に帰ると泣きながら「自分で育てたい」と言ったそうで、「余計なことを言うからだ」と叔父と名乗る人がすごい剣幕で怒鳴り込んできた。「大人が誰も何も言わなければ、また同じことをしますよ。彼女の人生を左右する大事な出来事だと、きちんと教えるべきだと思います」と真剣に話をし、叔父も最後はお礼を言って帰った。父親は最後まで姿を見せなかった。

知的障がいのあるケース

知的障がいのあるケースは多かった。軽度の知的障がいのある18歳の女性が、男性と一緒に相談にきた。住み込み寮のいかがわしい飲食店で働き、男性は別のところで働いていたと言うが、どうも怪しい。妊娠がわかって、寮から追い出されたと言う。「男性と一緒なら、母子寮も使えないから、しばらく別れていなさい」と言って、生活保護課と相談して、部屋を借りた。遠方から流れてきて友人、知人も1人もいない心細い状況だったので、携帯電話を貸して、時々様子を見に行った。男性の足が遠のき、結局行方をくらました。

予定日近くなって電話すると、お腹が痛いと言う。3分おきだと言うから、慌てて車で迎えに行き、病院に連れて行った。子どもは無事に生まれ、1週間後の夕刻に退院するので迎えに行った。「ぎこちない手つきで赤ちゃんを抱く若い母を見ると、暗くて寒い部屋に2人きりで置いて帰る気になれなかった。せめて明るい光が振り注ぐ部屋に帰したい」と、ひと晩だけ自宅に泊めた。相談者を自宅に入れたのは後にも先にもこの時だけである。家族は、赤ちゃんの声が聞こえても気づかないふりをして、詮索しなかった。母は、「あらあら、かわいい赤ちゃん」と全面容認で世話を焼いた。

その後、毎日、家に行って、1ヶ月面倒を見て、母子寮に入れた。そこで頑張って子育てして、就職先の初婚の男性に見初められ、立派な結婚式をあげた。真面目な良い人で、子どももできたというのに、他に好きな人ができて、子どもを置いて家出し、他の男性と再婚し、その男性とも別れた。「濱田さんには会わせる顔がない」と言っているという声は聞こえてくるが、会いには来ない。

しがみつく人

子どもの頃から虐待され、愛情をどう表現していいのかわからない人たちがいる。アルコール依存症で、肝不全で亡くなった女性がいた。50代なのに70代のように見えた。どうやって濱田の自宅を見つけたのか、帰ると玄関の前にいる。雪の日に、わざとなのか靴下をはかずに震えている。「仕事の決まりだから家にあげるわけにいかないのよ。ごめんね、寒いね」と、タクシーに乗せて帰すことが何度もあった。子どもの頃から親に売春をさせられ、体も小さく痩せていた。男性にしがみついて、その男のために単身で実入りの良い温泉の歓楽街で売春し、お金を貯めては男に貢ぎ、家を建てた。歳をとり、その男と同棲したが、家に火をつけると電話してきて、カーテンに火をつけたり、度々騒ぎを起こして相談員の関心を引くことを試みた。家族と呼べる者もなく、最後の方は寂しくて寂しくてしょうがなかったのだと思う。毎日電話してきた。退職してからも電話がかかってきたが、電話がこないので保護課に問い合わせると、亡くなったということだった。どうにもできなかったケースだった。身を絞るように孤独を抱え寂しがっていた姿は今も忘れられない。

3. その後のこと

２００1年、ＤＶ防止法ができてから、主幹局が男女共同参画センターに移った。だんだん、3年、5年での雇止めが言われるようになり、相談員としての経験を積むことも、勉強する機会もなくなった。２００8年、65歳定年まで頑張った。先輩が退職し、後継者を育てなければと思っている時に、若い人との出会いがあり、その感性を見込んで婦人相談員に誘った。勉強して、相談員として頑張ってくれていたが、労働環境は悪くなる一方で、親身に相談を受けることができなくなり、せっかく育てた後輩も雇止めとなった。とても残念である。

社会福祉協議会のお金を借りるには、わずかな金額でも保証人が2人いる。外国人やＤＶで着の身着のまま遠くから逃げてきた人、身寄りのない人たちが大勢いた。母子寮に保護が決定するまでの生活費、健康診断の費用はどうしても必要だった。お金がないため生きられない人が余りに多いので、ボランティア団体や友人に支援を頼んで基金を作った。母子貸付は申し込んでから3〜4ヶ月かかるので、子どもの入学金などに間に合わず、入学取り消しになる時には、ボランティア団体とうまく連携して活用していた。だが、濱田がやめて半年もしないうちに、役所から「そんなことをはしてもらったら困る」と言われた。「入学金は子どもの将来に関わる重大なお金だから、貸付を続けることはできないのか」、入学金に限って間に合うよう早めに貸付できないかと何度も交渉に行ったが、駄目だった。結局ボランティア団体も手を引いて支援は終わった。

仕事をするなかで、ＤＶ被害は子どもたちにこそ支援が必要だとわかったので、退職してからは、仲間たちと一緒に子どもに焦点を当てた母子支援を始めた。助成金をとるのも大変だったが、今は十年やってきたことをまとめて冊子を作り、研修などで次世代に利用してもらおうと準備中である。

4. 振り返って

夫は、初め、「できないとは思ってないが、大変じゃないか」と、暗に働いて欲しくない様子だったが、ずっと応援してくれた。濱田の給料では母子貸付の保証人になれなかったので、夫が協力してくれたし、退職後、DV母子支援の仕事をするようになったら、「何か手伝が必要か？」と言い、助成金が得られなかった時には、夫が補助してくれた。母も友達も周囲の皆が協力してくれた。相談の詳細は話さずとも、「必要な人がいるのよ、赤ちゃんの古着ない？」と言うだけで、「わかった」とたくさんのものが集まってくる。

離婚で別れた父は、濱田が50歳の時、福祉事務所から身元引受人になってもらえないかと連絡がきた。身近な身寄りが無く、1人で老人ホームに入っていた。母に内緒で介護に通い、看取った。そこから父方の親戚との行き来が始まった。今もつきあいが続いている。生前疎遠であった父のお蔭か、人の縁というのは不思議だと思う。夫の両親、自分の両親も皆、濱田が看取った。介護は大変と感じている人は多い。しかし、必要とあれば、とりあえず受け入れる。道は必ず見つかる。これが相談員として学んだ極意である。苦しみ、もがき、生きた人たちが教えてくれた。

この仕事に出会うために自分は生まれてきたのかもしれないと思うことがある。10年経って、子どもたちが幸せになっていたり、歳をとって何年経っても「会いたい、会いたい」と言って来てくれる人がいたり、「この人たちに会うために自分の人生があったのかな」とふと思う。80年生きてきて、人生の3分の1近くを相談に関わり、それが自分の人生になった。それまでは介護や子育てだけだったが、いい人たちと出会い、自分が変わり、家族も変わっていく。

第11章

もう人生何でもあり

江川美智代（1993年－2021年）

1．相談員になるまで

両親はどちらもソウルで裕福な家に生まれ育ち、小学校の同級生だった。終戦で引き揚げ、故郷が違ったのでいったん離れたが、結婚しようという父からの手紙を見て、母は急に結婚することにしたらしい。たぶん都会に出たかったのではないかと思う。子どもの頃、母から、ソウルでどんなに良い暮らしをしていたかという話をさんざん聞かされた。早い時期に引揚げ船に乗れたらしいが、石炭を運ぶ「無蓋車《むがいしゃ》」に乗って、赤ちゃんだった一番下の妹を毛布にくるんで、泣かないように抱っこして船に乗って帰って来た。父は少年飛行隊に志願して本土に来たが、防空壕ばかり掘らされて、「この戦争は負ける。お前は若いんだから帰れ」と眼をひどく殴られ、視力低下でソウルに帰された。敗戦がわかると「戦って国を守る」とか「馬賊になる」とか言うので、心配した祖母が早々に引揚げ船に乗せたと聞いた。母は誇り高き人だったが娘時代で成長が止まっている感じで、両親共に戦争のトラウマがあるのではないかと思う。父は、激情すると、「きさまぁ」と軍隊口調で母に暴力を振るった。

江川は、短大を卒業してすぐに結婚した。自分では、好きな人ができたから早く一緒にと思って結婚したつもりだったが、後に母から、「あなたは、家にいたくなかったから早く結婚したのね」と言われ、「考えてみればそうだったかもしれない」と初めて気づいた。母は、「右を向け」と言われれば、ずっと右を向いているような人だった。5歳違いの弟がいて、ずっと後になって聞いたことだが、母は「お姉ちゃんが結婚したら、お父さんと離婚する」と言っていたのに、離婚しないから不思議に思っていたと言う。

江川の結婚後も父の暴力は続き、正月に帰省した時、母は青痣を作っていた。父は商売に手を出しては借金するので、保証人になった弟が返済に大変な思いをしたことがあり、一度、父に意見したところ、「子どもにそんなことを言われる筋合いはない。勘当だ」と怒った。「はい、わかりました」と、それから一切連絡を断った。会いに行ったのは、危篤の連絡を受けた時だけだった。母は父を看取って添い遂げたという満足感はあったようだが、父が亡くなると、どんどん元気になって、「今が一番幸せ」と言っている。

夫は7歳年上で責任感もあり、結婚したら女性は家にいて、働くのは自分だと考えていたし、江川も自分で考えて行動することに慣れておらず、21歳で子どもを産み、長い間、専業主婦をしていた。34歳の時、PTA活動で一緒だった人が、地域の番組を作る制作部門の情報収集の仕事で、生活者目線が必要だからどうかと声をかけてくれて、ケーブルテレビに就職した。夫は猛反対するのではないかと思ったが、「しっかりした会社だから、子どもが帰ってくるまでに帰れるのならいいだろう」と言った。働き始めて、「江川さんて、女性や子どもに関わることをピックアップすること多いよね」と言われたことがあった。なぜか生協で女性に関する本を買ったり、友達や同僚と夜間や休日に外出するにも、遠慮して夫の許可を得るような日常にもやもやを感じていた。たまたま施設見学で女性相談センターに行くことがあり、婦人相談員の増員で募集があったので受けてみた。夫は受かると思っていなかったようだが、行政の相談員ということで「寄らば大樹の陰」という考えの人だからか何も言わなかった。娘は応援してくれた。

2. 相談員になって

1993年に婦人相談員になった。1995年くらいからDVという言葉が出てくるようになり、自費でいくつも研修を受けた。最初の頃に担当した女性は、夫が日本刀を枕元に置いていると言い、暴力も半端ではなかった。居住地の相談員につなぎ、医療や保健師に関わってもらおうと思ったが、相談員を含めて当時はまだDVへの理解が乏しく、「この人にも問題がある」という雰囲気があった。身近にいた4人の相談員は違っていて、彼女たちに学ぶことは多かった。皆、10歳ほど年上で、1人はウーマンリブの活動家だった人で、人権意識が強く、支援に熱くてぶれない。もうひとりは事実婚をしていて、人権や差別に対して確たる意識があるが、自由で柔軟性があって生き方に芯があってしなやかだった。この2人の同僚がいたおかげで婦人相談員を続けることができた。

みんなで看取った人

2000年に関わった人で、婦人保護施設で亡くなった人がいた。その人のことは忘れられないし、その人のおかげでいろんなことを考えさせられた。精神疾患からアパートの中で花火をしてしまったりするような人で、他所で婦人保護施設に入った。本人は、あんぱんが食べたいから、預けているお金からお小遣いを出して欲しいと言うが、施設側は、「ちゃんと栄養管理をして食事を出しているのだから」と出さない。癌だとわかったが、信頼関係がないために病院に行くことを拒否して大喧嘩になり、「もう、ここを出ます」という話になった。退所時、県の婦人相談員が呼ばれ、江川が面接に行った。経過を聞いた後、「病気もあるし、次に行くあてがあるのでなければ、そんなに簡単にわかりましたとは言えません」と言うと、施設の主任は、「退所してもこの人は福祉の使い方を知っているから大丈夫です」と言う。頭にきて、「これは人権の問題です」と職場に連絡し、自分のいる区の婦人寮に頼んで入ることができた。

痛みが出てきて病院に何とか連れて行くと、腫瘍がザクロのようになっていたらしい。持ち物を見ると、自分の体にがま口を胴巻きでぐるぐる巻いていて、「お金を取られたくないからなんだな」と切なかった。「乳房は女の命だから」と手術を嫌がるので、放射線や抗がん剤の治療をした。婦人寮では結構自由な生活をさせてもらい、「もう食べられるものだけ食べたらいい」と言ってくれて、みんなで看取っていこうという雰囲気があった。精神科の付添いで長い待ち時間にいろいろ話した。正月明けに他市にある不動尊に行きたいと言うので、上司の許可を得て一緒に行った。食べることが好きな人だったから、鯛焼きをご馳走してくれた。本当はいけないのだけれど、一緒に「おいしいね」と頂いた。その人は何も語らなかったが、手の甲にお線香の痕がたくさんあって、大変な子ども時代だったのだろう。

彼女の容態が悪くなり、入院してからも、業務として見舞に行かせてもらった。危篤の連絡が入り、駆け付けたが、亡くなっていた。一緒に行った施設の看護師は、ふだんは怖い人で、いつもその人と服薬のことでバトルしていたが、「まだ温かいね」と体をさすっていた。「ああ、やっぱり人としての気持ちは熱いのだな」と思った。生前、彼女が「これだけは絶対中を見せられない」という鞄があった。何が入っているのか恐る恐る開けると、両親の位牌だった。すごく大事な物だったのだと思う。亡くなった後、仏教テレフォン相談室に相談して、両親の位牌を彼女のお棺に納めた。

意思疎通が十分できていたかどうかはわからないけれど、好きな食べ物の話などして仲良くできて、亡くなるところまで一緒に伴走できてよかったと思う。婦人相談員の仕事は、情報提供とか一時保護とか、そんな支援が必要な人も多いが、一緒に食べて「おいしいね」と言い合うとか、そんなことでもいいのかなということも彼女から学んだ。キリスト教系の寮だったので、無名の墓に手厚く埋葬してくれた。40代の早い死だった。上司も理解のある人だったので、納棺や安置するところまで行きたいと言うと、そこまでが仕事と言ってくれた。同僚や先輩の仕事の仕方や女性に対するまなざしからも多くを学んだ。

DV家庭に育った娘の性被害

教育相談から紹介されたと電話相談があった。15歳になったばかりの女性がレイプされたという。その子とは長いつきあいをした。父の激しいDVがあって、母に「家を出よう」と何回も言うが、出ない。父は大企業に勤め、母は専業主婦だったので、経済的なこともあった。家に居場所がなくて、近所の優しくしてくれるお兄さんに勉強を教えてもらったりしているうちにレイプされてしまった。母に相談して警察にも行ったが、相手にしてもらえず、告訴もせず嫌な思いだけをして帰ってきたと言う。

「これから来られる?」と来所相談に誘い、先輩と一緒に相談に入った。聴き取りをしているうちに、警察でひどい態度を取られたけれど告訴したいと言うので、弁護士に告訴状を作ってもらったが、最終的には「やっぱり辞める」と取り下げた。家に帰ると、また両親がもめていて嫌になり、「今、〇〇ビルの屋上にいる」などと電話してくる。「いやいや、屋上にいないで下に降りなさい。今からそこに行くからね、待ってて」と駆けつけたこともあった。

児童相談所は、性的な問題があるから「そっちでやってくれ」と受けてくれなかったので、一時保護して、民間シェルターに頼んだ。本当はいけないのだが、週末に様子を見に行き、一緒にカラオケに行ったこともある。若い子への支援というのは、枠を少しはみ出る感じがある。子どもたちにとっては、「何だかんだ言って、これ、仕事なんでしょ」という気持ちになる時があるので、そこを悩みながらちょっとはみ出るところに、何か伝わるものがあるような気がする。境界線をどこに引くかということは、すごく難しい。「こんなお母さんだったらよかったのに」と思わせるのは良くないが、「これからのことを関心持って見てるよ」ということを伝えたい。

母親も家を出て一緒にシェルターに入ったが、2人でまた家に戻ってしまった。その後も、2人で出ては戻るということを繰り返していたが、ある時、職場に写真つきの年賀状が来て、「今元気にやっています」と書いてあった。その後、母親が離婚手続きの相談の方に、「江川さんという相談員さんにすごくお世話になって、離婚手続きの相談に来たんです」と言っていたと知らされた。

自分もDV家庭に育ったので、母親の気持ちも、母に対する娘の気持ちもわかる気がする。江川はずっと、「母は母で自分の人生を考えるのだから、あなたは自分のこれからを自分で考え決めていいのだよ。自分を大事に生きていって欲しい」と伝え続けた。彼女は息子と同じ年だったから、息子の成長に合わせて、いまだに「どうしているかな」と思い出す。

ＤＶ防止法後のＤＶケース

ＤＶ防止法ができたばかりの頃、「母が父から暴力を受けているが、どうしたらいいですか」と、警察から教えられたと電話してきた女性がいた。母はまもなく60歳になろうというところで、娘２人は成人していて、結婚生活も長い。今回はガラスの灰皿を投げられて額を切って父が逮捕されたが、すぐ釈放されるかもしれないという。母自身にあらためて電話してもらったが、被害届を出して父が逮捕されたことで何をされるかわからないと怖がり、「もう家にはいられない」と言う。ただ、犬を２匹飼っていて、犬も家族だからどうするかという問題もある。娘２人は正社員で働いていたが、仕事を辞めていいというくらい父を恐れていた。みんな逃げたいと言うので、まずは一時保護して、保護命令を申し立てて、多少はお金もあったので、３人で住めて犬が飼えるアパートを探そうと考えた。

とりあえず犬をホテルに預け、娘たちは休職して、居住地の一時保護所に入ってもらった。ところが、「お金もあって、大人３人なんだから、一時保護は必要ないでしょう」と、翌日に出されてしまった。ちょうど休務日で、翌日出勤してそれを聞いた江川は怒り心頭で、相談室で泣いた。仕事で泣いたのはその時だけだった。「長年ＤＶに耐え、娘たちも大変な思いをして、やっと出て来て怖がっている人たちを１日で出してしまうなんて」と、悔しくて悲しくてやりきれなかった。ＤＶ被害についての無理解を感じた。

すぐ連絡を取ると、彼女たちは犬を飼えるアパートを何とか見つけたというが、やはり怯えている。来所相談として、保護命令申し立ての書類を書いたり、戸籍謄本を取る支援をして、保護命令を申し立てた。この頃はまだ裁判官によっては、保護命令申し立ての面接に婦人相談員の付添いができた。裁判官が、「今回は、投げられた物がたまたま当たって怪我をしたけれど、この十年間、身体的暴力はないので、これから先もないという可能性もあるのではないですか」と質問し、江川は「何と意地悪な質問か」と思ったが、付添いは黙っているしかない。本人が、「いえ、この十年は身体的な暴力こそなかったけれども、夫はお酒を飲むと暴力的になるので、夫がお酒を飲む時間になると緊張して、怒らせないように気を遣い、私たちが暴力を振るわれないように生活していたんです」と言ったので、裁判官も納得した。

自分で申し立て書や陳述書を書くことで、自分がされた事を整理し客観的になれるし、裁判官から何か聞かれた時にしっかり答えられる。保護命令の申し立てが力を引き出すひとつのツールになる場合もあると学んだのは、このケースからだった。それを裁判所が認め、警察が守ってくれるという意味でも、大事な支援だと思う。最終的には離婚ができ、元夫は病気で亡くなったが、娘たちに心理的な問題が出たり、本人が病気で入院するなど、離婚後も結構大変で、ＤＶ被害から回復されるには長い時間がかかっている。

3. 振り返って

この仕事をして、「もう人生何でもあり」と思うようになった。どんな生き方でもいい。人それぞれで、どれでもOK。人を見る時も、「この人はこれで頑張ってきたんだね」という視点で見られるようなった。女性達との出会いの中で、自分はできていなくても、婦人相談員として、女性たちに言いながら自分に言っているところがあったのかもしれない。初めはもやもや感だったのが、明確になって確信になっていった。

今考えると、婦人相談員になった当初は「主婦の経験を活かして」くらいだったのが、急に女性の人権に目覚めていったのだから、夫は相当大変だったと思う。それでも江川は、あまり大変だとか疲れたとか言うと、「仕事やめれば」と言われそうで、家では仕事の話はしなかった。これはもうモラルハラスメントの域に入ってくると思うが、夫は「家事なんて誰でもできる」とよく言っていた。暮れの大掃除では網戸や窓ふきを必ずやっていたが、日常の家事は自分がやることだとは思っておらず、少しやったら、「俺は働いて、みんなを養って、プラス家事までやって、すごいだろう」という感じのところがあった。江川は「それは当たり前のことでしょ。気がついた人がやればいいし、家族の一員なんだからみんなでやればいい」と言うようになっていった。

決定的だったのは、勤めてしばらくして、江川が正月明けに3週間位入院した時だった。家族3人で協力して家事をして欲しいと考え、娘には夫に内緒で、「お父さんから頼まれた時、引き受けられることだけすればよい」と話した。夫も「家事は誰でもできる」と言った手前、やらざるを得ず、中心となって家事をこなしていたようだった。その後少しずつ、自分で気づいて家事をするように変化していった。夫は、定年になった時、「人間ってやっぱり変われるんだよ」と言い、定年後の友達や先輩の姿を見て、「あれじゃあなあ」とか言っていた。夫は2年前に亡くなったが、もう長くないという状態になった時、必要品を家に取りに寄ってから駆け付けた息子は、洗濯物を取り込んで、きちんと畳んでくれていた。父親の姿を見ていたからかなと思った。

つい最近、夏休みの宿題で、中学1年生の男の子の孫が、職業インタビューをしに来たので、「婦人相談員としていろんな女性と出会って、その人その人の人生があって、何でもありなんだな、その人らしく生きていけばいいんだなと実感できて、本当によかったと思う」と話した。「私の仕事に興味を持ってくれて嬉しい。ありがとう」とデートDVのリーフレットを渡しておいた。

第12章

人生のあらゆる体験が相談にはプラスになる

武田早苗（1996年－2019年）

1．相談員になるまで

武田は暖かい家庭に育ったが、子ども時代、ふたりのきょうだいを病気で亡くしている。7つ下の妹は生まれてから脳性小児麻痺になった。妹の具合が悪くなると、かかりつけ医まで走っていって、往診に来てもらい、帰る時にはついて行って、薬をもらって帰ってくる。看護師さんに「しっかりしたお姉ちゃんだね」と言われていた。昔は噂や偏見もあったので、「絶対、私が守ってやる」という強い気持ちだった。妹の入院で母がいない時は、官舎の人たちが「ちゃんと晩御飯食べたか」と卵焼きやら煮豆を持ってきてくれて、父の帰りが遅い日には泊めてくれた。武田はずっと妹と一緒に暮らしたいと反対したが、親族の強い勧めがあり、妹は8歳で施設に入って、1年足らずで亡くなった。それ以来、弟や妹の分まで親孝行しなくては、親より先に死ねないと思っていた。

卒業後、幼稚園に勤めたが、結婚し、子どもができて辞めてからは主婦をしていた。41歳の時、公務員だった夫が、同僚から、「女性相談所が相談員を募集しているから奥さんに受けさせてみたら」と募集要項をもらってきた。40歳から60歳までと書いてあり、年齢だけはかろうじて合っていたが、女性問題について深く考えたこともなく、躊躇もあったが、やってみることにした。

2．相談員になって

相談員は2人で、最初の2週間は研修として、退職する先輩の仕事を見ていた。結構長く勤めたいい人で、最後の日に、「主婦感覚しかない私にできるかしら」と言ったら、「それでいいんだよ。婦人相談員としての感性はある。一番大事なのは人間性だから、そこを磨いていけばいい。知識は後からついてくる」と言ってくれた。先輩の電話相談を見ていると、遠方からも「○○先生お願いします」と頻繁に電話がきていて、いつも優しく、本当に寄り添って受けとめながら話を聞いていた。退職後も指名で電話がきて、「ここまで頼られているとはすごいなあ」と思った。

金銭問題

90年代後半は、金銭絡みのケースが多かった。今は借金を解決する制度がいろいろできたが、当時はそうではなかった。一時期、借金の問題が多く、借金から逃げてくる人を匿う場所になっていた。「借金、暴力、離婚」は3点セットで、とにかく逃がさなければということで、身ひとつで行ける全国の旅館の住み込みを探す。60歳以上だと仲居は無理だが、風呂掃除なら採ってもいいというところがあって、ゴム手袋と長靴を持たせ、電車賃を出して駅まで見送るようなことが結構あった。最初の頃、切符を持たせて、「じゃあ、元気でね」と駅まで見送ったのに、切符を換金してどこかに行ってしまった人がいた。飲み友達の男性の所に行って世話になり、そのうち追い出されて相談所に戻ってきた。「次からは入場券を買って相手が出発するまで見届けなさい」と上司に言われた。

生活苦の人も多かった。夫が家のお金を全部持って行ってしまうという母親たちが、「運動会なのに、弁当作るお金がない」「修学旅行なのに、小遣いもわたしてやれない」と泣いて電話してくる。それぞれの市に相談するように繋げるが、当時は今と違って、市によってはお金を貸す制度がないところもあった。匿名で相談を受けているので名前もわからないが、居住地の母子相談員に繋いで説明すると、目星をつけて解決してくれることもあった。相談員のネットワークとよく言うが、まさにそれだった。

売春ケース

一番強烈だったのは、15年くらい前、デリヘルの寮があった。19歳の女性が産み月になって、救急車で運ばれて出産した。そこまで病院には行かないし、誰の子どもかもわからない。主治医が相談所で一時保護してくれないかと連絡してきた。帰るところもないという。行って本人の意志を確認すると、「保護所に行ってもいいけど、誰の子どもかわからないし、自分で育てたくない」と言う。医者が「子どもと一緒に保護所に入れて情愛を深めたら、本人の気も変わるかもしれない」と言い、1ヶ月ほど様子を見ていた。

「興味ない、育てたくない」と言いながらも、職員も手伝って、沐浴させ、ミルクをあげて、保健師が子どもの発育状況を見に来ては助言していると、少しずつ気持ちも変わり、名前をつけた。自分は学歴もなく、早くから親元を離れて水商売で身を立ててきたので、これからもそれしかできないが、子どもは一時的に施設に預けても、身が立つようになったら引き取りに来たいと言うところまで変化した。最終的には、ずいぶん時間が経ってから、「やはり引き取れない」ということで里親を探した。

アルコール依存

アルコール依存症の女性がいて、子どもが4人いた。生活がだらしないと夫が暴力を振るっているとの情報が入り、離婚することになり、生活保護で部屋を借りて1人でやっていくという処遇をした。やはりお酒がやめられず、飲み屋で男性を見つけてはお酒を奢ってもらい、言うことを聞かないと暴力を受け、何度も顔を腫らして戻ってくる。その度に保護して、「今度こそは」と誓うが、同じことを繰り返す。服も髪も泥だらけで、警察が連れて来た時には、子どものように抱きついてわんわん泣き、「ごめんなさい、ごめんなさい」と涙と鼻水でびしょびしょになった。何もないと言うから、服や靴をあげたり、アパートを一緒になって探し回ったりしたからか、怪我をしてボロボロの状態で抱きついて謝る姿に、「あなたは何も悪くないよ」と言いながら、わかっていてもどうしようもないのだということを痛感した。結局、他県の実家に帰っていった。生活が苦しいと何度か電話が来たので、地元の福祉事務所の相談員に繋いだ。

DV防止法ができて

DV防止法ができて、相談に来る人も多くなった。最初から「DVです」と、警察や福祉事務所経由でやってくる。話を聞いているうちに、借金があったり、実は離婚したいなどがあったりで、ケースとしてはそれまでと変わらなかった。以前は、暴力が主訴ではなく副訴だったが、DV防止法ができてからは、暴力の方が意識されるようになった。

外国人も多かったが、自死された方があった。単身で、糖尿病が悪化して入院した時に見舞いに行ったら、退院してお菓子を持ってお礼に来てくれた。ちょうどその時、相談で忙しくて簡単に対応して帰したが、それから間もなく、運河に飛び込んで自死してしまった。生活に困って万引きをして、裁判所から呼び出しがきていたらしく、もう駄目だと思ったのか。「あの時に話を聞いていたら」と悔やまれる。すごく残念だった。

仲間たちと民間グループを立ち上げる

上司から、「一時保護所では退所後まで付き合うことはない」と言われていたので、最初の頃は従っていたが、DV防止法ができて、入所者も増え、仲間たちと民間のグループを作ってサポートするようになった。ある女性は、暴力もあったが、脅迫が主で、「絶対お前を探して殺してやる」とか「今、桜前線と共に俺は北上している。絶対見つけてやるから覚悟しておけ」とか言われて怯えていたが、裁判官は「電話や手紙を無視すればいいだけでしょう」と保護命令を却下した。

最終的に離婚が成立したが、養育費をもらうために子どもに面会をさせていて、彼女自身が不安定になり、子どもにあたることもあった。一時は保護命令が却下されたのは武田の力不足ではないかと思っていたようだが、民間グループとして退所後もフォローできたので、時間の経過とともに落ち着き、やがては親子とも緩やかに良い関係ができた。時代の流れとともにいろいろなことが変化し、残念なことにそういう支援を続けることはできなくなっていった。

3．振り返って

父を亡くした時、「悲しみの極致にある」と言ったら、先輩の相談員が、「生きていくなかでは、辛いこと、悲しいこと、嬉しいこと、何でもあるけれど、どれひとつ相談員としてマイナスになることはないよ。あらゆる体験がプラスに働くから、良いことも悪いことも全部しっかり経験したらいい」と言われた。確かに、人の話を聞いて理解し、寄り添っていくには、自分自身がいろいろな経験をしていることが役に立つ。最初に「人間性や感性を磨くように」とも言われたが、専門性やプロ意識より、人と人との関わりの中でやっていく仕事なのかなと思ってやってきた。上司からは、自分の力量で動くのはダメで、どの職員も同じような対応ができるようにと言われ、若い頃は従っていたこともあるが、年齢や経験を積んでくると、「そう言われても、そうはいくもんか」という思いもある。最終的には、人と人の気持ちが通じ合うかどうかだと思っている。

母親に何かあって看病が必要になったら仕事は辞めると心に決めていたので、定年までいられたのは奇跡だったし、91歳までよく元気で生きていてくれたと思う。入院中、とにかく毎日病院に顔を出していたから、看護師に「こんなに毎日来てくれる娘さんいないよ。どんなふうに育てられたの」と聞かれて考えてみたが、やはりきょうだいを亡くし、親に感謝しているから、できる限り返したいという思いがあった。そんな生い立ちは、相談員としての仕事とどこか関係していたと思う。

第13章

マイナスの生い立ちをプラスにいかす

山下さつき（1997年－2020年）

1. 相談員になるまで

山下の家族は、明治生まれの祖父母、大正生まれの両親、妹の6人家族だった。専業主婦だった祖母は、家で鶏や豚を飼い、毎朝、5つの弁当を作るという多忙な家事を担っていた。毎週土曜の午後になると学校から帰る姉妹を待ち、自分の実母の墓参りに連れて行き、道中、「お婆ちゃんは私生児だから」と言っていた。当時は何かわからなかったが、私生児という言葉が頭の隅に残った。祖母は20代で祖父を養子に迎え、姓を継いだ。祖父母には子どもがなかったため、親戚から3歳児を迎えて養子にし、それが父だった。3歳から養子として育てられた父は学徒出陣で出兵した。祖父も父も、中国やアジアに出兵したが、敗戦後、運よく帰国した。

帰国後、父は母と見合い結婚し、姉妹が生まれた。母は、当時としては珍しく職業婦人だった。父と同じ職業を持ち、同等の収入もあったが、いつも帰宅時間を気にし、気持ちに余裕のない生活だった。帰宅が遅くなると、玄関の鍵をかけられ締め出されることもあったし、給料も言われるままに出さざるを得ず、自分の小遣いが足りず、実母に都合してもらっていたと話していた。逆に父は、仕事以外にもいろいろな趣味を持ち、骨董収集をはじめとする趣味三昧は生涯続いた。飲めない酒を時々憂さ晴らしのように飲んでは、暴言を吐き、荒れていた時代もあり、子ども心に恐怖を感じていた。

このような家父長制の縛りのある家庭にあって、頭の数だけ揉めごとがあった。祖父と父の確執、嫁姑問題、自己中心的な父による母の束縛と支配、母は職業人としての自分を精一杯生きられなかったのでは思う。晩年、祖父母を看送った後の母はうつ病になった。こんな家にあって、子ども心にも自分の家に起こっていることは決して良いことだとは思えず、誰にも話すことができなかった。そんな経験から、もめごとの多い、家庭不和の家庭に育つ子どもたちの気持ち、孤独がよくわかる。子どもの成長に取り返しのつかない大きなダメージを与えることも事実で、健全な家庭、性差別のない夫婦関係のある家庭で育ってこそ、子ども達の健やかな成長、相手を尊重できる基本的な人間関係を身近で学べる場所としての家庭になるのではないかと思う。

2. 相談員になって

1997年、女性相談センターに採用された。自分自身の生きづらさもあり、女性問題には関心があったものの、婦人保護事業については右も左もわからなかった。当時の所長が「勉強になるからひとつケースを持ってみなさい」ときっかけをくれた。自信もなく、一度は辞退したが、恐る恐るケースワークをすることになった。

社会の壁

初めてのケースは40代の女性で、子どもが5人いた。夫からの暴力、生活困窮からの売春、夫からの実子である長女への性虐待とすさまじいケースだった。保護となった彼女の就活面接に幾度となく同行したが、いっこうに就職が決まらない。社会性もある人だったので、おかしいと思い、本人の許可をもらって面接場面に一緒に入ってわかったことがあった。困難な生活を切り抜けてきた彼女には社会性が身についており、新米の自分にはわからなかったのだが、知的障がいがあることが遅まきながらわかった。

そんな彼女の保護を通して、沢山のことを学ばせてもらった。障がいを持ち、生育歴にも恵まれず、女性の性を持ち、女性として、母親として生き抜く困難を痛感するとともに、その背後には、1人の力では解決しようのない大きな社会の壁があることを知った。

広域の相談員が協力して関わった外国人女性のケース

2001年、一時保護所で30歳のフィリピン女性と出会った。彼女は、10年ほど前、観光ビザで初来日し、田舎の小さな町のパブでタレントとして就労した。店の客に、彼女のために気前よくお金を使い、好意を寄せてくれる男性がいて、半年働いて帰国すると、その男性が追ってきて、家族の前で泣きながら「結婚してくれ」と懇願した。悩んだが、自分のためにはるばる日本から来たその気持ちに動かされ、結婚を決意し、来日した。18歳年上の夫には妻子がおり、無理矢理離婚したことから大変なトラブルが続いた。さらに、結婚して8年、彼女に働かせ、次々と女性を作り、たまに帰ってきては、子どもたちの前で暴力を振るいセックスを強いた。

彼女は地元の女性相談員を訪ね、相談に通うなかで、少しずつ自分を取り戻していった。流暢な方言で異国の暮らしを物語る言葉は聞いていていて辛かったが、立派に自分を取り戻し、自己決定した彼女の姿が神々しかった。1日でも早く、彼女と2人の子どもが心休まる安全で自由な暮らしが取り戻せるようにと願いつつ、支援を始めた。一時保護から2日目、夫が写真を持ち歩き、関係機関を回って執拗に妻子を探しているという連絡が入った。緊急に他県の婦人相談所に移した翌日、妊娠9週目であることがわかったと連絡があった。彼女自身は生む意志はないとはっきり意思表示をしたが、その施設では中絶が禁じられていた。条件の合う婦人保護施設を探すのは困難の連続で、砂を噛むような思いも味わったが、弱音を吐いてもいられなかった。どうにか施設も見つかり、婦人保護施設へ入所し、無事に中絶手術を終えたと連絡をもらった時には、安堵で体が震えた。

その後、彼女は自立して、アパート暮らしを始めた。離婚裁判には弁護士を頼んだ。どうしても元の居住地の裁判所に出向く必要があり、危険な状況が予測されたため、広域の相談員複数がリレー式で同行した。正式に離婚が認められ、子どもの親権も取り、慰謝料も請求できた。これまで連携支援した広域の支援者たちで喜びを分かち合った。現在、彼女は子どもたちと自由な風に吹かれて安全に暮らしている。

法律は変化しても

2001年、DV防止法が成立し、それまで深く潜在していた家庭内暴力に名前が付き、社会に周知されたことは画期的だったが、10年以上経っても「警察に行ってもどうせ相手にしてもらえないので相談できない」と思っている被害者は大勢いる。2004年には、人身取引対策行動計画が出され、その翌年には、陸の孤島のようなこの町にさえ、被害者である外国人女性十数人の一時保護があった。生まれた国を遠く離れ、言葉も文化も違う見知らぬ島国に来て、保護所に入り、心細そうな笑顔を見せる彼女たちに、日本人として申し訳ない気持ちになった。昔興味を持って読んだ「からゆきさん」の話が思い浮かび、目頭が熱くなった。人身売買に限らず、外国人女性のＤＶ被害も後を絶たない。売春防止法制定時より半世紀以上経ち、人権概念も価値観も大きく変動している。互いのセクシュアリティを重んじ、性的人権を尊重出来る、世界に恥じない日本社会になるように願わざるを得ない。婦人保護事業に関わる支援者のセクシュアリティも問われている。

3. 振り返って

自分の生い立ちなくして、この女性相談に関わり続ける今の自分は存在しない。多くの女性たちと社会的な出会いを重ね、マイナスの生い立ちを実体験としてプラスに活かせる仕事に出会えたことに感謝している。相談員になったことで、自分を拓くことができた。最近、とくに女性ゆえの生き辛さを抱えての相談が多い。不安定な雇用の拡大と劣悪な労働条件下で、林千代氏の言う「金なく、職なく、居所なく、そして絆のない女性たち」が増えている。私たちの社会は、まだまだ暴力という力の支配が続く社会である。不条理への抵抗が、この仕事を続ける原動力となっている。これからも出来る限り婦人保護事業に関わっていきたいと思っている。

第14章

どんな状況にあっても見えないものに向かって語り続けることができる

村山芙美子（1997年–現在）

1．相談員になるまで

村山は1952年に生まれ、3人きょうだいのまん中だった。父が8人きょうだいの長男だったので、母は結婚後からずっと、父のきょうだいを含めた大家族の世話をしなければならなかった。そんな中で村山は常に母の他人に言えない愚痴を聞く役割にあり、思春期には母の聴き役をしていた。それは村山にとって死にたくなるほど辛く、自分の暗い部分であり、二度とそこには戻りたくない。自分の原点のようなもので、どんなに大変なことがあっても、その時に比べたら何でもなく、耐えられた。18歳の時に家を出て、福祉関係の大学短大部に進んだ。革新的な大学で、先進的福祉や女性学、フェミニズムを学び、今でこそ理解でき感謝もするが、当時は学生運動も盛んな時代で、ついていけない自分もあった。施設長だった神父と出会い、その人間の尊厳観に心惹かれて洗礼を受けた。また、学生ゼミで「発達」を選び学んでいたので、それを活かせる職場環境を求めた。

卒業後は公的機関に勤め、障がい関係施設で働き、関わりの中で勉強を続け、石井哲夫先生の治療教育の影響を受けた。職場の同僚の勧めでフランクルの『夜と霧』の本と出会ったが、その時の感動は、数十年の歳月を経た今も心の奥深くにくすぶり続けている。どんな状況にあっても希望を持ち、見えないものに向かって語り続けることができる。「心の自由までは誰にも奪えない」という感覚が、思春期の子どもの力では変えられない環境を暗く抱えながらも読書に光を見出していた想像の世界につながり、村山の胸に強く響いた。

その後、職場の上司の紹介で結婚し、出産していったん仕事をやめたが、夫が病気をしたことをきっかけに働くようになった。村山が選択した結婚、家族には心の自由があった。児相の障がい児対応相談や臨時の障がい児対応保育士で働いたりしていたが、そうした仕事の出会いから上司の紹介があり、対象者の分野は違うが、福祉の原点はつながっていると言われ、1997年、婦人相談員になった。

2．相談員になって

婦人相談員の仕事では、世代を超えた女性と出会い、相談を受ける。始めた頃から、相談は相談で終わるのではなく、出会いを繰り返すなかで、その責務と重みを増していき、それぞれの人生と向き合うと同時に、自分の人生と向き合うのだと感じるようになった。専門性を持ちたいと強く思い、社会福祉士の資格を取った。

全国の婦人相談員の仲間との出会いにも力をもらった。研修を重ねる学びが婦人相談員の底の深い部分の追求にもつながった。数年ほど仕事の組織体制で苦しい時期もあったが、広い範囲で仲間や過去の出会いの先輩の助言に支えられた。乗り越えるためにフェミニスト・カウンセリングや女性ライフサイクル研究所の専門講座で学んだ。阿部志郎氏の「自己覚知」の理論や、1人の力でなく社会的支援の中で環境を変えていく力が福祉であり、愛だと知り、納得できた。

DV防止法前のケース

まだDV防止法が動き出す前、乳児を連れた女性が相談を経て、保護を求めてきた。彼女は毎日うつろな眼をしていた。人の中にいても無表情で、ただひとり深い海の深淵にいるような人を寄せつけない雰囲気を持っていた。彼女が本当に苦しい真実を話したのは、1週間ほどしてからだった。大学を卒業した後、友人の紹介で百貨店に勤める夫と出会い、結婚した。親が公務員というので信頼し、色白で痩せた神経質そうなタイプで真面目そうだった。ところが、結婚すると、夫は何でも指示し、性的強要もあった。ある時、小さい娘に性虐待をしていることに気づき、子どもを奪い取ると、その時から夫の暴力が始まった。こうしたことを話すと、少し楽になった様子だったが、「これからどうしたらいいですか」という重い言葉を発した。彼女は、この時ようやく支援を求め、歩き始めたのかもしれない。

その後、調停を申し立てた。調停が不成立を繰り返すなかで、監護権を認められ、他県の母子生活支援施設に避難し、現地の相談員と連絡を取りながら支援を続けた。消極的だった彼女と相談を重ねる中で、少しずつ自分のやりたい仕事や希望を話すようになった。後で聞いたことだが、意志を伝えないことで自分の望まない方向に進みそうになったので、遠慮しながら言ってみたら、「あっ、そうなのね、その方がいいね」と言われ、初めて「言ってもいいんだ」と嬉しくなったと言う。離婚成立まで長い時間を要したが、彼女は今、遠い地で自立し、子どもも元気に成長している。

外国人のケース

日本人男性と結婚した外国人の女性である。妊娠・出産の中で体の変化と向き合い、つわりや母乳が出にくいなど苦しんでいるのに、夫は母親と美味しい物を食べ、赤ちゃんが泣くからと母親の部屋で寝る。不快だったし、父親の自覚がない夫にがっかりした。義母は、入浴中、シャワーを使いすぎだと温水器の元栓を切ってお湯が出ないようにした。結婚生活に不満を感じ、結婚を後悔するようになった。日常生活に困らないくらいの日本語を使っているように見えたが、実は言葉の意味を深く理解できず、疎外感があり、暴力で返された時、子どもを連れて家を出て、相談機関に保護を求めたのだった。

保護命令を申し立てたが、意外にも発令されず、不満を残す結果になった。この時から「私は何も悪くないのに、日本人は私の気持ちがわからない。夫の味方をする」と言い、離婚調停の申し立てをしたが、弁護士にも反発し続けた。子どもと父親の面会交流は認めたくなかった。母子寮に入所できればと思ったが、共同生活に妥協できないことが多く、遠方の友人を頼った。同国の友人だったが、友人も次第に離れていき、どうしたらよいかと電話があった。居住地の相談員に話すよう勧め、支援を受けている。彼女は言葉が仕事にも影響することを実感したようで、小説や雑誌を読む練習をして、言語理解力を深めていく努力を始めた。

外国人の場合、ある程度日本語を使って生活していると、周囲は大丈夫だと思いがちだが、やはりコミュニケーションが難しいと精神的安定を得られない。人権が認められる感覚を持てて初めて、次の段階の自立支援につながることが実感された。相談員も広い視野が必要と感じたケースだった。

DVケース

高校卒業後、結婚して子どもが生まれ、しばらくして夫の女性関係がわかり、話し合って離婚した。准看護師の資格があったので就職できたが、子どもを実家に預けて夜勤もこなしながら、別の土地で仕事をした。時間外になっても患者から声をかけられると困っていることに応えようとするタイプで、いつも勤務時間をオーバーして一生懸命働いた。そんな彼女だったので、入院患者だった男性に気に入られ、親しくなって同居を始めた。最初は優しかったが、次第に暴力を振るうようになった。彼女の給料を全部とりあげ、持病のある親の世話までさせられた。自分は働かず、通勤や買い物のすべてを監視し、一緒に行動するので息苦しくなった。ある日、仕事で遅くなると連絡をして、1人で買い物をしてお茶を飲んだ。すごく解放された気持ちだった。「ああ、なんて1人はいいいんだろう」と思った。

その夜、財布のレシートを見られ、最もひどい暴力を受けた。スリッパで顔を何度も殴られ、踏まれた。家を出る決心をし、医院の独身寮に逃げ込んだ。その後、上司の勧めもあって相談機関を訪れた。男性は結婚を迫っていたが、過去の人生や子どもがいることも言えなかった。何に対しても自信が持てない様子で、これ以上何をしたらいいのかわからないと不安な思いを語った。村山はしっかり眼と眼を合わせて、「あなたは顔を殴られ、踏まれるような人間ではない」「あなたが自分の人生を語れなかったことは、仕事を大切にして、一生懸命前を向いて生きてきたからだと感じます」と伝えた。

その後、事実婚の実態から保護命令を出し、男性から離れることが出来た。危険性や追及も恐れ、再度の保護命令を申し立てたが、本人も強くなり、「もう大丈夫です。1人がいいです。子どものそばから仕事をします」と連絡してきた。

3．振り返って

売春防止法の時代から、婦人相談員がしてきたことは女性支援だった。警察署や医療機関、相談機関を経ても、相談者は被害の状況を言えず、大きな重い荷物を持ち続けていることが多い。そこにある真実は、簡単には手離せない。「なぜ、今、私とこの人が出会っているのか。この人が心の奥で本当に求めているのは何なのか」といったことを聴き取れなければ、いい支援はできない。投げやりな言葉のなかにもどういう気持ちが込められているのか想像力を働かせ、受け取ることこそ聴く力だと思う。婦人相談員の専門性は、見えないものを見るなかで相談者の人生を共有し、組織的社会的支援につなぐことである。知識や資格は、そうやって人と向き合って初めて活かすことができる。

相談を通じて多くの女性と出会ってきた。苦しみの奥深い世界を聴かせて頂くなかに、人が抱え、生きているしんどい重さや厳しい現実だが、誰も1人ではないということを最終的には信じることができたらと願う。誰ひとり同じ人はいない。一期一会の出会いを重ね、そのたびに自分も自分の人生と向き合う。「子どもは親を選ぶことができない」と思春期から苦しんだが、家を出て以後の人生は、自分が環境を選び識別したと感じている。だからこそ、出会った女性の生活や子ども時代の思いを感じ、想像する。「大丈夫よ、いい出会いがきっとあるよ」と、ほんのわずかでも希望の持てる方向に進んでくれることを願う。しんどい時こそ、見えないものに向かって話しかける私がいる。だからこそ、婦人相談員の仕事は、奥が深く、女性の深い絶望感と向き合い、知る勇気もいると思ってきた。

第15章

迷って当然、悩んで当然、人は失敗からも学ぶもの

長井薫（1998年−2018年）

1．相談員になるまで

長井は、公務員の父と専業主婦の母と姉妹の4人家族というごく一般的な家に育った。父は物分かりが良く楽しい人だったが、母は世間的なことを気にする人だったので、ちょっと窮屈で、「ちょっと息苦しいよね」と、姉妹はおおらかに育った。何に対しても親から反対されたことはなかったが、夫は10歳年上で、大きな農家の長男だったのに婿として入ってもらうというので、結婚には反対された。夫の両親も猛反対だったが、最後には、義父が「お前が決めて婿にいくのだったら」と認めてくれた。

長井は、30代の子育て中に市会議員の選挙に立候補したことがある。夫の知り合いの選挙事務所の手伝いをして、楽しくやっていたら、土井たか子のマドンナ旋風の時代で、「あなた出なさい」といきなり言われた。断ったが、家まで頼みに来て、夫が「まあ頑張れ。一生懸命応援するから」と言うので、出ることになってしまった。わずか10票差だったが落選し、「ごめんなさい、落っこたわ」と終わったが、夫も両親も応援してくれて、「家族って本当にいいなあ」と思った。

「このまま何もなしに、私って何者？」という思いがあり、43歳にして、一生の仕事として資格を取ろうと、福祉専門学校に入学した。夫は何をするにも応援してくれる人で、息子2人も学生だったので、「もうひとり子どもが増えるということだな」と認めてくれた。両親は「あなたたち夫婦で決めたことなら」と言い、「恰好悪い」とか言うのではないかと思った息子たちも「いいんじゃない。頑張れば」と言ってくれた。

入学式では制服を着ているにも関わらず、息子の同級生の親が保護者席にいて、隣の席に誘ってくれた。保護者と間違われることは度々だった。再度の学生生活では熱心に勉強したし、同級生たちとの会話も楽しかった。3年間の学業を終え、就職先を選ぶときに、社会福祉協議会の女性部長と会う機会があり、「あなたの年齢だったら、施設関係よりも相談員という仕事がある」と教えてくれた。婦人保護事業を卒論のテーマに選び、知れば知るほど、婦人相談員になりたいという気持ちが湧いた。当時、教員退職者の再就職先だったというが、ちょうど1人空きが出て、初めてのルートで採用された。相談員になった時は、「そんなに若いのに相談員？」と言われたものだった。1998年のことだ。

2. 相談員になって

最初に行ったところは福祉事務所で、母子相談員と机を並べていたが、まったく相談がなかった。「相談、ないですね、ないですね」と言っていたら、「そんなに相談をしたがる人は珍しいよ」と、女性相談センターの方に通うように言われた。こうして相談員の仕事が始まったが、とにかく相談者から教えられた。最初はDVという言葉すら知らなかった。

最初に出会ったＤＶケース

生後間もない乳児を連れ、まだ授乳中の30代のか細い女性が、生活に疲れきった様子で相談に来た。市役所の保健師からの紹介だった。相談に来てもなかなか話そうとせず、時間も取れないということだったが、２～３回相談に来て、徐々に困っていることを話し始めた。夫からの酷《ひど》い暴力で、「子どもを泣かすな」「俺より子どもが大事か」と怒られ、殴る、蹴る、髪の毛をつかんで振り回される。「これを見てください」と長い髪をかき分けると、髪の毛がまとまって抜けて禿げていた。どれほど痛い思いをしてきたのかと思ったが、それよりも母乳が出ないことを心配していた。一時保護を勧めたが、友達を頼り、子どもも預かってくれる温泉地へ逃げたという報告があった。役に立たなかったという思いが残り、どうか無事に生活していますようにと願うばかりだった。

ＤＶ防止法ができる前、１９９９年にアメリカのスタディ・ツアーに参加した。所長は、「まだ来たばかりなのに、行かなくていいでしょう」と言ったが、「どうしても行きたい」と頑張った。所長には「あなたを見てると、爆弾を抱えているみたいで、私、本当に心臓がバクバクするわ」とよく言われたが、とにかく勉強したかった。

精神的支えが必要なケース

人格障害の20代女性からは、ずいぶん教えられ、鍛えられた。保健所、精神病院を経て、初めて女性相談センターにやって来た時、「私はＫちゃん、５歳」と言った。「折り紙折ってもいい？」と、器用に折る。何度か通ってくるうちに、少しずつ家庭環境を話すようになった。60代の母と同居しているが、彼女は母が浮気してできた子で、母は今なお男性関係が絶えなかった。母は家に男を呼ぶたびに、夜中であろうと、真冬であろうと、彼女を家から追い出した。土管の中で一人夜を過ごしたこともある。寂しさから、一時でも優しくしてくれる男性を求め、中学生の頃からテレクラで遊ぶようになった。何度も中絶を経験しているが、母はそのことを知らない。母から「いらない子だった」と言われ続けたが、気分次第で可愛がられることもあった。

ヘルパーの資格を取って介護の仕事をしたりするが、いずれも長続きしない。そのうち離婚歴のある男性と同棲を始めたが、その男性も暴力をふるう。妊娠の度に精神的に混乱し、一日に何度も電話がかかる。今回は同棲中の男性の子どもであるが、いつものように、ぎりぎりのところで中絶した。彼女の場合は医療的ケアが必要で、女性相談員が関わるケースではないのではないかという迷いが付きまとったが、通っていた精神科のワーカーに尋ねたところ、家族療法を試みたが、失敗に終わったと言う。最初の1年は、1日に何度も「何をしたらよいか決めてほしい」と電話があり、週2回来所するという状態が続いたため、援助方法がわからず、ノイローゼになりそうだった。

原点に戻って考えてみることにした。あるがままに彼女を受け入れることができず、どこか避けるようになっていたが、聴くという基本に戻ると、素直な感情が出てきた。年齢相応にこうあるべきという決めつけを捨て、彼女は彼女と思うようになると、しっかりとした考えを持つ一面も見えてきた。人は皆、生まれながらにして自分の意志と力で自己決定していく能力がある。彼女は幼い頃より存在そのものを否定され続けてきたために、自己評価が低く自己決定ができなくなっていた。彼女が求めているのは、「自分の存在を認めて欲しい、生きる価値のある人間だと認めて欲しい」

ということだと理解できた。それからは、その都度、自分のことを理解できるように一緒に考えていくようにした。

精神科のワーカーに医療的アプローチを依頼することもあったが、そうして付き合っているうちに、彼女は嫌なことを言われても我慢できるようになり、アルバイトが続く期間が長くなっていった。やりたい目標も見えてきて、頑張って資格を取った。現在、老人施設で介護職として働いている。今でも電話相談はあるが、その内容は以前とは違い、職場の出来事が多い。かつては、いつまでも電話を切ろうとせず、「嫌だ嫌だ」と駄々をこねていたが、今は自ら短時間で切り上げる。電話をすることで精神的なバランスがとれているのならと思い、とにかく聴くことを続けた。

DVケース

30代の女性が相談にきた。講師として勤務した小学校で知り合った人にプロポーズされ、結婚して十年目だった。思い返せば、結婚にはためらいを感じていた。彼の家は町でも有名な旧家で、家族全員が教師だった。私立大学しか出ていない自分とは不釣り合いだと感じたが、夫は、結婚を渋っている彼女に、「こんなに愛している」と、ライターで自分の手のひらを焼きつけたことがあった。その時は愛情の表現だと思ったが、今から思えば、おかしな行動はたくさんあった。

新婚旅行でも、なぜ怒るのか理由がわからないまま、たびたび態度が急変するので戸惑った。新婚生活も、機嫌の良いときもあるが、いったん機嫌が悪くなると身体的暴力や言葉の暴力が酷く、持ち物を細かくチェックして、「無駄なものを買いやがって」と言うので、下着1枚買うのにも気を使った。もっと困ったのは、夫が自分自身にも刃物を向けて「死んでやる」と言い、部屋に閉じこもるなどの自傷行為だった。そんな時は、部屋の外から「あなたは立派にやっている」と励ますことを続けていた。

暴力を振るわれて何度か実家に帰ったが、「夫には何があっても服従するもの」「結婚したら何があっても子どものために我慢するもの」と説得され、家に戻された。7年前、暴力を受け、実家に帰っている時、夫が離婚調停を申し立てたことがあった。調停中に妊娠がわかり、夫とやり直すことを選んだ。男児を出産したことで跡取りができたと周囲に喜ばれ、離婚話などなかったかのような生活が始まった。子どもが生まれたら夫も少しは変わるかと思ったが、そうではなかった。日頃から口うるさく指図し、逆らうと脅すように乱暴な態度に出る。彼女もだんだん自信がなくなってきて、「これは右だったのか」「信号は青だったのか」と自分で何も考えられなくなってしまった。

最初の相談でも、それまでためていたものを吐き出すように話し続け、途中で話を止めては、「私は変なことを言っていませんか」とたびたび確認した。そのたびに、「大丈夫」と受けとめた。人間は自分の感情を殺しながら生活していくと、何が自分であるかわからなくなる。今回、パート先で偶然パンフレットを見かけ、自分と同じだと思って相談に来たという。相談は毎回同じ話だったり、気持ちに揺れがあったりしたが、決して否定せず、ひたすら受容傾聴し、「自分で自分の人生を決めても良いのだ」と繰り返し伝えた。ある日、一時保護の希望があった。夫が子どもにも彼女を殴るよう命令をしたことを知って、「このままだと子どもは夫と同じ人間になる」と思ったという。その後、県外の母子生活支援施設に入り、現在は自分でアパートを借り、保育士の免許を活かした仕事を見つけ、自立して子どもと暮らしているが、親権問題で争っていて、離婚はまだ成立していない。

離婚して子どもとやっていく

市役所から、「ブラジル人の女性が相談に来ているので、紹介した」との連絡が入った。しばらくすると、日本人のような顔立ちの女性が、3歳くらいの男の子を連れて、不安そうにやってきた。日本語が少し話せるので、すぐに相談室で話を聴いた。34歳、ブラジル国籍で、父は日本人、母はブラジル人。夫はエジプト人で、夫からの暴力から逃れるため、他県から父の再婚相手である義母を頼って出てきたという。腕には殴られた時の痣がまだ鮮明に残っていた。離婚を望んでいるが、子どもの親権を取りたいということだった。

この地で子どもと2人で生活を始めたいが、義母と妹が住んでいるところにいつまでも置いてもらうことはできない。所持金もなく、仕事や子どもの保育園など生活上の心配は尽きなかったが、一番の気がかりは、夫に子どもを取られるのではないかということで、夫から「離婚すれば、稼ぎの良い俺に親権が来る」と言われて、怯えていた。ずっと「俺の言うことを聞いていればよい」と言われ、殴られたり蹴られたりして、そのたびに病院で診察を受けていたが、夫は、その後すぐに「ごめんなさい。愛している」と優しくなった。

半年前にも一時保護を経て、他県の母子生活支援施設に入り、離婚調停を始めたが、夫が二度と暴力を振るわないとの誓約書を書いたので、もう一度やり直してみることにした。しかし、やはり同じで、いきなり思いきりパンチを振るってきたので、「今度こそ」と決心して、以前とは違う方法で家を出た。生活保護、市営住宅、子ども支援、ハローワークとほとんど同時進行で支援した。生活の基盤ができたところで、法律扶助を利用し、再び離婚に向けて進み始めた。

親子の自然な様子を見ていると幸せな気持ちになる。子どもをしっかり育て、彼女自身も図書館で日本語の辞書を借りて一生懸命勉強している。調停で、夫は「愛している」「彼女は精神的な病気である」「彼女の離婚は本心ではない」「子どもはこちらで育てたほうが良い」などと言っている。この先もまだまだ様々な苦労があると思うが、今度こそ、彼女たちが暴力におびえることなく安心して生活を送ることができるよう支援を続けていく。

退職後も縁はつながり

結婚相談所を通じて、中国人の若い女性が年配の男性と結婚するケースがある。夫から娘に対する性暴力があって、絶対子どもを守らなければと警察経由で相談所に来て、一時保護し、母子寮に入った。とてもまじめで母の鏡かと思うほど、子どもに愛情を注いでいた。子どもたちは今、二人とも大学生である。退職した今もつながっていて、困った時や良いことがあって嬉しい時、電話をかけてくるので、一緒に食事することもある。「最初に日本に来て、困った時に助けてくれたことが忘れられない。恩人」と言うので、今はその人の親みたいな感じになっている。

そんなふうに今もつながっている人が5人くらいいる。SOSの時に電話してくる人が多いが、話を聞くことしかできない。もうひとりは時々電話がかかるが、元夫のところに戻ってしまった。

3年位市営住宅に住んでいて、時々、相談所に遊びに来たりしていたが、ある時、「子どもの保育園の運動会があるから見に来て」と言うので、行ってみたら、元夫が一緒にいた。「連絡したら子どもを見たいと言うし、今は昔と違って優しいから」と言い、間もなく他県に居る夫の所に行った。しかし、すぐまた元通りだった。電話が来たが、「話は聞けるけれど、退職して私は何もできないから、居住地の相談員に相談するしかないよ」と繋げた。話は聞けても、生活面になると何もできない。

子どもが8人いて、一番下の子が高校受験なのにお金がなくて高校へ行けないという話になり、子どもはお母さんから離れたがっていたので、児相に入ったケースがあった。もうひとりは中国人の若い女性で、マッサージがとても上手で、商才もあるのか店を開いてコツコツ頑張っている。年に2~3回だが、「長井さん、ご飯食べたい」と電話がくる。もう相談員とか相談者とかいう関係ではなく、「友達だね」と言っているが、支えが必要な時に電話がくる。

今は、後輩たちと多職種ネットワークの会を作り、年に3回、日曜相談会をやっている。現役の相談員も入ってくれていて、「あなたたち毎日相談聞いて、日曜にも相談聞くの嫌じゃないの」と言ってみるが、いろんな話ができるし、ネットワークが作れるというので、皆、集まってくれる。顔が見える関係を作っておくと、仕事上で紹介したりされたりする時にとてもスムーズにいく。自分自身も皆と話をするのが楽しみなのだと言う。婦人相談員の扱う相談も急激に変化し、複雑になってきている。パーソナリティーの問題が大きく関与しているケースが多いが、このような相談者に対してつい、「人格障がい」「身体的、精神的に欠陥がある」などと決めつけがちである。でも、相談者の性格の問題ではなく、相談者を取り巻く環境や生育歴、生活歴を考慮しなければならないという人権擁護的な課題である。他機関、他領域の専門性と協働することで現代の課題に対処できるようにコンサルテーションが必要で、女性相談員としてはそのための研鑽も大切だと思う。

3. 振り返って

婦人相談員をやってよかったと思う。やはりどこか母親譲りで常識にこだわるところがあったが、仕事をしていると、「背景にいろんなことがあって、この子はこの子なりに、こんな風にしか生きられなかったんだろうな」と理解もできるようになった。

自分自身もこれまで何度となく人に相談をした経験がある。結局は自分で結論を出すしかないが、様々な情報が役に立ったり、相談した人のひと言で決心がついたり、親身に応援してくれる人が一緒に悩んでくれることで結論を出してきたように思う。人は成功からだけではなく、失敗からも学ぶもの。みんな自分の新たな人生を決断するわけだから、迷って当然、悩んで当然と、待ったり進んだりしながら一緒に考えられる相談員でありたい。

第16章

個人のネットワークをつくる

野崎真澄

（2000年-2013年）

1. 相談員になるまで

両親共に良い家柄の出身で、暴力はないが愛もない家庭で育った。大きな店をやっていて、物には恵まれていたが、情愛のようなものはなかった。店の店員たちがかわいそうだと面倒を見てくれた。スチュワーデスとか考古学者とか、子どもの頃の夢はあったが、学校を卒業して2年働いて、24歳の時、職場結婚した。愛に飢えていて、暖かい家庭を作りたいと思っていた。4人の子どもを産み育てながら、家計を助けるためにいろいろな仕事をした。消費者相談をしていた時、上司が知り合いの福祉事務所所長に、欠員が出たから誰かいないかと相談され、「あなた、そっちに行って」と言われた。「何ですか？」と聞くと、「高齢者の福祉電話だから、できるから」と言われ、よくわからないまま辞令をもらった。

2. 相談員になって

机に向かった途端、「あれもこれも勉強してください」と本を渡され、「婦人相談員は勉強しないといけないよ」と言われた。「これは大変だ」と前任者に話を聞きに行った。そこで言われたことは2つ、勉強しないといけないということと、個人のネットワークを作りなさいということだった。「個人のネットワークを作るとはどういうことだろう？」と、その時はよく理解できなかった。

婦人相談員は野崎1人だったが、ベテランの福祉課職員がいて、最初はその人が同席してくれた。何度か一緒に相談に入った後、「合格。これからは1人で受けてください」と言われ、1人で相談を受けるようになった。最初の1年は訳もわからず、「やめたい、やめたい」と思っていた。時々、「私、どうしてここにいるんだろう」と思いながらも、必死に『婦人相談員ハンドブック』を読み、研修を受けに行った。

相談者から学ぶ

相談者からいろいろ学ばせてもらった。消費者相談では厳しく言えるが、婦人相談員は、上から目線で指導してもうまくいかない。ある時、体調が悪く、うつむき加減で「ハイハイ」と話を聞いていたら、「あんた、聞いてるのか。顔もあげずに」と相談者に怒られた。「失礼しました」と謝り、それからは心を入れ替え、体調管理にも注意し、相談者の眼を見て真剣に話を聞くようになった。自分にとっては何十回と繰り返される相談でも、来る人にとっては最後の砦かもしれない。「警察も保健所も聞いてくれなかった。ここでもダメだったら死ぬつもりでした」と言った女性もいる。「命懸けで来られている方たちに誠実に対応しなければならない」と心を引き締めるばかりだった。

防止法以前のDV

客の子を妊娠したり、夫に働かされていたりと売春防止法に引っかかるような人たちはいたが、それが主たる相談ではなかった。家庭問題が多かったが、暴力もあった。DV防止法の前だったので、腹の立つことが多く、警察と喧嘩することもあった。夫から逃げて、公園で寝泊まりしている人たちがいた。一人は上品な方だったが、ひどく臭くて、「よそに泊まってる」と言うので、「どこですか」と聞くと公園の住所を言った。夏なのに2週間風呂に入っていなかった。すぐ担当に連絡し、福祉センターの風呂に入れてさっぱりしてもらってから、知り合いのところに泊めてもらい、翌日、施設に見送った。

DVで、対照的な二人の女性があった。1人は30代のかわいらしい人で、中学生、幼稚園、乳児と3人の子どもがいて、お腹にももうひとり子どもがいた。親戚を頼って他県から逃げてきたが、夫が探偵を雇って見つかってしまったと怯えていた。夫とは大学で知り合い、怖くて断りきれず一緒になってしまったと言う。暴力もあるし、板張りの床に正座させられ1時間も説教された挙句、しまいには興奮して襲われるということの繰り返しだった。他県の施設に逃がし、出産して、無事、離婚した。その後、彼女は専門学校に行って自立し、今もしっかりとやっている。性格も穏やかな人で、お嬢さん育ちだったが、騙されて苦しい目にあったという感じで、生活もきちんとしていた。

もうひとりも30代だった。最初の夫はとても良い人で、子どもが2人いたが、たまたま知り合った人を好きになって、その人と結婚するために離婚した。子どもが1人生まれたが、その2番目の夫が暴力を振るう人で、義母も階段から突き落とされ、大怪我をして入院していた。精神的なダメージが大きく、家庭訪問すると、ビール缶が家中に転がり、1番下の子どもを虐待するようになった。「この子はあの人の子だから憎らしい」と言う。「何を言っているの。あなたの子でしょう」と言っても、酔っぱらって泣き、情緒不安定だった。精神科医とも相談し、母子寮に行ってもらうことにした。

石の上にも3年

「やめたい、やめたい」と思いながらも、「1年契約だから、1年は頑張ろう」と頑張って、3年経った頃には、やりがいを感じ、「この仕事をやろう」と思うようになっていた。前任者に言われた個人的なネットワークをどうやって作ったらいいのかがわからなかったが、3年経って気づいてみると、何となく、電話でお願いしたら、「あなたが言うなら」と聞いてもらえるような体制ができていた。警察とも関係ができているから、連絡すればすぐに対応してくれるし、民生委員や保健師、生活保護課など色々なところから相談者が紹介されてくるようになった。

婦人相談員の研修会に行っても、なぜか本市は暴力の相談が多かった。警察も、「うちの市は何でこんなに暴力が多いんだろう」とよく言っていた。民生委員、保健師、近所の人などから相談を受けて、「小さな町だから絶対に市役所には行かない」と言う人には、所長の許可を得て、市役所ではなく、公民館や図書館など別のところで相談を受けた。他市から相談に来る人もあった。民生委員や保健師たちがよく目配りして、相談につなげてくれた。相談員の仕事を周知することが大事だと思う。毎年、あちこちの民生委員の会議に出て、相談室の宣伝をしたし、研修会にも出席して相談を受けていたから連絡は密だった。これがネットワークかなと思う。

戸籍のない人たち

ある時、「学校に上がるくらいの年齢の子が1人で遊んでいる」という相談があった。聞いてみると、子どもが4人いて、1人の子だけに戸籍がなかった。経過はよくわからないが、母子手帳はあるのに、出生届を出し損ねたという。両親は仲良く暮らしていたし、その子もかわいがられていた。母子手帳があったので、市民課や法務局に連絡して、戸籍ができた。小2の年齢だったが、教育委員会に相談して、1年生から学校に入れてもらった。不思議な話だった。

もうひとりは20代で、障害者手帳の相談でやってきて、話を聞くなかで戸籍がないことが発覚した。出生届を親が出さなかったらしく、学校へも行かず、字も読めなかった。このケースは大変だったので、本局に連絡して手続きをしてもらった。「今時、法治国家の日本で戸籍がない人がいるのだ」と驚いた。

未婚の母たち

思い出すのは30代の女性で、未婚のまま妊娠した。父が怒って「殺してやる」と言っていた。民生委員から繋がってきて、一緒に家庭訪問した。聞くと、本人は騙されて半年間、遠方の県で男性と同棲していたが、妊娠を告げたら捨てられ、300万円の借金も背負わされて帰って来たという。父は激怒していて、なかなか家に入れてもらえなかった。民生委員、家庭児童相談員、保健師、婦人相談員で何度も訪問して、ようやく、「市がそこまでしてくれるのならいいでしょう。いざとなれば大事にしてやって欲しい」と受け入れてくれた。借金の処理を手伝い、彼女は自分でしっかり子どもを育てた。

もうひとつも民生委員から繋がって来たケースで、知的障がいがあった。本人は家の離れに住んでいたが、そこに近所の男が忍び込んできて、同意もあって妊娠したという。結婚したかったのに、男が逃げた。そこも父が「殺す」と言っており、市役所の係長、保健師と3人で夜9時まで玄関の前で粘って、ようやく開けてもらった。本人は生んで育てたいと言う。生まれた赤ちゃんは心臓が悪くて、手術したが、半年で亡くなった。係長と2人でお通夜に行ったが、そこには赤ちゃんだけが寝ていて、お母さんひとりしかいなかった。「頑張ったね」と声をかけるしかできなかった。

困った女性

最初に彼女が相談に来たのは20歳の時で、未婚の母だった。その時に聞いた話はまるきり嘘だったことが後でわかった。18歳の時に16歳の男性の子どもを産み、その後も次々にいろんな相手の子どもを産んだ。相談に来るたびに子どもたちがついて来た。「ああ、よく来たね。かわいいね」と迎えると、「野崎先生、お手紙書いたよ」「似顔絵描いたよ」とプレゼントしてくれる。彼女は破壊的で、安定剤や睡眠薬を浴びるように飲んでは、病院に運ばれた。帝王切開して1週間もしないうちに、「野崎さーん」とやってくる。次々に新しい男性を見つけ、引っ越すたびに家庭訪問していたので、相手の男性も困って相談に来る。

ある時は、遠方の男性を見つけ、引っ越すと言うのでホッとしていると、しばらくしてから、「殺されるー」と電話がきた。駆けつけると、家主が「家賃払え。払わないと追い出す」と言っていた。「追い出されると路頭に迷って死ぬ」という言い分だった。結局、行った先から帰ってきて、家賃を払わずに追い出されるということを繰り返していた。家主は「かわいそうに」と次々に騙されて家を貸し、「家賃払え」と言えば110番する。警察も困って、「野崎さんに来てもらえ」と言うから、その度に野崎が呼ばれるのだという。

保育園からも相談がくる。子どもがフラフラしていて保護されることもあった。県から電話がかかってきて、「あなたが無理やり子どもを連れ去ったそうですね」と言われたこともある。一番上の子は、中学生になっていて、自分から児童相談所に電話して施設に入った。施設に行ったら高校に入れるし、ご飯も食べられる。それでも、下の子たちは「お母さんがいい」と母についていた。そんな彼女も体はボロボロで、33歳で亡くなってしまった。

DV

ひどいDVはたくさんあり、帰ってしまう人たちも少なくない。病院からの依頼で行くと、50代の女性が自殺未遂をして、死んだような状態になっていた。ゆっくり少しずつ話をした。結婚して30年、幸せだったのは結婚したその日だけだったと言う。婦人保護施設に入ったが、「やっぱり、戻ります。施設では、ひとりぼっちで寂しかった。暴力があっても、隣近所もいるし、帰ります」と言う。「何かあったら警察にでも何でも言ってください」と言ったが、「わかりました」とそれきりだった。

暴力団関係はいずれもすさまじいDVだった。汚い恰好でゴム草履のまま逃げてきた女性がいた。

すぐ保護したが、暴力団員だった男性が、「相談員を出せ」と役所まで来て怒鳴った。自宅がわからないように、主任と一緒に遠回りして帰ったこともあった。病院から呼ばれて、大怪我をしているのに家に帰るという女性がいた。「包丁ではなく、果物ナイフで切りつけたんです。殺すつもりはなかったんです」と言うのには、心底驚いた。その彼女も帰って行った。2階から突き落とされた人もいた。

逃げてきた人たちは、最初は着の身着のままでやってくるが、落ち着くと、どの女性も印象が変わる。「お世話になりました」と挨拶されても、誰だったかわからないほど変化する。被害者も看護師や医者だったり、加害者も先生、医者、議員だったり、教養もお金も立派な仕事も関係ない。外からはいくら模範的で立派な家のように見えても、内実はわからない。

3. 相談によって支えられ

実は、野崎自身がＤＶ被害者だった。家では行動制限され、暴力暴言を受け、子どもも暴力を受けていた。相談員になる前も、危なくて家を一時的に出るようなこともあったが、まさか自分が被害者とは思わないまま、45歳で相談員になった。ある時、息子に「暴力で大変な人の話を聞いている」と言ったら、「お母さんこそＤＶ被害者だよ」と言われた。図書館で本を見ると、たしかに自分と瓜ふたつの事例が出ていた。夫は空手有段者で、殴られて、よくこぶだらけになった。それを見て、子どもたちは「病院に行かないと」と心配したが、恥ずかしくて我慢した。DVの典型で、夫は、殴った後に急に優しくなった。殺してやろうと思うくらい憎かった時もあったが、子どもたちの親だからと我慢した。結婚してからは自分がなかった。夜も眠れず、いつも体調不良だった。整体や健康食品などにお金をたくさん使って、どうにか保っていた。

相談員になって1年目くらいだったか、子ども全員から「なんで別れないの」と言われた。世間体もあったし、自分さえ我慢すればと、友達にも言わずニコニコしていた。いろいろ調べ始めて、自分がDV被害者と気づいてからが苦しかった。「私は悪くない」と自分に言い聞かせ、相談者に「自分を好きになりましょう」と言いながら、自分自身がそうできるよう努力した。人を励ます言葉で自分を励ましていたのかもしれない。言葉は生きているから言葉で励まされるが、家に帰れば、またけなされた。

ある時、研修で相談員仲間の前で初めて打ち明けた。本当は絶対に言いたくなかったが、思い切って告白してよかった。それから前向きになった。向き合うのは大変だったが、同じ立場に立てるようになり、相談が変わった。その後、少しずつDV被害者のグループ運営を手伝ったり、カウンセリングを受けたり、信頼できる仲間たちに支えてもらいながら回復していった。別れるか別れないかでずいぶん違う。野崎は60歳で家を出て、弁護士をつけ、4年かけて離婚した。何もかも相手にやって、裸一貫で再出発した。10年経ち、70歳になった今、やっと自由になったと感じている。

4．振り返って

先輩の言った「個人的なネットワークをつくりなさい」という言葉は支えになった。最初のうちは心残りがたくさんあったが、ネットワークがあれば支援できる。あちこちに「お願いします」と頭を下げて回るのが仕事だった。そうやって関係ができてくると、逆に、いろんなところから相談が繫がってくるようになる。自分だけで本を読んでいてもダメで、やはり研修を受けることは大事だと思う。自分のスキルを磨かず、何もわからないまま人の相談を受けるのは難しい。

女性は声をあげなければいけないと思う。自分も現場から声をあげていく。相談を受けながら自己回復して、今は元気で、毎日幸せだと思える。人を助けながら助けられている。以前は八方美人で振り回されてばかりの人生だった。今は、自分に正直に、感謝の気持ちをもって生きられたらと思う。自分のために相談員になったのかもしれない。その途中でたくさんの人のお手伝いもできた。今も連絡のある方々がいて、娘のような存在がたくさんできた。

離婚した後、子どもたちから「父ちゃんと母ちゃんの関係は、普通の夫婦ではなかった。主人と奴隷の関係か、主人と家政婦の関係だった」と言われた時に、自分も子どもたちを苦しめてきたのだと思った。もっと早く決断すればよかったのかと自問自答した。子どもたちを育てながらも子どもたちに育てられた。「自分の結婚は失敗だった」と言ったら、息子が「失敗じゃないよ。僕たちみたいな良い子が4人も生まれたんだから」と言ってくれた。子どもたちから愛を知った。素晴らしい人生だと思う。

第17章

聴かなければ見えないことがたくさんある

古賀智江（2002年-2010年）

1．相談員になって

保育士をしていたが、保育園の裏に母子寮があった。当時は卒園の冊子に住所などを載せていて、ある日、キョロキョロしている男の人がいて、大丈夫なのかと心配になった。家庭相談員をしている知人に相談したら、婦人相談員を紹介され、「そういう感性を持った人は大事だから、是非、退職する人の後任になって欲しい」と言われ、２００２年に相談員になった。

聴くことの力

声をかけてくれた先輩と2人体制でやっていたが、先輩の背景を聴き出す力はすごかった。初対面なのに相談者がよく話し、入って来た時と出る時とでは表情がすっかり変わっている。「話すって大事なこと。私たちの人格は一発で見抜かれるんだよ」と言われ、目から鱗が落ちた。困難を抱えながら精一杯生きている女性たちの存在を知り、高台にある自宅から見える市内の夜の光を見ながら、「この中に苦しんでいる女性たちがいる。こんなに頑張っている女性たちがいる」と思うようになった。

DVケース

遠い遠い田舎の山から相談に来た人がいた。小さい娘が2人いたが、夫が覚醒剤で警察に捕まったと言う。幻覚がひどく、「お前の眼の中に何かいる」などと言うので怖かった。子どもたちには、日頃から、「お父さんがおかしくなったら、後を見ずにまっすぐ前だけ見て逃げなさい」と言い聞かせた。唇が真青だったから、「子どもさんもいるし、元気になってから帰りましょうね」と自分のリップをあげた。1年ほど相談に来て、最後は娘と一緒に逃げた。酪農をしていて、一人で牛200頭を世話していた頑張り屋だったので、今は正社員になってしっかりやっている。実は、彼女の姉もDV被害者で、「社会福祉士の資格を取ったので仕事はないですか」とやって来た。ある日、机にナイフが刺さっていて、「俺はお前をいつでも殺せるんだぞ」と言われたという。彼女は自力で別れたが、娘が今、病んでいる。時々、「妹さんは元気ですか」と聞くと、元気な様子が聞けて嬉しい。

海外に住む娘の母親が相談してきたこともある。娘は元フライトアテンダントで、海外の著名人に見初められて結婚し、子どもも生まれたが、毛皮でも何でも買い与えるが、束縛が激しく、外にも出さない。娘が嫌になって、「もうホテルから飛び降りたい」と電話してきたと言う。その国のDV相談を調べ、紹介した。いつでも逃げられるように、お金を隠しておき、ある日、ついに逃げて帰ってくるという連絡はあったが、その後のことはわからない。直接、本人と話すことができると、解決しないまでも、状況が少し良くなることがある。相談員に話したのをきっかけに、周囲にも話せるようになり、周囲から手助けを得られるケースが結構ある。直接話せないと支援はなかなか難しい。

子どもの傷つき

面会交流というが、調査官は2～3回しか会わずに、「落ち着いているから会わせましょう」と言う。違うのではないかと思う。あるケースで、2人いるきょうだいの1人は、父と会うと必ず具合が悪くなった。DVの目撃をしているが、そのことはひと言も話さない。「影のようなものが追いかけてくる」と言って、運動場をグルグルグルグル逃げ回っていた。裁判所に医師の意見書も出したがダメで、無理に会わせなければいけなかった。そのうち父の方が来なくなって、会わずにすむようになったら元気になった。面会交流を主張して認められると、急に子どもへの関心がなくなる父たちがいる。

ハーグ条約以降では、アメリカで結婚し、DVで子どもを連れて帰ってきたが、裁判をして、子どもを連れ戻された。まだ幼稚園児で、2～3年して母が会いにいったが、コミュニケーションがうまくできなくなっていた。連れ去られて会えなくなるのは厳しい。

婦人相談員をやっていると、DVで別れた子どもの傷つきがよく見え、それを何とかしたいと思った。婦人相談員としてできることは限られているので、仲間たちとDV家庭に育った子どもたちのための会を立ち上げた。

2．子ども支援者として

雇止めで相談員を続けることができず、民間の子ども支援を続けながら、しばらくハローワークに勤めた。ハローワークに来る人たちのなかに、ＤＶの問題を抱えた人が案外いることがわかり、必要に応じて情報提供もした。その後、子ども相談の仕事に就いた。そこでも、ＤＶの問題が見え隠れしていた。面前ＤＶとして相談につながってきたが、残念ながら婦人相談員とは連携することができなかった。新しくなった今の女性相談員は、電話と来所の相談のみで、「名前を言ってはいけない、名前を聞いてはいけない」という。匿名だし、情報共有もできないので、相談の積み重ねができない。これは問題だと思う。子どもの虐待相談では、母親が何かの障がいや病気を抱えて子育てをしているケースが多く、家庭の中にＤＶがあって長く支援継続が必要なケースがあった。子どもの支援の前に母親支援が重要だと感じた。子どもの成長に希望を抱きながら親子を支えていくことに困難を感じることもあったが、親子に関わっている関係機関との連携が大事であることを実感した。

3．振り返って

相談を通じて視野が広がった。小さな常識のなかで生きていたのが、見ただけではわからないことがたくさんあることを知った。今は、孫に重い障がいがあって大変だが、日々昇華して受け入れていく。夫から「あんたも強くなったな」と言われた。ここ2～3年、病気で外に出られなくて、

「相談業務卒業しました」と子どもにラインを送ったら、「お疲れさま。お母さんにはその仕事が合ってたかもしれないよ」と返ってきた。自分が先輩から受けてきたものを継承できないことは残念でならない。守秘義務と言うが、行政のための守秘義務ではないのかと思うことがある。聴かなければ見えないことがたくさんある。見えなければ、支援はできない。社会全体が変化し、コロナで家庭訪問もなくなり、学校の先生が親の仕事もわからず、さまざまある背景がますます見えなくなっている。

第18章

自分のことは自分で決める、それを支えるのが相談援助の仕事

上田千秋（2002年-2014年）

1. 相談員になるまで

大学卒業後、少し働いて結婚した。職住が近い方がいいと思い、保母資格を取って保育園に勤めた。保育園は、安全第一、完全管理で、まるで収容所のように思えた。「私はこんなところに子どもを預けたくない」と思い、子どもが生まれる時に、仲間と共同保育を始めた。そこでは父も母も協働して子育てするし、家事もする。自分たちで夜間保育もやった。共同保育は長く続いたが、夫の仕事の都合で新しい土地に引っ越した。仕事がなかなか見つからず、履歴書をばらまいて、非常勤で児童福祉の講師を始めた。

2000年になる少し前、「子育ち支援」というのを始めた。当事者が中心になって、当事者が普通に世の中でどこででも生きていけるような仕組みを作りたかった。誰が主体かということをはっきりさせたくて、育つのは子ども、母親はそれを援助する立場ということで、「子育ち」とした。「児童福祉法」も改正され、指導から支援へという福祉の発想の転換は当然だと思った。

2. 相談員になって

婦人相談員になったのは2002年、DV防止法完全実施の年で、状況をよく理解したセンスの良い職員たちが婦人相談所に集まってきていた。そこで「やらないか」と声をかけられたので、

「やるやる！」と手を挙げ、やり始めた。1週間の研修期間に「これを読んでおいて」と言われ、昔の資料を引っ張り出して読み、4月に入ると、相談も同行支援も全部ひとりでやった。まったく知らない世界だったが、怖いもの知らずというか、裁判所に行って調停の申し立てをしたり、保護命令の申し立てをしたり、病院やハローワークに同行したりと、必要なことは何でもやった。いろんな人がいて、いろんな生き方があって、いろんな経験をしている人がいるだろうと想像はしていたものの、実際に出会ったのは初めてのことばかりで、驚きの連続だった。

その時代は職員に恵まれていた。言いたいことは言えるし、けんかもできる。当時は多様な背景の人を受け入れ、期間も必要に応じて柔軟に使い分けていた。「自分のことは自分で決める、それが人間の生き方。自分で決められるように周囲はそれを支えていく。相談援助の仕事とはそれだ」という信念を持ってやっていた。

困難なDVケース

20代の女性が体中痣だらけの状態で、乳児を置いて入所してきた。夫は定職に就かず、サラ金でパチンコ通い、ローンの支払いをめぐって口論になり、激しい暴力で逃げ、警察に保護された。入所中に仕事を始め、アパート暮らしを始め、弁護士を立てて離婚調停を始めたが、夫の方は子どもの親権・監護権を主張した。そうこうするうちに子どもが病気になり緊急入院したと連絡があった。急きょ帰宅して、離婚調停を取り下げた。その子はそのまま亡くなってしまった。暴力は繰り返され、窓から突き落とされて全身打撲し、半年も経たないうちに、警察の介入もあって命からがら再び逃げてきた。今度こそ離婚というところで、妊娠がわかった。いったんは中絶を決意したが、夫が同意を拒否したため、出産した。その後も紆余曲折あり大変だったが、良い弁護士がつき、何とか離婚は成立した。今はその子も中学生になっている。

DV防止法がもたらしたもの

売春防止法は更生保護なので、指導のスタンスだったが、DV防止法ができたことで、当事者主体で支援をしていこうという職員やスタッフの姿勢が確立されたと思う。複数あったDVセンターは、相談があればすぐに対応して、入所の必要があれば入れて、様々な支援を行っていく。同行支援をし、期間も限定しない。DVケースはやっとたどりついた安心できる場所だから、あれこれ聞くよりも、まずはホッとしてもらうという方針で、2週間で区切らず受け入れていた。そういう雰囲気を醸成していたので、あそこに相談すれば何とかなると思ってもらえた。福祉事務所の相談員も対応してくれたし、警察からも繋がってきた。たくさんの女性が訪れ、ひと部屋に何人も入っていたこともあった。DVに限らず色々なケースがあって、サラ金に追い立てられて怖くて逃げて来た人や、成人した子どもとの確執などもあった。売春防止法が先細りになってきた1970年に出された「45通達」で、「居所なし」で希望があれば一時保護所に入所できた。当時は職員や相談員にそういう意識があった。

自助会を立ち上げる

この時代、スタッフのモチベーションも高く、保護所入所者が多かったので、互いに仲良くなって、退所時に「今度お花見しよう」という声があがった。花見、クリスマス会、餅つき大会と、参加者も増えていき、母子寮に入った親子も合流するようになった。「これからも続けてみんなと会えればいいな」ということで、翌年には自助会の形にした。代表は当事者になってもらって、運営のバックアップをした。街のフリーマーケットに出店したり、公共施設を利用して月2回の集いの場を開いたりするようになった。相談員だけでなく職員も参加して、男性の管理職や嘱託の精神科医も加わり、仮装して歌を歌ったりして、子どもたちも大喜びし、みんなが楽しんでいた。

一時保護を通過した女性たちは、新たな一歩を踏み出すことになるが、いざ退所が決まると不安になる。夫の暴力から、物も人間関係も何もかも捨てて逃げてきた女性たちにとって、知らない土地で1人でやっていかなければならないのは厳しい。会のメンバーたちは関係を深め、誰かが腰痛で動けなくなれば、泊まり込みで手伝いに行ったり、裁判所に行かなければならない時に幼い子どもを預かったり、お産に立ち会って、産後の世話をしたり、親の葬儀に駆け付けたり、引越しの手伝いに行ったり、「DVでまた出てきました」となれば福祉事務所について行ったりした。そんなふうにして、子どもたちには、親戚のおばさんやおばあさんがいっぱいいるという感じだった。

集まりがある時には、遠方の人もやってきて、誰かの家にお泊りする。枕を並べて、「まるで女学生に戻ったような気分」で60代の女性たちがひと晩中語り合ったという。そんななかで1人の女性が亡くなり、身寄りがなく、家主が残った荷物をどうするかと困り果てて、押し入れの中を探して会の名簿を見つけた。そこから連絡が入り、相談して、会のメンバーが使えるものとフリーマーケットに出せるものとを分け、片づけてくれた。生保をもらっていたが、市はそこまではしない。当時は一時保護所と自助会の連携ができていたので、退所後は自助グループに入って、そこでなら自立が助けられるというように活発に動いていた。

3. その後のこと

人も組織も制度も、年が経つとだんだん生気を失い、初心を忘れ、腐ってくる。4～5年経つと、人が代わり、雰囲気もすっかり変わってしまった。会議でもヒエラルキーができて、非常勤の相談員には発言権がない。たまたま配属された職員次第で支援が変わるのは困る。業務に携わる以上、少なくとも根拠法の趣旨や福祉の基本は理解して欲しい。「こうしたい」とか、「この人にとってはこれが必要」という思いがあったので、制度の枠を超えてやってきた部分もある。ベテランで一目置かれていると、周りは困ったことをしてくれる相談員だと思ったとしても何も言わないが、若い人だったり新米だったりするとそうはいかない。婦人相談員の仕事としてやろうと思うと、枠だらけで何もできなくなり、2014年に退職してからは個人的に活動している。

自助会はその後も続き、年に2回、20～30人集まっていた。会で集まった時には余興を披露して楽しむ。中国人のメンバーが餃子づくり、高齢者が蕎麦打ち、正月には鏡餅づくりなど経験豊富なものを中心に技を披露した。一時保護では言えなかった話を、退所して何年か経って、親しくなった会のメンバーに今なら話せると、夫からひどい性暴力を受けていたことを打ち明けた人もいた。しばらくは、一時保護所を退所した人を自助会につなげてくれる人がいたが、個人情報保護が言われるようになり、それも難しくなっていった。「いったい誰のための個人情報保護なのか、何のための法律で、何のための制度かということを、もう一回原点に戻って考えれば」と思うところがたくさんある。結局、自助会は十数年続いたが、一昨年解消した。今では年賀状のやり取りぐらいになって、距離が離れたが、自助会の仲間同士ではやり取りがある。

4. 振り返って

婦人相談員の仕事をしたことで、まったく知らない世界で生きている人たちに出会えた。理屈ではわかっていても体でわかっていない部分が、相談員になると体でわかる。婦人保護事業に関しては何も知らなかったので、時間の許す限り本も読んだし、勉強もした。「篤志家の奥様方」と言われる売春防止法ができた頃に活躍していた女性たちのパワーはすごかった。それこそ知らない世界である赤線地帯に飛び込んで行った。そういう人たちの足元にも及ばないと思っている。

子どもであれ、女性であれ、本人の主体を大事にするのは当たり前だと思ってきた。どういうところからこんな自分ができあがったのかと考えるが、戦後の民主主義教育は大きかったと思う。実家の父は「男は外、女は内」という人だったが、母には「あんたはやりたいことをすればいい」と言っていた。自分で考えて自分で実現するというような発想から、共同保育を作ろうとか、自助会や退所後の支援など、あったらいいなというものを作っていくのは自然なことだった。

ただ、組織を継続することの難しさを感じる。年寄りがいつまでもいてはいけない。若い人に譲っていき、育ってもらうことが大事だが、世代によって感覚が違うので、こちらの思いが伝わらなかったり、こちらの思い込みが強すぎたりすることもある。共同保育は面白かった。子どもたちがよその父親の背中におぶさって、親たちを「ちゃん」づけで呼び合って育った。ところが、そういう子どもたちに共に働く意識が育っているわけでもない。継承は本当に難しい。

第19章　生活と仕事は一体

伊藤瞳（2003年－現在）

1．相談員になるまで

両親は一緒に商売をしていた。父はよく働き、将棋を指す人で、県アマ名人にまでなった。母は良妻賢母で、みんなを後ろから支えることを信念にしていた。家の商売も母がいて成り立っていた。兄がいて、父が「男はてこ入れしてやらないと、社会に出て一人前にやっていけないだろうが、お前は結婚したら旦那さんがいるし、いいじゃないか」と言うと、母は、「いやいや、違います。きょうだいは対等です」と言ってくれた。「やりたいことはどんどんやって」という雰囲気のなかで育ったが、それでも自分の中に「男は仕事、女は家庭を守る」というのはあったと思う。

大学を卒業して、小学校教諭になった。「新採用されたら、もうベテランと一緒だからね」と言われ、教材研究も初めてだったが、運動会の全校ダンス指導や秋祭りの準備まで、1年目からフル回転で働いた。燃え尽きた感じで、これを一生の仕事にするのは難しいと思った。ちょうど結婚の話が出ていたので、寿退社の形でやめてしまった。担任した子ども達や、さっさと見切りをつけた自分に後ろめたさが残った。

子どもが3人生まれた。子どもたちに喘息があり、小学校に入るまで10回ずつくらい入退院を繰り返し、夫は単身赴任したりしていて、働くどころではなかった。そのうち、子どももだんだん丈夫になり、家も購入し、そろそろ社会に出たいと思うようになった。学校現場に戻るのは無理だと思い、ハローワークに行って、婦人相談員に応募した。40歳になるかならないかの頃だった。面接で、「あなたみたいな人は、まだまだこんな世界を知らない方がいいですよ」と断られ、「いったいどんな世界なんだろう」と思った。

コンサルタントの会社で2年半働いたが、漠然と女性の支援ができたらいいなと思い、資格をとろうと大学院を受験したが、英語がまったくダメだった。ところが、その後、面接をしてくれた大学院の先生から、「児童相談所に欠員が出て、人を探しているんだけど、あなたどうですか」と電話があった。自信はなかったが、飛び込んでみようと受けることにした。判定などを教えられ、緊張しながら知らない世界で1年頑張った。「ここで働くには、大学院に行って勉強するというのが前提ですよ」と言われたが、子どもたちにも次々お金がかかるようになり、自分が学校に行っている場合ではないと思った時に、市役所の女性相談員の募集があって採用された。

2. 相談員になって

偶然のタイミングで、数年前に面接を受けて不合格となった女性相談員の仕事に就くことができ、意欲が沸いた。市役所の福祉事務所の中に児童相談と女性相談の窓口があり、家庭相談員と婦人相談員が1人ずつ常駐していた。窓口には日々多種多様な相談が来て、相談員2名で対応した。今思えば、重篤な人たちがたくさんいたことがわかるが、初めの頃は、なすすべもなく目の前を忙しく通り過ぎて行く、そんな日々だった。DV防止法ができて間もない頃で、市役所の中でもDVという言葉がなかなか浸透しないことを憂慮して、女性相談所の所長が一緒に説明して回ってくれた。

その後しばらくして市役所内にＤＶ庁内連絡会が立ち上がり、しだいにＤＶの連携ができるようになっていった。

わからないまま手探りで

最初に来た人は、朝いちばん、市役所が開庁した時に、赤ちゃんを抱っこして入室された。「暴力を振るわれたから、家を出てきました。もう帰りません」とすでに家を出る意志が固まっていた。県に連絡し、一時保護されることになった。保護命令が発令され、母子支援施設に入所して自立を目指すこととなった。「本当に現実にこんなことがあるんだ」と、自分の仕事の責任の重大さを感じた。

一時保護所に入所するためには、女性相談所に電話して事情を伝え、入所を検討してもらうのだが、そこの先輩たちからは「この方が一時保護に来るとしたら、その後にどんな見通しを持っていますか」と逆に問われ、「入ったらいいというものではないよ」とよく言われたものだった。そうやって鍛えられ、これから先、どうしたらいいのか、何が必要なのかを考えるようになった。

本人の力

外国人の女性が日本人と結婚して、義父母と同居した。飲み屋で紹介されて結婚したら、家賃収入があると夫は働かず、風呂にも入らない。歯磨きさえしないので、「もう耐えられません」と言ってきたが、暴力があるわけではない。女性には連れ子の女の子がいて、夫がその子に暴言を吐き、支配的なところがあった。夫との間に生まれた子どもは3歳になっていたが、「この子を連れて行くことは許されないから、置いて行きます」と決意も堅く、離婚調停をしたが泥沼になり、弁護士をつけて離婚裁判となった。裁判官が古い考え方をする人で、弁護士も「あれは裁判官が悪いから、私たちが控訴する。弁護士費用もあなたには請求しません」と高等裁判所で争ってくれて、結局下の子を置いて離婚した。

母は、遠くからその子をフォローし続け、子どもが困った時、相談につなげてくれた。その子は、県外の短大を卒業して、父から「こっちに就職して帰って来い」と言われ、帰りたくないということだった。父が暮らす自宅の中の写真を撮って持ってきたが、本当にひどい状態だった。母は再婚したが、転勤族で、遠巻きにその子と交流を続け、置いていかれた辛さはあるものの、その子も母の愛情をもらいながらやってきたことを理解していた。何とか父を巻き込んで、うまくソフトランディングできたと報告に来てくれた。母がしっかりしていたし、本人の力だった。

裁判に立って

有名人だった夫が、定年後、隣県の山奥に引きこもり、妻は市内の家に暮らしていたが、「お前もこっちに来い」と交通手段もないようなところに連れて行かれた。そこには女性が一緒にいて、本宅に夫と女性が住み、離れに妻を住まわせて、夜な夜な呼び出し、グチグチ言って暴力を振るう。顔を殴られたため、これ以上いたら殺されると思い、朝方になって家を飛び出した。公衆電話があるところまで走ってタクシーを呼び、市役所まで来た。唇が腫れ上がっているのがすぐにわかった。

病院を受診し、警察に被害届を提出した。弁護士がつき、暴力と離婚の２本立てで進めていった。警察がパソコンを押収し、これは悪質だと刑事事件になった。

検察官から「逃げて来たところを見たのなら証言してください」と言われて、証言台に立った。相手にもやり手の弁護士がつき、「本当にあなた見たんですか?」「朝のそんな早い時間に、どんな様子でした?」など、いろいろと質問された。結局、執行猶予付で有罪になった。民事裁判では財産分与でもめたが、裁判離婚も成立した。ドラマで見た通りの裁判だった。この経験から、裁判所が少し身近な存在に思えるようになった。

デリヘル

通信制の高校に行っている女生徒が臨月で、まだ一度も受診せず、母子手帳ももらってないというので、高校の先生が心配して相談に来た。その後、本人がやってきた。彼女は施設で育っていて、結婚もしていないし、相手が誰かもわからない。面接の間に何度かてんかん発作の症状が見えた。保健師と一緒にアパートまで行くと、呼びこみをしているという中年の男性と猫１匹と一緒に暮らしていた。「ふっくらした女性」を指名されたら出て行き、１回７千円もらうが、そのお金は男性に搾取されていた。お腹も大きくて、お金もなく、妊婦服も買えないと、ジーンズの前を開けて着ていた。男性と共に性病に感染していることもわかった。女性は男性と別れるつもりはなく、男性も赤ちゃんが生まれてくるのを楽しみにしていると話した。出産後、しばらく手元で育てた後、赤ちゃんは施設に預けられた。女性が障がい年金をもらうようになると、男性が一括給付された４０

0万円をパチンコで使ってしまった。その後漏れ聞いた話では、この男性はまた別の女性から同じように金銭搾取していた。忘れがたいケースだった。

3. 振り返って

長く女性相談に関わってきた。1年で教職に見切りをつけた自分だが、こんなにも長くこの仕事に携わることができた。職務日誌を見てみると、市内外に住む千人あまりの女性と出会ったことになる。これまで会った女性は誰ひとりとして同じ人はいなくて、他の誰かに当てはめることもできない。それぞれ抱える課題は異なる。そして相談員が自分の尺度で人を測れるものでもない。「ケースワークはケースに当たることで鍛えられる」という先輩のことばを思い出す。相談員は常日頃から自分を振り返り、自分の考え方の癖を知り、常に気持ちをニュートラルにしておくことが大切だと考える。心配事を抱えていては、相談業務は行えない。日々研鑽である。

この仕事には人生の大事なエッセンスが詰まっている。業務上身につけるべき法律や知識は人生に役立つものばかりである。相談者に向き合っていつも考えることは、この方にとって今何が一番必要か、何を最優先に考えるべきか、ということである。自分自身これまで子育てや親の介護の時期を経て来たが、その時その時職場の上司や同僚の理解と協力が得られたことで、自分の大事な時大事なことに時間を使うことができた。生活と仕事は一体である。それが長い年月この仕事に携われた理由かもしれない。

来年度新たな法律が施行され、女性相談支援員という名称に変わり、ますます重要な仕事になっていく。一方で、相談員の待遇面には課題がある。ステップアップのために社会福祉士の資格を取ったが、もともと資格不問で採用されているからと考慮されない。公務員のワーキングプアが問題になっているが、まさに自分自身のことである。相談業務を志す人は皆ボランティア精神を持った人たちばかりである。だからといってその良心に頼るだけではなく、その人たちが将来への不安を持たず、安心して、自信を持ってこの仕事に打ち込めるよう環境を整えるべきだと思う。

第20章

そこから先の知恵を絞り出してどこまでもやる

石野裕子　（２００４年－現在）

1．相談員になるまで

石野は、1952年、地方都市で生まれた。戦時中、母は街中で働いていて空襲に遭い、城のお堀にたくさんの死体が浮いているのを見たという。小さい頃、母はよく娘たちに空襲の話を聞かせた。夜、2人の娘の手をひいていったいどこに逃げたらいいのか、死ぬかもしれないという夢を見ては目を覚ます。そんな話を聞いて育ったせいなのか、姉妹の根底にはいつも大きな不安があった。

父は中国の奥地にいて、1946年頃に帰ってきた。10歳ほど年下でお転婆娘がそのまま大きくなったような母がかわいくて仕方なくて、結婚し、3年ほどして年子の娘2人が生まれた。石野は妹の方である。父は土木関係の会社から2年ほど現場監督として単身赴任で米軍キャンプの工事に関わったこともある。子ども好きで、近所にある孤児の施設で子どもたちの遊び相手になったり、事情を抱えて困っている人たちがいると会社に迎え入れて雇ったりしていた。人との付き合いが好きで、「さあ、今日はみんなで飲むぞ」と言う日には、自分で育てた鶏を絞めてご馳走を作った。運動会のお弁当は、父自慢の俵おにぎりだったし、小学校の上靴入れのアップリケまでつけてくれた。「女の子だから」と父に言われたのは1回だけで、それは「女の子だからできないと言うな」だった。

学校も戦後の民主主義で、自分の意見をしっかり考えて言いなさいと習い、高校も看護学校も女子ばかりだったので、結婚するまで性別役割など感じたことがなかった。看護師の資格を取り、病院でしばらく働いたが、夫と出会い結婚した。結婚式の時、夫が「あなたを幸せにします」と言ったので、「ふざけるな。私は自分で幸せになる」と喧嘩した。夫は教員で転勤があり、公害問題のある土地に十数年暮らした。夫婦で一緒に学習会や海外スタディ・ツアーに参加した。子どもが生まれてからは子ども劇場にも関わった。ちょうど子どもの権利条約に批准する時で、人権ということを考えるようになった。その時代が今の自分を作ったと思う。

学校の役員も一手に引き受けていたが、暴力容認だったり、おかしいことも多かったので、きちんと根拠をもって話をしたいと考え、放送大学に入って教育学を勉強することにした。結婚する時、いざという時のための「家出資金」を持っていたが、40歳過ぎて、家を出るなら働けばいいと、そのお金を学費にし、車を買った。心理学も勉強したいと、結局6年勉強し、2年間のフェミニスト・カウンセリング講座にも通った。勉強を終えた54歳の時、女性相談員募集のチラシを見て応募した。2004年、ちょうどDV防止法の最初の改正の時だった。婦人相談員という名称を初めて聞いたのは、勤めてからだった。

2．相談員になって

DV防止法後、警察から出向してきた職員が、警察の制度や保護命令のことなどを丁寧に教えてくれ、弁護士の法律相談に入ったりしているうちに少しずつ学んでいった。最初から1人で、経験もないので、自分で勉強するしかないと思っていた。心理相談の研究会に参加したり、夜行バスで学会の養成講座に通ったりもした。

苛酷なDVケース

忘れられないのは、DVで顔面粉砕骨折、包帯が巻けないからとギプスでお面を作って包帯を巻いた人が相談に来た。相談員になって3年目くらいだったと思う。自分で証拠写真を撮っていた。血の海みたいになっているところを、小学生の子ども2人が一生懸命ふいていた。「夏休みに逃げましょう」と他県に逃げて行った。看護師だったので、行った先で仕事ができると迷いはなかった。その後のことはわからないが、後遺症などが残ったかもしれない。ずっと暴力を受け、歯がなくて肋骨を何度も折っていた人もいた。当時は、逃げても生活できていた時代で、看護師が多かったが、仕事を持っていると、子どもを連れて次のステップに行ける。当時は広域で逃がすことが多く、戻っては来なかった。

逃げられなかったのは40代の女性で、「暴力がありました」とニコニコしながら相談にやってきた。統合失調症だと本人も言うし、どこまで本当の話なのかわからなかったが、どんな話も本当だと思って聞くように言われていた。助言すると、ニコニコしながら「わかりました。そうします」と帰っていく。傷もなかったし、深刻さがわからないまま、5回ほど相談に来たが、そうこうするうちに殺されてしまった。警察から連絡が来て、被害者の記録を出してくださいと言われ、殴られて殺されたことを知った。何ができたのか、どう考えればいいのか、今も説明がつかないままである。

保護命令が出たおかしなケースもある。女性の家に男性が転がり込んできていた。内縁関係だが、暴力を受けた。被害届を出したいと言ったら、警察が保護命令を取ったらどうですかと実家に帰した。ところが、保護命令は、6ヶ月間、被害者の住居などに近づくことを禁じるものだが、「生活の本拠としている住居を除く」となっているため、男性が家に居座り、女性は自分の家に戻れない状態になった。いろいろと矛盾があり、小さな町だと、双方についた弁護士が先輩・後輩関係にあったりして、明確に権利擁護してもらえない場合もある。

面前DVのケース

２００４年の児童福祉法改正から面前ＤＶが指摘され、どんどん増えている。通告があって、動きが警察から始まると、児童相談所が入る。そうなると虐待ケースとして扱われ、家庭相談員止まりで、婦人相談員まで話が来ない。婦人相談員は被害者に聴き取りをするが、児童相談所では父母両方から聴き取りをし、「父親を何とか支援しなければならない」といった話になってくる。一時保護という話になって初めて婦人相談員に声がかかるが、被害者はまた同じ話をしなければならない。

中学生の男の子の面前ＤＶケースがあった。男の子は高学齢になると、女性の一時保護所には入れない。子どもは自分が母を守らなければと思っていて、母の傍から絶対に離れないと言うので、母子生活支援施設をシェルター代わりに使った。安全に避難できたが、関係者会議では、母の人権を踏みにじるような言葉が相次ぐので、いたたまれなかった。母は被害者なのに、子ども中心主義だとどうしても母が悪者のように言われてしまう。

多子家庭の面前ＤＶのケースもあったが、家庭相談員が「お父さんだけが悪いわけではない。お互いに何とか頑張りましょう」と言う。せっかく母が家を出ようとしても、「ＤＶ被害者は、どうせまた家に戻る」などと言い、戻ったら戻ったで、「ほら、やっぱり」と言われ、会議の会話はとても当事者に聞かせることができないような内容になってしまう。多くの所で似たような状況ではないかと思う。

ＤＶ被害者の権利擁護

ここ10年、被害者が逃げなくなった。相談件数も減ってきている。なぜ自分たちが仕事も失い、子どもも学校を変わらなければならないのかと、家を出ないで暴力の中で暮らしている。一時保護所は規則が厳しいし、携帯も取られるので、行きたくない。生活を変えられない。かつてと比べ、経済状態が苦しく、生活がさらに厳しくなっているのも事実であり、コロナ禍でますますその傾向は進んだ。地縁の深い所はとくにそうである。

暴力の中で暮らしている家族に関わることができるのは、子どもの家庭訪問から上がってくるケースである。要保護児童の適切な保護、支援等を行うため、子どもに関係する機関等により構成される機関を要保護児童対策地域協議会（要対協）と呼び、児童福祉法に定められている。２０１９年、野田市で起きた小４女児虐待死事件以降、厚労省は、婦人相談員を要対協に入れるようにという通達を出した。石野は主張して、要対協の事務局になった。そうすると必ず情報が入ってくる。

アウトリーチとして、保健師と一緒に積極的に学校を回っていると、子どもの問題の背後にDVがあることがわかる場合が多い。そうすると相談に繋げることができる。たとえ家を出ないとしても、相談員に話せたことから、身近な人に話すことができて、助けを得られて状況が改善するケースもある。

要対協の会議では事務局として進行管理表を作り、子どもの名前、緊急時の対応、どういう頻度で家庭に行くかを決め、担当を2人にして子どもと女性それぞれにつける。DV被害者に対して、あまりにひどい発言があれば、権利擁護もできる。婦人相談員である石野は母の支援をするが、家族の成員ひとりひとりが主役で、それぞれに支援者が必要である。さまざまな社会資源を引っ張ってきて総合的支援の体制を作るというのは、長く相談員をやってきた石野の到達点である。根底には、公害に対する地域の住民運動や子ども劇場で学んできた「ひとりひとりが主役」という考え方がある。

3. 振り返って

根底にある不安が大きいために、物事の難しいことにはきちんと向き合えるのに、怖いと思うところは見ないようにして生きてきた。婦人相談員の仕事をするようになって、まだ深められていないこと、理解の浅いところが自分でわかるようになった。すっかりなくなったわけではないが、少しずつ変化してきたと思う。信仰がある人はゆるぎない強さがあるが、石野はいつも今のベストを考えていて、先のことはわからないと思っている。間違ったことは許さない。それ以上はできないというところまでやったら、そこから先の知恵を絞り出してどこまでもやる。でも、もしかすると、どこかにそこまで深めないでおこうというブレーキがあることで自分を守っているのかもしれない。

第21章

相談は自分が生きることを助けてくれた

倉田由美（２００６年－現在）

1. 相談員になるまで

倉田は、1960年、伝統的な価値観を持つ家庭に生まれ、箱入り娘として育った。父親に可愛がられ「お父さん子」だったが、あるお正月、お膳のある部屋で食事し、歓談できるのは男だけであることに気づく。受験勉強を期待された兄とは違い、進路も父が決め、短大を卒業した後、花嫁修業をすることになっていた。同級生たちが就職するのを見て、軽い気持ちで就職試験を受け、企業の企画部門に就職した。挨拶に行った母に、上司は「大切なお嬢さんをお預かりします」と言った。男女機会均等法ができて、働く女性をターゲットにした企画を任され、仕事は順調で楽しかった。しかし、両親から「娘をいつまでも働かせていては世間体が悪い」と暗に退職を勧められ、25歳で結婚した。

長男が生まれたが、アトピーと喘息がひどく、子育ては大変だった。そんな時、「アトピーが治る」と言われ、高価な浄水器を買ったが、まったく効果がなかった。腹が立ち落ち込んでいる時に、「消費生活コンサルタント」の講座を勧めてくれた人がいた。母親には呆れられたが、子どもの保育園のお迎えを引き受けてくれた。そこで消費者の権利と責任について学び、受講生たちと語り合う中で、自分が騙されたのは追い詰められていたからだったと理解した。

金銭や考え方が夫と合わなくなり、1997年に離婚を決めた。実家近くに引っ越すことにしたが、まず何をしたらいいのかわからないので、電話帳で探して、実家のある県の母子センターに電話した。講座に通うなかで、全国に母子センターという相談場所があることを知っていた。「離婚後、そちらに帰るので」と言ったら、「帰ってきたら、必ず電話してね」と言ってくれたその暖かい声が忘れられなかった。転入手続きのために役所に行くと、よほど頼りなく見えたのか、窓口の係員が小声でいろいろ聞いてくれて、あちこちに繋げ、国民健康保険や児童扶養手当の手続きをしてくれた。その時は何が何だかわからなかったが、そんなふうにしてもらえたのは決して通常のことではないことを後で知った。

転居後、母子センターに電話して、声の主のソーシャルワーカーと会った。「これからどうするの」と聞かれたので、「働きます」と答えると、「あなたは怖いものが何もないのね」と微笑まれた。ハローワークに行き、子どもも小さかったので、昼間の仕事で夏休みには休める仕事を2年ほどした。福祉の仕事をしたいと思い、ワーカーの助言で、DV法施行のために募集された事務臨時職員として地方自治体に採用された。キャラバンでDV講座が開催され同行すると、年配の民生委員が「嫁の料理がまずかったら、叩かれても仕方ない」と平気で発言し、周囲もそれに賛同するような空気があって、ショックを受けた。

それから民間の福祉関係の事務職をやり、通信教育の編入で大学に入り、社会福祉士の取得を目指した。実習は、母子センターのソーシャルワーカーの所に行った。学業と両立可能な範囲で福祉事務所などのアルバイトを掛け持ちした。その福祉事務所には、多い時には200人ほどの女性たちがやってきた。ある女性は、子ども医療の保険証を持っていたが、国際結婚で母が筆頭者、保険証は父の名前になっていて、「名前が違っているので、いつも医院でもめるんです」と愚痴をこぼした。たしか名前のつけ替えができるはずだと、近くの職員に尋ねると首を横に振ったが、その向こうから「私がやります」と声をあげてくれた人がいた。ほんのちょっとしたことで不便を解消できることがある。

母子医療の保険証が切れているからとやってきた女性の顔を見ると、ひどい怪我で、「バイクで転んだ」と言うが、そんなはずはない。見ると、入り口のむこうから男性が覗いていた。小声で「相談するところありますよ」と連絡先を紙に書いたが、「いいんです」と受け取らず、要件だけで帰って行った。切なかった。県で債権回収の仕事もしたが、家庭訪問は多くを学ぶ機会だった。さまざまな女性たちの生活模様を見ながら、彼女たちの生まれ育ちがいかに苛酷かを知った。

2. 相談員になって

2006年、卒業前に婦人相談員の仕事が決まった。全部で8人いて、5~6年やっていたベテランが一人いた。電話と来所の相談と、一時保護所もあったので、受理面接やアセスメント（評価）が仕事だった。研修はなかったが、婦人相談員の仕事は週4日、生活のために刑務所のソーシャルワーカーを掛け持ちしていたので、そちらで充実した研修を受けた。また、ブロック研修の当番県になって、他府県の相談員と話す機会があり、皆、頑張っていることに勇気づけられた。

当時はおおらかな雰囲気で、昔入所した人が雑談をしにくるような場所でもあり、担当者が変わっても来ていた。今では70歳を越していると思うが、過去にお金のことで何度も収監された人が、就労支援がしんどいとか、子どもがいるのに会えないとか、白内障の手術をどうしたらいいかなど、毎月来てはあれこれしゃべって帰って行く。読み書きが難しい女性には、アパートの契約更新の度に契約書を書くのを手伝ったりもした。遠方からの電話もあり、誰かがやってくるというような幻聴の話とか、ママ友とうまくいかない話とか、何でもありの相談だった。

DVと妊娠

DVも多かった。最初のケースは、警察から繋がって一時保護し、話を聞くと、「部屋に鉄の棒が立てかけられてあって、気に入らないとそれで殴られるんです」とサラッと言われたのには衝撃を受けた。母子寮に行ってもらって、無事に離婚した。子どもがたくさんいて、お腹に6人目がいた。所長から「面談で中絶の話をしてきなさい」と言われ、「えっ、私ですか⁉」と驚いたが、「君の仕事です」と言われた。19週あたりだった。「なんで私の仕事?」と思いながら、どこかで「生むことを決めるのは女性自身」と書いてあるのを見た記憶があり、提案して彼女に決めてもらおうと思った。彼女はきっぱり「中絶しない」と言ったので、「そうですか」と受け入れた。でも、この出来事はあまりにショックで、「自分が一度は子どもを殺したのではないか」という観念に囚われてしまった。2年ぐらいして、彼女の後から小さな女の子がついて歩いてきたのを見て、「ああ、あの時の子どもだ」と胸がいっぱいになった。実際には「どうしますか?」と聞いただけだったが、今でも思い出す。「たいへんなところに立ち会う仕事なんだな」と悟った。彼女のきっぱりした姿勢を尊敬した。

さんざん大騒ぎして、保護所を出たり入ったりを7回も繰り返していた女性がいた。30代だったが、最後の時には妊娠していて、一時保護中の検診で子宮体癌が見つかった。入院して、一流の執刀医による手術で癌を取り除き、無事出産した。上司も退院の時には花束まで用意したのに、保護所から検診に行った病院でまかれて、また家に戻ってしまった。それでも、子どもができてから、彼女も変わったと思う。その後のことは個人情報なので追えないが、少なくとも同じところに落ち着いて生活していることはわかっている。

面前DV

面前DVで通告されて来る場合がある。警察から児相に行き、児相は夫の危険度を見て、両方の話を聞くこともあるが、危ないと考えると母の話しか聞かないので、夫は通告されたことを知らない。いったん家に帰すことがほとんどで、マークしておいて「また通告があったら、子どもを預かるよ」と言う。なるべく母の面接に同席するなど工夫はしているが、どうしても子ども中心の運びになる。逆に、婦人相談に来て、「子どももやられてます」と言うと、その場で通報しなければいけない。「ごめんね。立場上、通報しなければならないの」と断りを入れるものの、母の立場からは、「私、婦人相談に来たのに」と予期せぬことが起こっていく。子どもも呼ばれて、ワーカーやカウンセラーが関わって、子どもにとって良い結果が出ることもあるが、必ずしもそうなるとは限らない。

システムをつくりたい

相談業務のあり方は変化し、婦人相談所は2010年に家庭支援総合センターに統合された。現在の職場は一時保護所がないので、電話か来所相談のみで、受理面接や指導計画書もない。公的なところは若い人たちには使い勝手が悪く、民間シェルターはごく限られているので、母子生活支援施設に頼むことが多い。そんななかで、ケースをモニターする役割を果たせないかと試行錯誤している。本人の許可を取り、関係機関に公式に申し入れをして、定期的に母子の様子の聴き取りをする。婦人相談員も要保護対策地域協議会のメンバーであり、情報が命である。母子生活支援施設に入るとその後のことがわからず、措置権を持つ市町村の担当者が不慣れだったりするので、そこと持続的な関りを持つ。学校でも学期ごとに母子の様子を聴き、母からも聴き取りする。そうやって得られた情報を各機関で共有し、母子の変化を追えば、今後の支援計画にも反映できる。それぞれに連携の成功体験を持ってもらって、システム化していけたらと考えている。個人の仕事も大事だが、新法では市町村に女性相談所が設置され、これまであったところは中核機関としてケースのマネジメントの役割が求められるようになるだろう。

シングルなので婦人相談員だけでは食べていけず、ずっとダブルワークをしてきた。これは、自分は黒子になって、いかに現場に動いてもらえるかというスクールソーシャルワーカーとして身につけたやりかたの応用である。大学院に行ったことも大きかった。自分自身を顧みることを学び、それまでは不満ばかり言っていたが、「今、自分の仕事を吟味して、何ができるだろう」と考えられるようになった。大きな病気を経験し、自分がいなくなっても動くシステムを作りたいと思っている。最近、市町村向けに研修を行って、保護命令の解説と発令のポイント、逃げるに足る要件は何か、それをあてはめた場合のリスクなど、決断する道筋を伝えた。それぞれの地域で連携の形ができてDV対応ができるようになれば、被害者たちは助かる。

3. 振り返って

入職した時、交代で退職した先輩の婦人相談員が微笑んで、「あなたのためになるわよ」と言ってくれたが、その時は、何のことだか全くわからなかった。婦人相談の仕事は自分が生きることを助けてくれた。仕事を通じて、自分のこともどうしようかと考えられるようになった。勇気をもって相談してくれて、大変な中でも前に進もうとする女性たちにエネルギーをもらう。出会いは素晴らしい。たとえば、自分が離婚する時に暖かい声をかけてくれたソーシャルワーカーとの出会い。結局、彼女のもとで実習をさせてもらい、婦人相談員の仕事にも繋いでもらった。10年くらい前、道を歩いていて、なぜか突然、彼女と会いたくなり、母子センターまで会いに行った。「あら、倉田さん来てくれたの？ 私、今日が最後の日なの」と手を握ってくれた。出会いの中で、助けられ、助けるなかに自分がいる。

相談は減らないし、やりがいがある。その時、必要だと思うことに利用してもらえたらいいと思っている。後に続く人たちには、制度上の不便をセクションごとにやれることを見つけてやって欲しい。根本はすぐには変えられなくても、相談者が今、困っていること、不便なことを聞き、何があったら助かるかを考える。外国人で日本語がわからないというのなら、日本語寺子屋があったらとか、高卒認定試験のためのお金が出るのに勉強を教えてくれる人がいないというなら家庭教師とか、欲しいものを聞いて実現に向けた工夫をする。同時に、必要なことは上にあげていき、成果を見える形にすることで改善を促すことができる。

第22章

もっと早いうちに自由に生きることを考えていたら、もっとお役に立てたのに

柳井セキエ（2009年－2017年）

1. 相談員になるまで

柳井は、公務員の伝統的な家庭に生まれた。父は大酒呑みで、飲んでベロンベロンになる人で、思えばDVに近かったかもしれない。短大を卒業して、当時はコネで就職するのが普通だったが、それを拒否して、ファッション関係の販売員をやった。結婚はしないつもりだったが、見合いを勧められ、3回くらいしか会わずに結婚した。相手は同郷の人だったが、都会で働いていたので、地元を離れたいというのがあったし、どこかに自分を変えたいという思いがあったかもしれない。夫は、パートナーとしていろいろ話ができる人だった。見合いの話が先にあって、父が養子の話を勝手に進めていた。知らないままに話が進んでいて、結婚した当時は、相手に申し訳なく思っていた。結婚式の後、すぐに結婚届を出さない理由がよくわからなかったが、夫の氏が変わるので職場の異動を待っていたことを後になって理解した。

結婚はゴールで、人生の絶頂期と思っていたが、それはただのスタートだったことを知る。すぐに妊娠したが、夫は通勤に2時間かかり、ほとんどひとりきりで過ごす生活だった。全然慣れないところに行って、知った人もなく、「何のために生きているんだろう」と思いながら、クッションやカバーを作っては、「今日はこれを作ったぞ」と達成感を得るように努力していたことを覚えている。同じ公務員住宅に暮らしている人に誘われて、宗教の勉強会にも出入りするようになった。

10年ほどして、義兄と父が相談して、勝手に地元に帰されることになった。理由は夫の両親の介護だった。子どもたちは引越しで言葉も変わり、いじめられた。そうこうするうちに実母も認知症になり、父のことしかわからなくなった。一番の衝撃は、介護付きの病院に入って、2〜3日に1回面会に行くと、反応も乏しく、別れ際に辛くて泣いたら、その時だけ一瞬戻って、「泣くなよ、セキエ」と言った。小学生が転んで泣いているような過去に戻った感じで、泣きながら家に帰った。母が亡くなり、父と同居するようになって、最初の頃は何でも聞いていたが、最近になって、ずっとこういうパワーバランスだったなと思い、少し言い返すようになった。今はある程度距離を置いてつきあっているが、整理できたのは比較的最近になってからである。

7年間は介護とPTAを並行してやっていて大変だったが、社会との接点ができた。3年間、ハローワークの相談員として働いた。新しい求人を全部見て、来る人の顔を全部覚えられるのが特技であり、マッチングして再出発の手伝いができる喜びがあった。自分も退職して、2〜3回転職したが、相談員として座っていると気づかなかったが、そちら側に座るのがどれだけ嫌なことかを知った。社会復帰したのが45歳、末子が小学校5年生になった時だった。ハローワークの相談員の経験があったので、PTAで一緒だった人が声をかけてくれて、婦人相談員になった。

2．相談員になって

2009年、男女参画センターを作るにあたって、市役所の男女参画推進課でまずは相談を始めるということで、新しくできたポストだった。準備段階の不備もあって相談を受ける場所がなく、別な場所の会議室を借り、電話機と看板を持って行ったり来たりした。1人で電話対応して、話す人もおらず、課にいる時間は朝夕だけで、面接室から課に戻った時に、若い職員さんに「おかえりなさい」と言われて泣いてしまったことがあるくらい孤独だった。

時期的にいろいろなことが重なり最悪の時だった。市役所が設定した研修の日は、母の葬儀と重なった。職場では上司が次々に辞めることになり、「えっ、新しく設置するのに責任者がいないの？」と思ったが、「ここまで来てしまったのではしょうがない」と、喪中でも忘年会や研修に参加して、人と話す時間を作った。県の研修に出るとわからないことばかりで、手を挙げて質問し、月2回のＤＶ支援者養成講座にも通うようになった。

離婚相談を受けるので、市民課に離婚届を見に行って、書き方を調べたり、相談数はそれほど多くなかったので、通達などをネットで調べて読んだりした。「べき」がいろいろあっても、市町村によって違うということも全然知らず、聞く人もいなかったので、困ると研修で知り合った隣県の相談員にすがった。

最初の頃の思い出

最初の相談は、夫が自己愛の人で苦しいという訴えだったが、それがＤＶなのかどうかわからず、研修に来た講師に質問を持って行った。別室で全部答えてくれて、「質問をたくさん持っているということは、それだけ相談者のことを考えているということだから、頑張りなさい」と励まされた。そして、「精神的なものであってもＤＶだよ」と教えてもらった。

2年後にセンターは設置されたが、相談室は確保できず、6年ほどは相変わらず行ったり来たりしていた。上司が変わると風も変わるというが、やり方も変わった。その後、市役所の上にセンターができ、市報でも広報するようになってからは、予約の来所相談や電話から促されて来所という相談も増えていった。世間知らずだったが、その頃には相談所の上司も相談に乗ってくれるようになり、少しずつ対応できるようになっていった。

ママ友からの支配

ママ友による支配で有名になった事件があったが、それと似たようなケースがあった。30代後半のシングル女性で、子どもが1人いて、ママ友とその夫に支配されて売春をさせられていた。父親のわからない子どもを妊娠して、「貧困かなんかで相談に行け」と指示されて相談にきた。よくよく話を聞いていると、これは拉致ではないかということが見えてきて、警察に通報したが、結局どうにもならなかった。最初、上司にDVではないから保護できないと言われ、「売春防止法でできている婦人相談所なのに、売春の被害者を一時保護しないというのはおかしい」と言ってもなかなか伝わらず、他県の相談員に助言をもらいながら主張して、ようやく保護してもらった。DV防止法ができてDVでの保護ができるようになったら、今度はDV一辺倒になって、売春や居所なしのケースでは入れない雰囲気になった。その女性はその後、県外に行った。

悲しいＤＶ

悲しかったのが、交際相手から暴力を振るわれていると、継続して相談に来ていた女性のことだった。壮絶なＤＶ家庭で育っていて、母が暴力を振るわれるのを見て、自分も虐待されて育ったと言っていた。相談の終盤で、「叩かれないと愛情を感じられない」という言葉が出て、寒気がした。いったい何と返していいのかわからなかった。彼女は、結局、自宅に戻ってしまった。

もうひとつ、暴力があってもずっと耐えてきた人が、60代になって、「もう耐えられない」と相談に来た。ＤＶだとわかっているが、「結婚したら添い遂げなければいけない」という刷り込みのまま、ずっと我慢してきた。離婚するつもりはなかったが、相談に来るうちに別居を考えるようになった。妻の変化に勘づいた夫は、妻の気を惹くためにわざと万引きをして警察まで迎えに来させた。その時、彼女は、自分のためにではなく、将来そういうことで子どもに迷惑をかけるかもしれないと、別れる決断をした。将来、夫に介護が必要になった時に子どもに迷惑をかけないように、自分のお金で介護契約の登録までしてから離婚した。つましい暮らしをしてお金を貯めていたので、小さなマンションを買って、１人で暮らしている。年金をもらえる年齢になったので、「自立して、お日様を見て感謝しながら生活している」と言っている。

知的障がい

障がい者支援センターから相談を受けた。両方に知的障がいがあって、結婚はしていないが、カップルになっていて、互いに暴力がある。それぞれに気持ちが変わって、別れたり近づいたりを繰り返す。警察も両方に接近禁止をかけたが、やはり別れたり一緒になったりを繰り返すばかりで、支援員を2人の仲を引き裂く敵にしてラインで攻撃したりして困らせている。片方の居住地があるので、市役所ぐるみで支援してもどうにもならず困っている。

ある男性が、搾取目的で人を使って知的障がいのある女性に接近し、親切にして恋人になり、障害年金を受け取れるように画策していた。なぜか昔の成績証明を取って、障害年金を受ける手続きをするので、家族が何かおかしいと相談に来た。いろいろ調べると、この男性は何度も離婚再婚を繰り返し、巷では有名なＤＶ加害者だった。いつも３人グループで動いていた。グループホームを利用して冷却期間を置かせたりして、何とか離れられたが、優しくされると好きになってしまうところに付け込んでくる。

3．その後のこと

退職後、性暴力の相談員を3年間やった。婦人相談員の仕事も、最終的には本人の意志なので、背中を押すか支えるぐらいしかできないが、性暴力の相談では、聞くことに徹するというのが、さらに強くなったかもしれない。ネットワークもあり、必要があれば相談できる体制にあるが、被害直後の相談はそれほど多くはなく、顔見知り、親兄弟、友人、上司など知っている人からの被害が多かった。

今は、引きこもりの相談や子育て支援のボランティアをしている。公的に設置されたＤＶ被害者のお茶会もやっていて、会長を引き受けている。他県の相談員仲間とは今もつながっているので、頼まれて個人的に電話で相談に乗ることもある。実生活で困っている人の話を聞いたり、必要に応じて情報提供したりもする。相談員には期限や定年があるが、ＤＶの人の悩みはずっと続く。わずかでも何かのお役に立てたらと思っている。

4．振り返って

初めの頃は、相談を家まで引きずって暗い顔で帰って、子どもたちから「仕事を持ち帰らないで」「そんなふうなら仕事をやめたら」などと言われた。最初はどっぷり二次受傷して、下ろす作業ができなかった。夫は優しい人で、何をしても反対はしない。一度、健康診断で引っかかって、結果がわかるまで悩んでいた時、「もし悪かったら、俺、退職しようと思ってたよ」と言ってくれたことがあった。義父は厳格だったが、義母はとても優しくて、実の母は転んだら「何してるの！」という人だったが、義母は「大丈夫か」と言ってくれるタイプで、母が認知症になった時も義母を頼りにした。

娘たちは、子どもの頃に介護や認知症を見ていたからか、医療方面に進んだ。長女は小児科にいるので、虐待やＤＶのことなどいろいろと話せるようになった。もっと早いうちに、生きること、自由に生きることを考えていたら、もっと早く相談の仕事のことを知って勉強したり資格を取ったりしていたら、もっとお役に立てたのになあと思う。資格だけではないが、これからの人たちには、心理学や社会福祉とかの知識、長く相談に携われるような武器を持って欲しいと思う。

第23章

本当に人間が好きな人にやって欲しい

野中昌代（2009年－現在）

1. 相談員になるまで

野中の父は貧しい農家の出身で、苦労していて温厚、母の実家は逆に北国の豪商で、丁稚が何人もいる商家だった。2人は満州で知り合い、満州鉄道で働いていた。戦後も中国の鉄道つくりのために残り、帰国したのはずいぶん遅かった。帰国してから一家は苦労したと聞いている。野中は中国で生まれ、高校時代、伯母の勧めで中国に留学した。当時は世界中から留学生などが来ていて、国際的な雰囲気のなかで暮らした。文化大革命の終焉が見えず帰国し、しばらく働いて結婚した。夫は男尊女卑の家庭で育った人だとわかり、子育て中は意見が衝突することが多かった。2人の人生観や価値観に大きな隔たりがあった。

翻訳や通訳などの仕事をしていたが、出産後も中国語だけは続け、講師やボランティアをしていた。子どもが大きくなると、民間の会社に勤務して、産業カウンセラーの資格を取り、勉強しながら電話相談のボランティアを5年間やった。そこでは男性の性的な話であっても電話を切ってはいけない決まりがあり、若い相談員が被害を受けたりしていた。大学教授のスーパーバイザーが「男の性的欲求は理解してやらなければいけない」などと言うので、あり得ないと思った。ちょうどその頃、DV支援のNPOを立ち上げる話があり、「女性の支援がしたい」と考え、2002年、仕事は続けながらNPOのメンバーとして活動を始めた。2009年、婦人相談員の募集があり、前任者もNPOの人だったので情報を得て応募した。子どもも成人して収入が減っても大丈夫という状態になったので、最後はやりたい仕事をしようという思いがあった。

2. 相談員になって

職場は県の相談機関で、婦人相談員が2人と班長が1人、婦人相談は初めての人ばかりだったので驚いた。相談件数は多かった。野中は、どちらかというと電話相談が苦手なので、すぐに「会いましょう」と誘い、半分近くが来所相談だった。その方が信頼関係を作りやすいが、来所相談の記録は膨大になった。

最初の頃の印象深いケース

最初の年に出会ったのは聾唖の女性で、10代後半の若い子だった。障がい者枠で家庭支援に入った支援者から、「何かすごく困っているみたいだから」と繋がってきた。他のきょうだいも重度の障がい者で施設に入ったきりで、両親は逃げ出していなかった。恋人ができて、その人とやっていこうとしていたところ、同棲後、相手が交通事故で死んでしまった。彼の家族が借金まみれであることがわかり、彼女がスナック勤めをして、全部返済したという。ふっくらした色白のかわいい子だった。

次に出会った男性は経済的に困窮状態にあり、妊娠したために、2人で男性の実家へ帰る際、JR運賃を払えず、駅で迎えに来る男性の母親が必ず支払うという約束で、なんとか男性の実家に戻ることができた。子どもが生まれると、夫は生まれた子どもの体をゴシゴシこすって泣かせるなどの相談があり、複数機関の支援を経て一時保護し、生活保護に繋いで母子で自立した。

1年ほどして、同じ聾唖の理容師と知り合い、「他県に引っ越します」と2人で挨拶に来てくれた。10代で、人生の不幸を全部経験しているような子がいるんだと驚いた。筆談で対応し、とにかくノートに書いて書いてで苦労したが、心根の優しい子で、苦労の影も感じさせない女性だった。今も彼女の笑顔が浮かぶくらい、忘れられない出会いだった。心から幸せな人生を送ってほしいと願った。

婦人相談とNPOを繋げる

公的機関に対する信用度は高いようで、婦人相談員だったからこそ出会えた人々がたくさんいる。電話相談と来所相談ぐらいしかできないが、大方はそれで解決する。必要な場合はNPOと連携して、同行支援や生活支援をする。役所では土日対応ができないので、NPOの仕事としてやることもある。

ある時、経済力のある夫と結婚している姉が暴力を受け、首を損傷して入院していると弟から相談があった。あちこち相談したが、どこもわかってくれなかったという相談だった。本人の意思がわからないので、病院まで面接に行こうとしたが、かなり遠方で、たまたまNPOのスタッフがそこにいることがわかったので、上司の許可を取り、代わりに行ってもらって電話で話した。本人は、「DVは苦になっていないし、娘たちが夫のおかげでそれなりの人と出会って結婚できたからそれでいい」と言う。

娘たちとも会ったが、父親が選んだ人たちは、父親とはまったく違う温厚な人達で、うまくいっていた。末娘の結婚式に夫婦として出たいというので、入院先のソーシャルワーカーと話し合い、まだリハビリが必要ということにして、市内の病院に転院し、結婚式に出席してから、その足で一時保護した。途中で夫に愛人がいたことが発覚し、その頃には、「娘の結婚式もできたので離婚もあり」という気持ちになっており、裁判を経て離婚した。裁判の時、彼女に頼まれて、「夫には感謝しているが、裁判中もずっと愛人をかばい続けたことだけは許せない」という彼女の気持ちを代弁した手紙を書いた。ずっと「俺は1億持っているから老後は安泰だ」と妻に言っていたので、財産分与、年金分割もできた。

歯がゆいくらいに従順で、「子どものためにここまでしてくれた父親ということで、もうDVは許せます」と言い、子どもたちも両親をそれぞれに支えた。姉のために駆けずり回った弟は、NPOに寄付をしてくれた。子ども達のためならDVでも我慢できたという女性は相談者のなかにも多く、子どもに暴力被害が及んだ時に初めて、離婚を決心する女性が大半だった。離婚後の女性たちは、こんなにも精神的に楽なり自由を得ることができたと結婚の呪縛から解き放されたことを心から喜んでいる。

離島の難しさ

県内には離島が多いが、島には婦人相談員がおらず、保健所の職員が兼務する。一時保護となると船も飛行機も乗客や乗組員がみんな顔見知りなので、どの交通手段を使ってもわかってしまう。施設で育ち、努力して立派に生きてきた女性が、夫と一緒に島に帰った。DVでもう殺されるかもしれないという段階になって警察に行き、一時保護の要請が来た。警察官は、「島の誰ひとり信用したらだめだよ。何も言うな」と注意し、警備艇で本島まで送ってきた。彼女は今、島から離れ、元気に働いている。

離島では暴力があっても、なかなか逃げるまでいかない。以前マスコミで騒がれたストーカー殺人事件があり、以来警察が頑張っているが、心の準備のない人にまで「危ないから、出ろ出ろ」と説得する。しぶしぶ出しても、またすぐ帰ってしまう人もいる。「せっかく出したのに、あんたたちは何しているんだ」と婦人相談所が責められるが、「子どもではないので、本人の意志が尊重されるんです」と言うしかない。

「戻りたい」と言っていた人をＮＰＯで支援して、「帰らない」と言うまで2ヶ月かかった人がいた。彼女は島の出身で、本当は帰りたいのに、都会から来た夫が島でゆったり暮らしリモートで働いている。島が気に入って、出る気がない。逃げ隠れしなければならないのは、いつも妻子の方である。仕事も人間関係も被害者が捨てなければならない現実を何とかできないかと痛切に思う。

性暴力被害のグループを立ち上げる

カウンセリング講座やスーパーバイズを受けるなど勉強を続け、ＮＰＯでも活動し、婦人相談員になって2年目くらいからは支援で困ることはなくなり、多少の自信もついた。ＤＶの場合は、逃げる決心がついている人は逃がすし、半分以上は決心がつかないまま来る人なので、その場合は、夫の生い立ちを聴き、一緒に勉強しながら、「やっぱり変わるのは難しいかもね。どう思う?」ななど問いかけながら、本人が決心するのを持つ。案外みんな何とかなるものだと思った。最近では性暴力の相談もある。多くは性犯罪被害者センターに相談に行くが、数年前から婦人相談所にも相談がくるようになった。

最初の相談は、運転手もグルだったと思うが、ホテルに連れ込まれ、性暴力を受けた挙句に、男たちは3千円をポイと置いて帰ったという性暴力被害である。警察に訴えるまでに1年以上かかった。会社名も特定できたのに、起訴できなかった。親身にしてくれたという性犯罪被害者センターの支援者がたまたま知り合いだったので、3人で会うことにした。本人は頑張っているが、生活上の困難を抱え、性暴力被害者を支援する場が必要だということになり、毎月1回集まって勉強会を始めることにした。

始めてから1年後、アルコール依存の夫についての相談のなかで、若い頃のレイプ事件を語った被害者がいた。妊娠してしまったが、優秀な精神科の女性の医者に出会って、ずっとケアを受けていた。それから十年経っていたが、まだ調子が悪く、さまざまな支援を受け、知識もあった。それで、「一緒に勉強しよう」とグループに誘った。この被害者2人が出会い、助け合うのを見て、「この会を立ち上げた甲斐があった」と思った。性犯罪被害者が受ける心の傷をまざまざと目にすることになった。

3. 振り返って

人生最後の仕事として相談員になり、それまで見えなかった世界を見ることになった。相談員になってからの数年間、「こんな男ばっかりだったら、日本も壊滅する」と心底思っていた。加害者の生い立ちを聞き、児相と繋がったケースを見ていると、子ども時代の養育環境がどれほど人生に影響を与えているかということがわかる。国には、最低でも義務教育期間は、子ども達の養育環境の充実を目指して欲しい。給食を競争入札などにせず、予算をかけて食の安全と子ども達の健康を守って欲しいと願う。自分の家は貧しかったし、母は厳しく反発もしたが、こうやって生きてこれたのは、親が誠実に生きてきた姿を見ていたからだと今になって思う。

共有できるのは支援者仲間である。いろんな相談員がいるが、本当に人間が好きな人にやって欲しい仕事だと思う。

第24章

それぞれの人生あっての人、自分にしかできないことがある

木村彰子（2011年-現在）

1. 相談員になるまで

木村は3人姉妹の長女で、両親と祖父母が同居する家で育った。祖父は明治生まれの男尊女卑の人で、小さい頃から「寝ている男の枕元を通るな。下を回って行け」と言われた。祖父が家長で、風呂の順番も決まっていた。テレビの主導権も祖父にあったので、チャンネルを変えるにも許可が必要で、ダメと言われたら観られない。学校で友達と話が合わず、聞いてみると、みんな自由にテレビを観られて、家は他と違うんだと知った。子ども時代は、言いたいことも言えない優等生タイプだった。先生から言われることはそのまま受けて、クラス委員をやり、生徒会の役員に立候補して、裏方で補佐する役をやっていた。

夫とは、共通の友人がいて、一緒に食事したりするうちにおつきあいするようになって結婚した。子どもが生まれる前までは良かったが、子どもが生まれてからは、子どものことを優先すると機嫌が悪くなった。3年ほどして夫の実家の自営業を継ぐために帰ることになった。義父は実直で寡黙な人だった。木村や孫には優しかったが、夫と仕事に関しては厳しかった。夫にとってはそれが苦しかったのだろう。その重圧の反動が木村に向くようになった。暴言や暴力もあり、時々顔が腫れていたので義母は気づいていたと思うが、何も言わなかった。

知らない土地で友達もいなかったが、子どもが幼稚園に入るようになるとママ友ができ、夫の同級生が声をかけてくれ、その人にはいろいろ話せるようになった。友達が、「もういいんじゃない。ここまで頑張って我慢してきた。もう別れた方がいい」と言ってくれた。「あ、別れてもいいのかな」と初めて思い、一番下の子が高校を出たら家を出ようと考えるようになった。経済的なこともあるし、子どもたちも帰省してくるので、思い切れないでいたが、自分自身が苦しみのあまり自傷しそうになったことにショックを受けて決意した。これ以上一緒にいたら、双方にとって良くないと思った。

夫には「ちょっと離れてみたい」と伝え、最初は子どものところに身を寄せ、それから故郷に帰った。仕事を探さなければとハローワークに行き、婦人相談員の募集を見かけ、「こういう仕事もあるんだ」と応募した。何も知らなかったが、相談業務、DVや女性の悩みを受けるところという案内で、自分自身がそういう立場だったし、やってみようかなと軽い気持ちだった。

2. 相談員になって

すぐに面接があった。自分のことを話すかどうか迷ったが、まだ離婚もしておらず、なぜ単身でここにいるのか説明しておく方がいいかもしれないと思い、「なぜこの仕事をしたいのか」と聞かれた時に事情を話した。面接員の1人だったベテランの相談員が、「そういう経験をされてきたからこそわかる部分があると思いますよ」と言ってくれた。

2011年の1月から働き始めた。最初の1ヶ月間は、婦人保護事業の説明を受け、他の相談員の仕事を見たり、記録を読んだりしていた。相談員は自分を入れて4人だった。相談記録を読んでいると、自分と同じような悩みというか、まだ悩みにも至ってないような、「自分のこの状況は何だろう」という人が多いように感じた。DVという言葉は知っていたが、木村自身はどこにも相談したことがなく、相談所に来てから「当てはまる、当てはまる」という感じだった。「この仕事をしていて辛くないですか」と聞かれたことがあるが、「いや、もしかしたら、この仕事をしながら自分を保っているのかもしれない」と思った。他の人の相談を聞きながら、「家を出てきたのは間違いではなかった」という言葉が自分に返ってくる。自分のことだとなかなか理解できないが、人の話だと距離を持って見られる。そんなふうにして1ヶ月を過ごした。

家庭不和、義父母やご近所の愚痴など困り事一般的な相談も多かったし、精神障がいの人も多かった。ただ話をしたい、相談は何なのかわからないような人たちもいた。婦人保護事業、売春防止法とわからないことだらけで、やっていけるのかと不安を抱えてのスタートだった。

最初の頃の印象深いケース

とても色白できれいな人が、警察を介して一時保護に来た。スカートの裾を上げると、BB弾を至近距離から撃たれて紫色に腫れあがっていた。夫は地元では有名な店をやっていて、仕事も手伝わなければならない。6ヶ月の赤ちゃんがいて、夜に仕事をするので、ゆっくりできるのは、赤ちゃんをお風呂に入れている30分だけだと言う。言葉を覚えたての3歳の子どもが、ままごと遊びで人形を並べて、「お前はクズだ、生きている価値がない」と言ったのを聞いて、家を出る決意をした。「頑張ったね」と言ったのが最初の一時保護の人だった。

もうひとりも、警察から相談があって一時保護した。「暴力よりももっと嫌なことがあった」と言う。夫がスマホを使って客を取り、売春させていた。昼間はパートで働き、お弁当を作っていたが、月4~5万円しかもらえない。夫は、子どもたちに、「ママはお弁当のお仕事より、夜のアルバイトの方が稼げるんだから、アルバイトだけすればいいのにね」と言っていた。子どもたちはもちろんその中身を知らないが、「アルバイト辞めたいな」と言ったら、「ゲームとか欲しいから、ママ頑張って」と言われた。涙ながらに話す彼女の気持ちに、ただただ背中をさすり、「辛かったね、頑張ったね」と声を掛けるのが精一杯で、自分の相談員としての度量のなさを痛感した。

子どもたちは、小学生と幼稚園だったが、母子寮に入ると問題行動を起こすようになった。上の子は思うように物を買ってもらえない不満もあり、「パパは物を買ってくれるいい人だったのに、ママが出てきたのがいけない」と言う。子どもたちは、母が叩かれたことで警察が入り、ここに連れてこられたことを知っていた。子どもがゲームばかりして言うことを聞かないので、母がゲームを取り上げて思わず叩いてしまった時、子どもが110番して、「お母さんに叩かれました」と母子寮の名前を言い、警察から電話があった。母は子どもを背負いきれず帰っていった。しばらくは相談があったが、それもなくなった。

家族への思いを抱えながら

同居男性からの暴力で保護され、婦人保護施設に入寮した女性がいた。障害手帳の取得を進めていたが、無断外泊が続き帰ってこなくなった。それまでも同じことを繰り返していたらしい。彼女は、養護施設で育ち結婚したが、自分の浮気が原因で、2人の子どもを残し、離婚した。それから仕事をするが長続きせず、風俗で生計を立てるようになった。風俗では馴染みの客もつき、人気があったと自慢げに話をしていた。知的障がいもあり、男性に騙され、お金を取られたり、利用され暴力を振るわれたりしながら転々としていた。年齢的なこともあり、風俗業から離れ、生保を受給し、ひとり暮らしを始めたが、男性との問題が絶えなかった。そして困った時に電話してきては、泣きじゃくりながら、子どもがだだをこねるように愚痴や不満を言い、先輩相談員が受けとめていた。

来所相談する度に、彼女は家族の欄に別れた夫や子どもの名前を書いていた。それを見る度に切ない気持ちになった。養護施設で育った彼女にとって、家族は特別のものだったのだろう。何度も保護し自立へと繋いでも、本当に彼女が戻りたかったのは、別れた家族の元だったのかもしれない。

モラハラ

30代女性からの電話相談で、夫の浮気が原因で鬱状態になった。仕事もできず、子どもはまだ小さくて、この状態だと親権も取れない。父が亡くなり、兄夫婦が母の介護をしているという状態で、実家にも帰れない。夫は銀行員で、信用が落ちるから離婚は絶対しないという。「生活できるくらいの金はやる」と言うが、すべて管理され、彼女が自由にできるお金はない。服も一緒に行って夫が選び、買い物も夫が一緒に行ってまとめ買いをする。身体的暴力がなく、遺棄されているわけでもないので、警察もなかなか介入せず、「母子寮もあるから、一回相談に行ってみては」と勧めてみたが、一歩を踏み出せない。「自分は何のためにここにいるのか、ただ息をしているだけ……」と泣いていた。

「また電話して下さいね」と声を掛け、電話を切っていたが、そのうち電話が来なくなり、心配していたところ、別の市役所の相談員から電話があった。彼女はその後、兄のところに行ったらしく、兄が「親権を取れるだろうか」と相談してきた。彼女は入院し、兄夫婦がしばらく子どもを預かっていた。どうしようかと悩んでいたところ、夫に女性ができたらしく、今度は向こうから離婚を言い出した。「相手が妊娠したのかもしれない」とも考えられたが、兄が弁護士をつけ、「子どもを渡してくれるなら養育費以外は一切いらない」ということで離婚した。彼女は、空き家になっていた実家に行き、兄たちに助けられながら、今は仕事をしている。病気もすっかり治ったわけではないが、頑張っていると聞いた。他の所で婦人相談員が支援してくれたことにとても感謝した。

精神障がい

今は精神疾患を持つ人の相談も多い。ある女性は妄想がひどく、夫がイライラして手が出てしまう。「私が病気で足が痛くて苦しんでいるのに、お義母さんが私の真似をして、本当は歩けるのに歩けないと嘘をつく」「近所の人が私を装って車の運転をする。私は運転ができないほどの病気なのに、私が元気に見えるように画策する」と言ったら、「いい加減なことを言うな」と夫に頭を叩かれたという。暴力がエスカレートする心配もあるため保健師や医療に繋ぎ、ようやく病院にかかるようになって薬をもらったと言うが、「姑や近所の人が自分にそんなことをすると言っても信用してもらえないから、そのことは言わないんです」と一切その話はせず、眠れないとだけ言っているらしい。

心理の先生に相談すると、「たぶん、その方は普段は普通に生活していて、言える場所としてここを選んでいるから、聞くしかないかもしれないですね」と言われた。最初は長かったが、「あなたの話を聞かせてね。1日30分くらいね」と言って聞いているうちに、だんだん回数が少なくなって、今は3日に1回程度になった。他にも、隣の人がライトで照らすとか、自分の体臭が原因で家族や周りから嫌がらせを受けているとか、死にたいと訴える人など多様な相談がある。こんなにも病気を抱えている人、病気とわからず苦しんでいる人、不安を抱え生きづらさを感じている人がいるのだと痛感する。

DVが浸透して

DV防止法ができた初めの頃はそれがDVなのかどうかわからず相談に来る人が多く、「私が悪いから叩かれるんだと思うんですけど」という前置きが多かった。最近は、「これってDVなんですかね」という人が増えてきた。「叩くだけでなく、経済的DVもあると聞いたんですけど」など、とくに若い人たちは動くために確認に来る。相談機関も増えたので、あちこち電話して情報収集し、最後にもう一度ここで確認する。「やっぱりこれってDVだったんだ」と弁護士に相談し、市役所に行ってと、こちらが大丈夫かなと心配するくらいどんどん動いていく。

その一方で、「DVかどうか判断して下さい」という電話もある。「身体的暴力はないんです。精神的ＤＶというのはどういうものなんですか」と言うので説明すると、スマホにきた詐欺まがいのメッセージに返信したら、夫に「お前は考えなしで、バカか」と言われた。「これは精神的ＤＶですよね」と確認してくる。よく聞いていくと、夫が親の面倒を見るために実家に戻って別居しているが、「女性センターでＤＶと言われたから別居を続けたい」と夫に納得させたいと言うのだ。彼女は経済的理由から離婚は望まず、夫の収入は自分が管理して別居している今の状況がベストだと言い、事あるごとにこれはＤＶかと尋ねてくる。彼女の特性もあるが、話せば話すほどエネルギーを吸い取られていく感じで苦慮している。

他人からの金銭搾取

地元の教会が繋いできたケースでは、同居している赤の他人から金銭搾取されていた女性がいた。教会の炊き出しに来ていて、60歳くらいだが、ガリガリに痩せているし、裸足だし、おかしいということで教会から市役所を経て、繋がってきた。一時保護してわかったことは、母親がいたが、過去に高齢者虐待で保護され、他所にいた。彼女が、何かのきっかけで知り合った人を頼って一緒に暮らすようになり、母親を呼び寄せたが、家を売ったお金や母親の年金まですべて取られてしまった。母の方に社協が入っていたので、問題が発覚し、母親を遠くの高齢者施設に逃がし、居場所がわからないように住基ロックをかけていた。残った娘はその後もそこで生活していた。結局、一時保護の後、精神科の病院に入院して、グループホームへ行った。

3. 振り返って

もしかすると、他の仕事をしていたら、自分がＤＶを受けて家を出てきたことを受けとめきれず、「自分の我慢が足りなかった」と思いながら生活していたかもしれない。いろんな人の相談を聞きながら、自分が家を出てきたのは間違っていなかったと確認していた。夫とは別居して10年あまり、用事があると連絡を取り合い、距離を持って接してきたが、ＤＶのことには触れてこなかった。ようやく最近になって、あの頃の気持ちを互いに話すことができた。ほんの少しだけ前に進めたような気がした。

振り返ってみると、ＤＶの相談に乗る時、一番近いところにいる分、少し厳しい眼になることがあったのかもしれない。とくに「働けないから生保もらって」と安易に言う人に、「働いてでもこの人と別れるんだという強い気持ちがないと、離れるのはなかなか難しいのではないか」と言うこともあったし、別れた後、子どもとの関係が悪くなる人達もいるので、「よほど覚悟して出ないといけない」と思っていた。頑張って欲しいという気持ちと裏腹だが、自分自身の葛藤を反映していたのかもしれない。

相談が立て続けになってくると、先輩が「あなた、もういいから、記録書きなさい」と言ってくれた。相談の軽微を横で聞いていて、ちょっとクールダウンが必要だと考えてくれていたのだと思う。頭痛があったりすると、「あなた、体に出てきているんだよ。注意しないといけないよ」と声掛けしてくれた。そのお陰で今の自分がある。知識は勉強することで補えるが、相談業務の中で培う経験は補えない。自分は先輩から多くを学んだ。その先輩は言葉にして言う訳ではなかったが、今思えば、「あれはこういうことだったんだな」とわかることがある。全国研修やブロック研修などを通じて知り合った先輩相談員たちにも支えてもらった。

自分のことはわかっているようで、わかっていない。周りの人たちと一緒にやっていくことで自分のことがわかるようになる。自立とは周りを見ることなのだと今更ながらに思う。初めの頃は先輩たちに近づこうと思って頑張っていたが、それは無理な話で、「先輩は先輩、それぞれ自分の人生を歩み、経験を積んできたからその人なのだ。自分も自分で自分にしかできないことがあるだろう、自分なりに頑張ろう」と思えるようになった。

4. その後

婦人相談員は、皆、熱意を持って仕事をしている。熱意を持ってやっていくには職員の理解が必要だが、職員は異動があって、いつも理解が得られるとは限らない。また、婦人相談員は会計任用職員のため更新できないときもある。辞めていく人たちを見ながら、長年やってきた人たちの経験が活かされないのは、相談に来る人達の手を振りほどいていることになるのではないかと思うことがある。

たくさんの相談者の話を聞かせてもらってきたが、ひとつとして納得できた相談はない。10年を越えた木村は毎年契約更新しなければならないが、「もしかしたら、この相談、私でない方が良かったのではないかな」「私は相談員に適しているのか」などと考えてしまい、いつも更新の履歴書を出すのが遅くなった。だが、「こうでなければ……」と思うのは、ほとんどが自分の勝手な思い込みで、自分自身の精神的な自由度を奪い、結果的に周りにも余計な気を使わせてしまっている。今は、周りに助けられ、仕事ができることに感謝し、「相談員をさせて頂けますか」とお願いできる。「至らないですけど、またよろしくお願いします」と、今年はすぐに履歴書を出した。還暦を過ぎる今頃になって、ようやくそんなふうに言える自分になった。

第3部

婦人相談員から女性相談支援員へ

第1章

婦人相談員の時代

1．知られてこなかった婦人保護事業

第1部では婦人保護事業の歴史を、第2部では1980年代以降に婦人相談員として働き、相談員歴8年から36年のベテランまで24人の女性の物語を紹介した。売春防止法が成立して以降の社会の変化が感じられたことと思う。

変化に関わらず一貫して言えることは、婦人相談員という仕事についてあまり知られてこなかったことである。婦人相談員は売春防止法で規定された婦人保護事業の担い手だったが、婦人保護事業自体は、「それは何?」と言われるような社会全体から見れば小さな零細事業のようなものだった。数年前、研究者が婦人相談員にアンケート調査をするために全国の都道府県の婦人保護事業の担当課に協力依頼をしたところ、婦人相談員を知らない担当課があったというのである。

今回話を聞いた人のなかで、その仕事を知ったうえで婦人相談員になった人はごく限られており、ほとんどは関係者から勧められて婦人相談員になっていた。仕事の内容がわからないので自分にできるかどうか不安に思って尋ねると、「あまり忙しくない職場だから」「簡単な仕事だから」「電話番だよ」などと軽くあしらわれている。それだけ女性の問題が軽んじられてきたということかもしれない。

また、売春防止法にしてもDV防止法にしても、相談に来ていることは秘密にし、相談所の所在地も公にしないなど知られてはいけない存在になっており、相談者も相談員も大っぴらに声を上げられない状況が作られている。婦人相談員自身も、相談に乗っていることを知った加害者の側から

「家まで行くぞ」と脅されたり、裁判所で待ち伏せされたり、役所のロビーに呼び出されることもあり、連携している警察の生活安全課の警察官から、「婦人相談員さん、名前は通称名にした方がいいんじゃないですか?」などと言われることもあった。役所の職員は皆名札を下げているが、婦人相談員はつけなかったり、つけていても相談員としか書いていなかったり、ローマ字表記にしたりと工夫して対処してきた。

長く勤める婦人相談員の口から時代によって職場の配置が次々に変わってきたことが語られたが、実は、この事業は、国においてもあちこちとたらい回しにされてきた。最初は厚生省の生活課（社会福祉協議会と同じ）、次に援護課（生活保護と同じ）、次に児童家庭課（母子自立支援と同じ）、児童家庭課内でも担当係が変わり、新たな女性支援法では、再び援護課に移り、女性支援室が立ち上がった。売春防止法自体が保護更生と処罰の両面がある法律で、厚生労働省と法務省の両省が関わっていることから、福祉事務所の中でも社会事業には馴染まない扱いもあった。また、売春防止法は厚生労働省だが、DV防止法は内閣府が担当するという縦割り行政の中にある。そのようなことから、現に婦人保護事業に関わっている者にしか知られていない事業だとも言える。

法律ではまだまだ被害者を救うことができず、被害者が逃げ隠れしないと暴力を回避できない。その一方で、児童虐待防止法に面前DVが加えられたことで、警察から児童相談所に通告が行くことになり、心理的虐待はうなぎ上りに増加している。こうなると、児童相談所からDV家庭への訪問があり、それまでとは違う対応をせざるを得なくなっている。父母ともDVについて相談機関につながり、今までのように内密で対応するということができにくくなっている。今後の支援方法、対応等も連携して検討する必要がある。

2. 婦人相談員の仕事と専門性

よくわからないまま婦人相談員になってみると、対応しなければならないのは、とんでもなく重篤な相談ばかりで、すさまじい暴力の被害を受けていたり、実父や養父等から性暴力を受けていたり、生活困窮や家族の病気を抱えていたり、夫の借金返済のために売春せざるを得ないという、まったく考えも及ばない驚くような内容だった。何も知らず、何もできない自分に無力や申し訳なさを感じた婦人相談員たちは、それぞれ必死に勉強を始める。

根拠法は資格要件を求めておらず、「社会的信望があり、その職務を行うに必要な熱意と識見を持つもの」としている。あえて言えば、一定程度人生経験を積んだ年齢が求められたようである。1956年当時、厚生省は30歳以上ということを挙げていたらしいが、婦人相談員の年齢制限は上限を決めるものではなく、下限を決めるものだった。40歳以上という場合が多く、40歳で「そんなに若くて婦人相談員が務まるのか」と言われた相談員もいた。なぜ若いと務まらないのか、売春防止法の対象者が売春を生業とし、人生の辛苦をなめてきた女性たちで、若いと相談に乗れないと思われていたのか、その根拠は定かではない。

実際のところ、婦人相談員の専門性とは、資格以上のものである。1980年代、1990年代に婦人相談員になった世代までは、婦人相談員が蓄積してきた経験知を先輩から後輩へと受け継ぎ、相談経験を重ねることでそれぞれ専門性を磨いていた。全国、地方ブロック、県など多層的な連絡協議会が存在し、ネットワークを作り、互いに励まし合い、学び合った。しかし、その後、日本社会の労働市場の変化もあり、「雇止め」が始まり、経験年数は減少していった。１９９９年と２０１６年に行われた調査を見ると、経験年数５年未満が半数以上になっており、２０１６年の方がその数が増えている。経験の少ない相談員が婦人保護事業を担っている実態が浮き彫りになり、継続した支援に繋がらない相談が増えて、業務の弱体化があってもおかしくない現実が見えてきた。[45]

近年、自治体のホームページの求人募集などでの公募や、ハローワークで紹介されて、婦人相談員になることが多くなっている。社会福祉士などの資格は必要とされていないが、現在では、８割以上が教員、社会福祉主事、保母、社会福祉士などの資格を持っている。[46] ある相談員は、大学卒業後、教員経験があり、相談員経験20年のベテランである。相談業務のために専門性を高めようと社会福祉士の資格を取ったが、上司に「資格がいらない相談員だから給料には関係ない」と言われ、20年間、給料は変わらないままであった。

要するに、これは現場を知った婦人相談員たちの熱意に支えられてきた事業で、皆、手弁当で研鑽を積み、相談者たちの窮状に応えられるように努力を続けてきた。逆に言えば、そのような努力なしに「あまり忙しくない職場だから」「簡単な仕事だから」「電話番だから」などと思いながら仕事をしてきた相談員もいたのかもしれない。もしもそうだとすれば、手を差し延べられることなく、延ばした手を振りほどかれた女性たちがいたことになる。

婦人相談員の置かれている環境はさらに厳しく、社会的評価も低く、養成システムも不足していた。新卒で若い有資格者の婦人相談員も採用されるようになり、長く蓄積された婦人相談員としての経験が受け継がれていくシステムがなく、相談業務を果たすことが難しくなった。このような状況では、かつてのような仕事の喜びを得られることも少なくなり、仕事へのモチベーションも低下してしまう。これは非常に残念なことであるし、困難を抱える女性たちの不利益にも繋がっている。

3. 婦人相談員の喜び

そんな状況であっても、婦人相談員たちの物語は、相談員であることの手応えや喜びに満ちていた。「人が成長していく糧になるものが婦人相談員の仕事にはあるのではないのか」と言った相談員がいたが、どの相談員からも、相談者と出会い、同じ婦人保護事業に携わる婦人相談員と出会い、家族との関りの中での思いが語られ、やりがいのある仕事、生きがいがある仕事だと感じていることが伝わってくる。

少しでも相談者の力になりたいと努力し、時には肩透かしを喰らいながらも、逞しくしたたかに生きていく女性、生真面目に健気に生きていく女性、困らされることが多くても憎めない女性など個性豊かで唯一無二の存在である相談者たちの存在と対峙することで、自分自身の軸を試され、鍛えられもする。あるいは、一緒に川を観たり、鯛焼きを食べたり、ただ生きて、共に時間を過ごせることがどれほど貴重なことであるかを教えられる。死を看取り、子どもが生まれ、成長し、また次の世代が生まれていくのを見守り、どれほど時間が経ってもつながっていることを感じられる幸福な瞬間が時に訪れる。

婦人相談員たちは、相談者を助けようとするなかで多くの困難を抱え、共に泣いたり笑ったり腹を立てたりしながら、相談員仲間のネットワークのなかで助け合い、支え合う経験をしてきた。婦人相談員という仕事を通じて知り合ったからこそ、その志と苦難を共にし、物言わずともわかりあえる仕事を越えたつながりができ、それは墓場まで持って行きたい宝だと口を揃える。

また、婦人相談員の仕事は時間で区切られた業務でなく、仕事は彼女たちの人生の重要な部分を成している。だからこそ、自分自身の生い立ちや家族のあり方と仕事は切り離せない。婦人相談員の生い立ちはさまざまである。家族関係に恵まれ、愛情深く育ったことが相談の基盤になっているという人もいれば、成育家庭に辛さや困難を抱え、だからこそ、その苦しみがわかるのだと相談者に寄り添う人もいる。自分自身が被害を受けながら、相談者とともに力をつけて変化し、成長していく人もあった。凝縮されたストーリーの中で、その苦労以上に、相談者と一緒に歩み続け、「婦人相談員は天職だ」と同じ仕事に就く者を勇気づけてくれている。1人ひとりの物語は、まるで美しい織物のようだ。

それも長く続けてこそ開けてくる境地であり、経験年数が縮小される一方でこれが続けられるだろうかと考えると心もとない。全国連絡協議会への参加は任意であることから、現在はやめてしまう県が増えているという。大変残念なことであるし、社会資源としての損失である。

第2章

社会の変化と若い女性たちへの支援

1. 社会の変化

30数年前、ほとんどの婦人相談所は独立してあったが、総合相談所や児童相談所の中に組み込まれ、時代の変化とともに置かれる部署も変化し、DV防止法以降、婦人相談員の数はどっと増えたものの、雇止めが始まり、3年、5年と回転が早くなり、そこからどんどん横のつながりがなくなっていった。

相談者の意識も変わってきた。警察がDV被害者に危ないから他所に行くようにと言っても、「よそへは行きません。仕事があります。子どもも学校を変わりたくないと言います。せっかく作ってきた生活基盤がある。ここで生きていきたい」と言う人が多くなった。一時保護所は、「スマホだめ、外に出てはいけない、たばこも絶対だめ」というところがほとんどなので、刑務所のようだと入りたがらない人が多い。それで接近禁止の保護命令をとり、地元で暮らせる方法を探す。全国どこも同じような状況らしい。暴力のあり方も、以前は大怪我をしていたが、DVについて広く知られるようになると、あからさまな身体的暴力が減り、見えないところを殴るとかモラハラが多くなっている。

家庭環境に課題を抱え、居場所のない少女たちがいる。世界的な #MeToo 運動があり、性被害を話してもいいんだと、女性たちが語るようになった。その時々で問題を抱えた女性たちが婦人相談員の所に来た。経済的に苦しくなると、「お金を盗られた」「お金を落とした」と言う。妊娠していないのに「妊娠した。中絶したいが、お金がない」と言ってくる。角を曲がったら別人になっていたり、本人なのに別人を装って本人のことを告げ口したりするなど、一見問題を起こしてばかりいる困った女性のように見える女性たちであるが、みな幼い頃に性暴力を受けた被害者であり、重篤な解離症状を抱えている。ある30代の若い女性は、4人の人格があると言われていたが、午前中に家庭訪問をした時には30代の女性そのものであったが、午後役所に来所した時には老人のような姿で、驚いて本人なのかどうか確かめたこともあった。精神疾患を発症し、周囲の理解を得られないまま、困難を抱えて生きてきたのである。婦人相談員たちが長年対応してきた性の問題の背景には、さまざまな暴力や虐待があることを忘れてはならない。

2. 民間団体を立ち上げた婦人相談員たち

根拠法にDV防止法が加わると、公的機関の婦人相談員の仕事では被害者と子どもを救えないと感じる婦人相談員が出てきた。同じ考えの相談員たちが民間団体を立ち上げ、あるグループは、婦人相談員の研修に取りくみ、全国の婦人相談員を対象に研修会を開催した。別のグループを立ち上げた婦人相談員は、DVの被害者が連れている子どもたちの被害が大きいことに気づき、母子の回復プログラムの実施を継続した。婦人相談員を辞めて民間シェルターを持つ民間の相談機関を立ち上げ、公的機関ではできないアウトリーチの部門を担った婦人相談員もいた。

このように婦人相談員がハブとなることで、公的な仕事と民間団体の仕事をうまくつなぎあわせ、

1人ひとりの相談者に長く寄り添うことができるシステムを構築してきた例と言えるが、個人情報保護法ができ、それも難しくなってきた。「いったい誰のための個人情報保護法か」という声を複数聞いた。公的機関だからこそできることもある一方、それだけでは限界がある。だからこそ民間機関との連携は欠かせない。

3. 若い女性への支援

サイバー犯罪課の警察官が相談員のところに突然やって来て、以前相談に来ていた10代の女の子が売春サイトを開設しているという。本人は、「体は売っていないが、口で喜ぶことを言ってお金もらってる」という。ネット上の問題を警察が簡単に察知して婦人相談員のところに来る時代になった。

AV（アダルトビデオ）強要問題やJK（女子高生）ビジネスもまた、若い人たちへの性暴力である。スマートフォンの普及と巧妙化する性的搾取ビジネスによって、児童ポルノ、リベンジポルノ、意に反したグラビアやヌード撮影などのデジタル性暴力、AV出演や性風俗産業に巻き込まれる若い女性が増えている。これらも被害者の心身に深い傷を残す人権侵害である。AV強要の被害者は、声をかけられ、サインしたことに縛られて出演を強要されている。法的支援が重要であるとともに、心身の回復支援も必要である。

各都道府県の婦人相談所も主要な相談窓口の1つとされ、適切な相談対応とともに、各都道府県のホームページなどを活用して、これらの性暴力に関する相談を受けつけている。しかし、市区の相談員にどこまで支援ができるのか、民間団体の協力なしには発見も難しい。若年層の相談が公的機関に繋がりにくいという調査報告もある。若年を支援する民間団体が多く出てきており、アウトリーチによる発見と支援が行われるようになっていた。公的機関では行われていない繁華街の夜回りなどで、家庭にいられない少女たちの相談にのり、居場所作りに奔走して支援を行っている。支援者には若い女性たちが多く、内閣府は、民間団体のスタッフを講師に、若年女性の問題について相談員たちに研修を行っている。売春防止法を根拠法とした婦人保護事業では対応できない時代が来た。

第3章

困難な問題を抱える女性への支援に関する法律の成立

1. 女性支援法成立までの経緯

1956年（昭和31年）の成立以来見直しが行われてこなかった売春防止法に対し、婦人保護事業を実施する3機関（婦人相談所・婦人相談員・婦人保護施設）から見直しを求める声が上がっていた。制定から60年余を経て、フェミニズム運動などを通し、人権意識やジェンダー概念などが定着してきたが、売春防止法では差別的な用語の見直しさえできていない状況だった。さまざまな事情を抱えて売春せざるを得なかった女性たちの「転落防止」と「更生保護」を目的にして、女性だけを処罰し、「売春を行うおそれのある女子」を「要保護女子」、「更生」すべき対象とし、婦人保護施設は「収容施設」、「婦人補導院」の存在など、通知通達で対象者の拡大をしてきても、根本にあるべき女性への人権擁護の理念はないままだった。本来は、女性たちをそのような状況に追い込む社会を問題すべきなのである。

2012年に困難な問題を抱える女性への支援のあり方に関する検討会が立ち上がり、まず現在の売春防止法から第4章を根拠とする婦人保護事業について、新たな法制の検討をしてはどうかとの検討案が出された。また、婦人相談員のあり方について、相談業務の指針の策定、研修の充実、非常勤等が課題に挙げられ、2014年に「婦人相談員相談・支援指針」が策定された。

2016年12月、与党、性犯罪・性暴力被害者の支援体制充実に関するプロジェクトから出された「性犯罪・性暴力被害根絶のための10の提言」の中に、「婦人保護事業の抜本的な見直し」があった。売春防止法を根拠法とする婦人保護事業は、性暴力のみならずＤＶ、貧困、家庭破綻、障害等様々な困難を複合的に抱え、自ら支援を求めて行動することが容易でないケースに対応している。また、この事業に辿りついた女性たちの年齢は10代から高齢者まで多岐にわたり、子どもを同伴することも多く、現行の枠組みでは対応できない実態がある。こうした実態を踏まえ、厚生労働省は検討会を開催し、婦人保護事業の見直しについて具体的な検討を行い、論点の整理を出した。

２０１７年には「婦人保護事業等における支援実態等に関する調査研究」など先駆的ケア策定・検証事業が次々と実施され、相談員の専門性やスキル向上、専門職配置の脆弱さ、婦人保護施設へのつながりにくさ等の課題が明らかにされた。また、婦人保護事業が対象としている女性の年齢層は幅広く、主訴こそ「夫等からの暴力」が大半を占めるものの、主訴にかかわらず、精神障がい、知的障がいや妊産婦、外国籍などの属性、被虐待経験、性暴力被害などの背景を複合的に抱えていることによる支援の困難さの実態が改めて浮き彫りとなった。さらに、近年社会問題化しているＡＶ出演強要、ＪＫビジネス問題や10代の女性への支援といった、これまで婦人保護事業が対象として想定していなかった新たな課題も表出しており、今後欠かすことのできない検討課題であるとされた。

実態調査の報告を基に、２０１８年７月から２０１９年10月まで開催された検討会では、従来の婦人保護事業の枠組みの見直しはもとより、若い女性に対する支援のあり方など今日的な社会課題への対応も含めて、具体的に議論が深められた。オブザーバーとして、内閣府、法務省、警視庁が来ており、厚生労働省児童家庭局の局長をはじめ担当課の課長等がずらりと並び、今回は婦人保護事業の見直しを本格的にやるということが感じられるものだった。

2019年6月には、「婦人相談員配置の促進」が出された。内容は、婦人相談員が配置されていない市において、DV対応と児童虐待対応との連携強化できるよう、婦人相談員の配置について検討して欲しい、婦人相談員の任用、処遇等について留意するよう周知して欲しいというものである。千葉県で起きた児童虐待の痛ましい死亡事件で、母親がDVを受けており、子どもを助けられなかったという事件があったことがきっかけになった。検討会でも、構成員の1人である精神科医が、自分の病院の患者で、千葉の事件が報道された時、「あれは私です」といった患者がいたという話が出され、「このことは婦人相談員が一番よくご存じでしょう」と発言した。

続いて、2019年7月には、「他法他施策優先」の見直しや、一時保護委託の対象拡大と積極的な活用、母子生活支援施設の活用促進などの見直しに関する通知が発出された。2019年10月に「中間まとめ」が出された。売春防止法を根拠とした従来の枠組みでの対応には限界が生じていることから、女性を対象として専門的な支援を包括的に提供する制度について、新たな枠組みを構築していく必要があるとし、売春防止法第4章は廃止、その他の規定も見直しを検討することとなった。すぐに具体的な法案へと検討がなされると考えていたが、コロナ禍にあって2022年5月の議員立法での成立まで待つことになった。なお、2020年4月から、婦人相談員の約8割が会計年度任用職員に移行した。

2. 女性支援法の成立

２０２２年5月19日、衆議院本会議で「困難な問題を抱える女性への支援に関する法律」(以下「女性支援法」とする) が全会一致で可決した。４月、参議院では先に可決している。この女性支援法は、売春防止法にはなかった「人権の尊重や擁護」を明確に規定し、「女性が日常生活又は社会生活を営むに当たり、女性であることにより様々な困難な問題に直面することが多い。女性の福祉の増進を図るため、困難な問題を抱える女性への支援のための施策を推進し、人権が尊重され、女性が安心して、かつ、自立して暮らせる社会の実現に寄与する」としている。

また、女性支援法には、厚生労働大臣は基本方針を策定する、都道府県は都道府県基本計画を策定する、市町村は市町村基本計画の策定に努めるとあり、これは売春防止法にはなかったことである。ＤＶ防止法では基本計画が策定されていることから、市町村に基本計画が策定されれば女性相談支援員の配置も進み、この支援事業が全国的に普及するものと期待される。

年齢・障がい・国籍を問わない

「困難な問題を抱える女性」とは、性的な被害、家庭の状況、地域社会との関係性その他の様々な事情により、日常生活又は社会生活を円滑に営む上で困難な問題を抱える女性 (そのおそれのある女性を含む) となっている。女性支援法の基本方針では、「法が定義する状況に当てはまる女性であれば年齢、障害の有無、国籍等を問わず」とあり、これは重要である。法の定義に当てはまれば、どの年齢でも、どのような障がいがあっても、どこの国籍であっても支援することができるのである。第一に課題として挙がっていた若年に対応できる。関係機関とも繋がりやすくなり、これまでのようなたらい回しがなくなるはずである。

売春防止法に基づく「要保護女子」としてではなく、若い女性への対応、性被害からの回復支援、障がいのある女性、外国籍の女性達への自立後を見据えた支援など、時代とともに多様化する困難な問題を抱える女性を対象として、相談から保護・自立支援までの専門的な支援を包括的に提供する必要があるとされている。

女性支援事業は4本柱

婦人保護事業で3本柱と言われた3機関の名称が変わった。女性支援事業では、女性相談支援センター（元婦人相談所）、女性相談支援員（元婦人相談員）、女性自立支援施設（元婦人保護施設）となった。これに4本目の柱となる民間団体が加わり、4つの機関が協働する。民間団体との協働による支援について、その自主性を尊重しつつ、支援対象者の意向に留意しながら、訪問、巡回、居場所の提供、インターネットの活用、関係機関への同行等の方法により、発見、相談等の支援をするとなっている。

手を差し伸べている支援者には、サバイバーの若い女性もいる。かつて自分が経験したからこそ彼女たちの気持ちがわかるとして活動している20代、30代の女性達である。家に自分の居場所がない、虐待される家にはいたくないという若い女性や、SNSで知り合った男性によって連れ出されたりする女性もいる。発見した女性を女性相談支援員の所に繋いでくれる。そこでうまくつながらない場合もあるが、民間団体と協力してやるということが柱の1つとなっており、国は民間団体の女性支援事業に対して予算を立てている。

支援調整会議の開催

新たに、地方公共団体は支援調整会議の開催をすることになった。地方公共団体は、関係機関、民間団体その他の関係者により構成される会議を組織し、必要な情報交換・支援内容に関する協議を行う。児童の要保護地域対策協議会と同じようなものである。この調整会議をすることによって今後の支援が変わってくると思われる。児童の場合は多くの人や組織が情報共有をして支援していくが、女性の場合、まず本人の意志の尊重が必要である。今まで守秘を通してきた事柄を調整会議で情報を共有して支援者を広げ、より良い支援方法を探り自立につなげていくというのは簡単にはできないのではないかと思うが、新しい支援策が生まれてくることを期待する。

3. 今後の課題

女性相談支援員の職場では、上司が変わるたびに相談員の仕事の内容が変わったり、制限されたりしているという現状がある。「あなたは何もしなくてよい」と言われて、経験年数がある婦人相談員に、ある年、異動してきた職員が相談電話も取らせてくれなくなったという。そういう状況では、相談員が疲弊して辞めていくのを止めることは難しい。先輩を見ていて、「あんな相談員になりたい」と福祉や心理の勉強をしていた相談員が辞めていくのである。相談者の困難が解消されるためにも、実際に現場で支援している相談員が、安心して、安全に、また安定して働くことができなければ支援は難しい。女性支援の場に異動になった職員の研修を義務づけて欲しい。

1人職場の多い女性相談支援員であるが、課内で情報を共有し、共通認識をするというやり方が増えてきている。これは歓迎すべき事柄である。というのも相談員の業務は二次受傷やバーンアウトが起きやすいからだ。職場の理解と共に、定期的にスーパービジョンを受けることも女性相談支援員にとって必要なことである。スーパービジョンのための予算をつける必要がある。

厚生労働省が「婦人相談員のために研修の予算を大幅にアップした」と言っても、各自治体に下りると、研修が増えるだけで、婦人相談員が参加するための費用とはなっていない現状があった。配置義務のある県の婦人相談員は全国やブロックの研修に出ることができても、市区の相談員たちには旅費が出ないから参加することはできない。自費で参加する婦人相談員もいるが、地元での開催でない限りは参加できない。コロナ禍にあって良かったことはオンラインでの研修がほとんどで、そこには参加ができたということである。

新しい女性支援法では、女性相談支援員の任用について、「その職務を行うのに必要な能力及び専門的な知識経験を有する人材の登用。女性相談支援員は、社会福祉に関する知識や、相談支援に関する専門的な技術・経験を持つ。登用後も研修や勉強会等を通じて継続的に支援のための能力向上に努める」となっているが、これを実現できる身分保障が求められる。

第4章

未来にむけて

1956年に売春防止法の基に設置された婦人相談員は、最初に全国で468人が仕事に就いたのが始まりである。果たして今まで何人の婦人相談員がこの法律の下で働いてきたのだろうか。ひとつ確かなことは、皆、この仕事に情熱を注ぎ、共に苦しみ、怒り、悲しみ、泣いたであろうことだ。彼女たちは女性への差別、蔑視、人権侵害等を共に経験してきたのである。

2022年5月、女性支援法が成立し、2024年4月に施行された。売春防止法ではニーズに合わないと現場から声が上がり、検証事業で見直し、中間まとめを経て新法の制定となった。しかし、売る方を罰して、買う方は罪に問われないという片罰でザル法と言われている売春防止法の1章2章はそのままであることから、5条違反の処罰は残っており、いまだ女性は二分化されたままである。社会福祉事業の研究者である林千代は、1983年、全国の婦人相談員の協力を得て52 5ケースの分析をした印象について、「経済的、精神的自立に加えて性・異性関係の問題を有している絆なき者であり、職なし、住居なしも共通課題であり、これらのことは、過去も今も同じである」と言っている。[47]

現在、相談支援はSNS相談で対応をしているところもあり、女性という括りだけでなく、LGBTへの支援もすでに女性相談員相談支援指針で示されており、実際に相談を受けている。いろいろな方法で相談しやすい形が必要だと思うが、市区の福祉事務所等に女性相談支援員がいることはあまり知られていないのではないか。女性支援法では、一部の者だけが知っている法律ではなく、また、当事者になって初めて知る法律ではなく、社会的に周知され、予防教育に繋げるものであって欲しい。女性支援事業が広く知れ渡ることで、希望職種として女性相談支援員を目標にしたり、関心を持つ女性も増えるかもしれない。日本の古い体質、公娼制度の名残である女性の性が商品であるという文化を払拭し、不処罰文化と言われる日本の体質を変えていくことができないか。

売春防止法成立に力を尽くした先駆者たちは、後の女性達に影響を与えた。公娼制度の廃止に取りくみ、売春防止法制定促進委員会委員長を務めた久布白落実の講演を学生時代に聞いた女性が婦人保護事業に関心を持ち、後にその県の婦人相談所長になった。また、新宿区の婦人相談員で兼松左知子の講演を聞いて婦人相談員になった女性もいる。

婦人相談員には全国婦人相談員連絡協議会という組織があった。売春防止法施行後に、東京の婦人相談員が全国に呼びかけて立ち上げたもので、60年以上活動してきた。全国を7ブロックに分け、沖縄から北海道まで会員がいる。同じ思いを共有できる仲間である。国と直接話し合いを重ね、会員の声を届けている。女性支援法施行後は、女性相談支援員連絡協議会と名称を変更し、活動を続けている。

婦人相談員から女性相談支援員へと名称が変わっても、多くの女性達と出会い、必要な社会的支援、新たな環境を選べるようにつないでいくという役割は同じである。経験とジェンダー視点に裏付けられた高度の専門性が求められる女性相談支援員として、声を上げられない女性たちのために声を上げ、女性の人権擁護のためのアドボケイト（権利擁護者）としての役割を果たしていく務めがある。関係者や、関係機関だけでなく、当事者に、また、できるだけ多くの人々に女性支援法を知らせていけたらと願う。女性支援法が困難を抱える女性にとって実効性のある法律になるかどうかは、今後の取り組みにかかっている。

おわりに

1988年4月に、私は水俣市福祉事務所の婦人相談員の辞令を受けた。大学で社会福祉を専攻したので、福祉についての知識はあったものの、婦人相談の実態は想像を超えるものがあった。最初の頃は騙されることが多く、お金を貸すこともあった。年数が経つと、信用され始めたのか、名指しでの来所相談が増えてきた。売春防止法の根拠法の基に働いているが、売春の相談はないと思っていると、ある時期から、背景に売春の経験を多く聞くようになった。増えて来たのかと思ったが、そうではなく、私自身が聴くことが出来るようになったのである。

相談業務の傍ら、誘われるままに海外に行き、研鑽を積むようになった。アイルランドで民間シェルターや未婚の母の制度の実態を視察、街中にあるソーシャルワーカーの事務所に行くと、子連れの若い女性がうなだれて座っているのを見て、世界中、どこでも同じ被害を受けていることを知った。アフリカ・ジンバブエのムササプロジェクトでは、パワーとコントロールの車輪にエイズが加えられていた。日本のODAでシェルターが建っていた。ルワンダの虐殺事件の被害者が、国際戦犯法廷での証言後自死したことを知ったのもこのプロジェクトからである。米国でのスタディ・ツアーに参加した時の収穫は、DV被害を受けた母と子の回復プログラムである。その後、熊本でグループを作り、10年間プログラムを実施した。コロナ禍を経て、今年やっと実践記録をまとめた本を出すことになった。今、パラン・チャイ・プーイン（タイと日本の女性で心と力を合わせていこうという意味）で少数民族の支援をしている。婦人相談員たちや村本先生にも民族の伝統的な織物や製品を購入していただき、エイズや人身売買のワークショップの開催や、教育等の支援ができている。

海外で見聞きしたことで、私自身が大きく変わったと思っている。私は子どものころから自己中心的だと言われていたが、私自身はいつも誰かの役に立ちたい、喜ばれたいと思っていた。しかし、それは自己満足なのかと自信がなかった。この体験が、私にもう少し自分を信用するようしてくれたのである。そして、婦人相談員のスキルアップの研修こそ、婦人相談員たちの自信を深め、業務に繋がっていくと、熊本県婦人相談員連絡協議会会長として会員の研鑽が深められるよう研修に力を入れるようになった。

そんな頃に村本邦子先生と出会ったのである。２００４年、婦人相談員のためのカウンセリング講座の時である。当時、全国の婦人相談員と元婦人相談員が構成メンバーで民間団体を立ち上げていたが、私もそのメンバーの一員で、その団体の主催の講座であった。半年間、毎月2日間あり、20人の定員で熊本県、福岡県、長崎県の婦人相談員たちが集まり、始まった。その婦人相談員のためのカウンセリング講座は九州から山陰、中国、北陸、中部地方へと広がっていった。その後、九州地区では毎年1泊2日の講座として、村本先生を迎えて継続していた。２０１６年の熊本地震で途絶えたかに見えたが、被災した熊本県の婦人相談員たちから相談員の被災した記録を残したい、残すだけではなく検証したいとの声があがり、厚生労働省に働きかけ、国の事業として村本邦子先生に検証事業を実施して頂いた。その当時、私は全国婦人相談員連絡協議会の会長をしており、協議会の役員たちの協力で『災害時の相談対応ハンドブック』を作成した。全国の会員に配布し、そのハンドブックを基に、村本先生によるハンドブック研修を全国で開催したのである。福島県で開催された全国婦人相談員・心理判定員研究協議会をスタートに、全国婦人相談員連絡協議会の各ブロック大会で開催、婦人相談員たちが、自分たちに何ができるか、全国の婦人相談員が繋がって支援していけるのではとの思いを強くしたのである。

村本先生は婦人相談員のよき理解者、協力者、支援者、指導者である。その村本先生から、大変な仕事をしている状況にありながら不遇の婦人相談員たちに何か自分ができることはないかと、婦人相談員たちに声をかけられたのが、この婦人相談員物語の始まりである。２０１５年頃ではなかったかと思う。

そこから構想を練られて、婦人相談員1人ひとりのストーリーを聞き取る作業が始まったのである。最初は、ケースをレポートの形で書いていたが、その後は、全国の婦人相談員、元婦人相談員に連絡を取り、お会いしてインタビューの形をとって進めることになった。2年にわたって村本先生に同行し、婦人相談員に会い、1人ひとりの話をお聴きすることが出来たことは、私にとって、この仕事をしていたご褒美をいただいたような気持である。婦人相談員1人ひとりの語り口に特徴があり、方言も交えて、その土地、風土を知ることで、その語られることが、より分かる気がした。初めてお目にかかる相談員でも、元からのよく知り合いのように思えて、どの話をお聞きしても、「そうそう、そうなんだよね」とか、「そうだったんだ、わかるよ、よくわかる」、という一致があった。婦人相談員仲間の共通点である。

全国には現在、1千500人以上の女性相談支援員がいる。設置後64年になる今、これまで多くの婦人相談員が、その業務に携わってきた。婦人相談員・女性相談支援員という存在を1人でも多くの方々に知ってもらいたいと思う。この本は真実の物語である。

このような機会を下さった村本先生、ご協力いただいた婦人相談員の皆さまに感謝している。

松本周子

ようやく本著を書き上げることができて安堵している。ずいぶん前から温めてきた企画だったが、婦人相談員の仕事をどのような形で表現するのがいいのか決めかねて、試行錯誤しながら、時間ばかりが過ぎてしまった。最終的に個性豊かな婦人相談員がそれぞれの人生を語る物語としてまとめることにした。第1部に紹介した短い物語を含めて、通して読んでもらうことで、ある種の女性史(history ではなく herstory)が見えてくるのではないかと思う。時代によって見え方は変わるけれども、そこにあるのは一貫した女性の苦難と逞しさである。現在、あるいはこれから女性支援に関わる人々にその姿を知って欲しいと思う。

現代は短期間で眼に見える成果が期待される。心理療法の世界においてもエビデンス・ブームで、切り取られたごく一部のビフォー、アフターのわかりやすい変化が求められる。しかし、人生や人間の成長は、5年、10年、15年とじっくりと時間をかけ、少しずつ変化していくものである。そんなふうにゆったりと流れる時間のなかで見守り、その生きざまの証人となることこそが、一朝一夕には解決し得ないどうしようもなく大きな荷物を背負う人々を支えるのだと思っている。だから、仕事は長く続けることが大事である。時間をかけた変化を知ることで、人の持つ力を信じ、どんななかにあっても希望を持ち続けることができるようになる。

たとえ現実にはそのような働き方ができなくても、そんな視野を持って支援の仕事に臨むことができたらいい。これからの女性相談支援員だけでなく、臨床心理士やソーシャルワーカー、学校の先生や医療関係者にも読んで頂けたらと思う。日々、出会っている人々のなかに、きっと、ここに描かれたような人生を生きている女性たちはいる。それは見ようとしなければ見えない世界であり、ないことにされがちなものである。困難を抱えている女性たちに、それぞれのいるところで可能な形で、暖かいまなざしと支援の手を差し伸べて欲しい。自分自身が困難のさなかにいることもあるだろう。そんな時は、どこかに味方がいるはずと助けを求めて欲しい。婦人相談員たちの言葉にあるように、助け助けられる関係のなかに女たちの歴史はある。先輩たちが紡いできた女たちの物語を知ることは、それを助け、励ましてくれることだろう。本著が少しでも役立てば幸いである。

振り返ればわかるように、売春防止法によって規定された婦人相談員が置かれた状況は厳しいものだった。それでも、そのなかで、先輩女性たちは限界に挑戦し、抜け道を探し、知恵を絞り、工夫を重ね素晴らしい仕事をしてきた。どんな状況にあっても、自分自身が枠を作ってあきらめてしまうことなく、精一杯努力することで得られるものがある。現実を変えるために声を上げながら、女性たちが手をつなぎ、つながりのなかにあるからこそ頑張れるのだということも見えてくるだろう。

新しく施行された女性支援法は、今後の課題を抱えるものの、女性支援のあり方を改善しようとしたものである。それが活かされ、よりよい支援に結びついていくことを願ってやまない。最後になりましたが、直接会うことが叶わなかった今は亡き女性支援の先達たちを含め、お世話になりましたすべての方にお礼を申し上げます。

村本邦子

2024年盛夏

注釈

1 芳地隆之（1999）『ハルビン学院と満州国』新潮社
2 吉見周子（1992）『売春の社会史』雄山閣
3 日本キリスト教婦人矯風会（1986）『日本キリスト教婦人矯風会百年史』ドメス出版
4 吉見周子（1992）『売春の社会史』雄山閣
5 金一勉（1980）『日本女性哀史――遊女、女郎、からゆき、慰安婦の系譜』現代史出版会
6 藤目ゆき（1997）『性の歴史学――公娼制度・堕胎罪体制から売春防止法・優生保護法体制』不二出版社
7 藤目ゆき（2015）『「慰安婦」問題の本質――公娼制度と日本人「慰安婦」の不可視化』白澤社
8 金一勉（1980）『日本女性哀史――遊女、女郎、からゆき、慰安婦の系譜』現代史出版会、松沢呉一（2016）『闇の女たち――消えゆく日本人街娼の記録』新潮社
9 小谷野敦（2007）『日本売春史――遊行女婦からソープランドまで』新潮社
10 小林英夫（2008）『〈満州〉の歴史』講談社
11 wamアクティブ・ミュージアム女たちの戦争と平和資料館HP　https://wam-peace.org/ifaq/ifaq-01（2024年2月1日最終閲覧）
12 藤目ゆき（1997）『性の歴史学――公娼制度・堕胎罪体制から売春防止法・優生保護法体制』不二出版、吉見義明（2019）『買春する帝国：日本軍「慰安婦」問題の基底』岩波書店
13 wam女たちの戦争と平和ミュージアム wam-peace.org（2024年2月3日最終閲覧）
14 日韓共同「日本軍慰安所」宮古島調査報告（2009）『戦場の宮古島と「慰安所」12のことばが刻む「女たちへ」』なんよう文庫

15 林千代（2008）『婦人保護事業』五十年』ドメス出版
16 藤目ゆき（1997）『性の歴史学――公娼制度・堕胎罪体制から売春防止法・優生保護法体制』不二出版社
17 須藤八千代・宮本節子（2013）『婦人保護施設と売春・貧困・DV問題――女性支援の変遷と新たな展開』明石書店
18 藤目ゆき（1997）『性の歴史学――公娼制度・堕胎罪体制から売春防止法・優生保護法体制』不二出版社
19 全国婦人相談員連絡協議会（1976）「回想」『売春防止法と共に』p42-43
20 全国婦人相談員連絡協議会（2021）「忘れられない赤線の女」『婦人相談員の歴史』p48-49
21 全国婦人相談員連絡協議会（1976）「花道を行くわたしたち」『売春防止法とともに』p44-46
22 全国婦人相談員連絡協議会（1976）「赤線解体当時の思い出の記」『売春防止法とともに』p78-81
23 全国婦人相談員連絡協議会（1976）「婦人相談十年の歩み」『売春防止法とともに』p266-232
24 全国婦人相談員連絡協議会（1987）「四十年目の幸せ」『会報売春防止法30周年特集号』、p12-15
25 全国婦人相談員連絡協議会（1976）「婦人補導院特殊面接委員として」『売春防止法と共に』p86-91
26 鎌野禮（1995）「全婦相の歩みを振り返って」『会報平成7年度』全国婦人相談員連絡協議会 p32-33
27 婦人保護事業研究会（1958）『婦人の保護』
28 林千代（2008）『婦人保護事業』五十年』ドメス出版
29 東京婦人補導院（2008）「東京婦人補導員――婦人補導員と売買春問題の50年」パンフレット
30 林千代（2008）『婦人保護事業』五十年』ドメス出版
31 全国婦人相談員連絡協議会（1976）「婦人保護業務の今昔」『売春防止法と共に』p131

32 かにた婦人の村（２０１５）『かにた婦人の村創立50周年記念誌』
33 「戦争と女性への暴力」リサーチアクションセンター（２０１５）『日本人「慰安婦」』現代書館
34 かにた婦人の村（２０１５）『かにた婦人の村創立50周年記念誌』p54
35 朝日デジタル「日本軍の慰安婦にされたアジアの女性たちへ　今年も鎮魂の祈り」２０２３年8月26日
36 全国婦人相談員連絡協議会（１９７６）「二十年を顧みて、京都府下の状況」『売春防止法と共に』p123
37 東京婦人補導院（２００８）「東京婦人補導員――婦人補導員と売買春問題の50年」
38 角田由紀子（１９９１）『性の法律学』有斐閣
39 林千代（２００８）『「婦人保護事業」五十年』ドメス出版
40 第二分科会（１９９１）『会報平成3年度』全国婦人相談員連絡協議会 p5-6
41 第一分科会（１９９１）『会報平成3年度』全国婦人相談員連絡協議会 p20-21
42 女性の家ＨＥＬＰ（２００６）『希望の光をいつもかかげて――女性の家ＨＥＬＰ20年』日本キリスト教婦人矯風会
43 警察庁　https://www.npa.go.jp/publications/statistics/safetylife/hoan/R5.fuzoku.toukei.teisei.pdf（２０２４年２月３日最終閲覧）
44 戒能・堀（２０２０）『婦人保護事業から女性支援法へ――困難に直面する女性を支える』信山社
45 全国婦人相談連絡協議会（１９９９）「婦人相談員の専門性に関する調査」、全国婦人相談連絡協議会（２０１６）「雇止めアンケート」
46 全国婦人相談員連絡協議会（２００１）「専門性調査」
47 全国婦人相談員連絡協議会（２０１６）『売春防止法60周年記念誌』

著者紹介

村本邦子（むらもと・くにこ）, Ph. D.

立命館大学教授、臨床心理士。1990年に女性ライフサイクル研究所を設立、DV や性暴力、災害、戦争などトラウマの臨床に取り組む。『暴力被害と女性』（昭和堂、2001）、『周辺からの記憶――三・一一の証人となった十年』（国書刊行会、2021）ほか著書多数。

松本周子（まつもと・しゅうこ）

熊本県水俣市福祉課女性相談員、元全国婦人相談員連絡協議会会長。淑徳大学で社会福祉を専攻。1988年より婦人相談員。民間活動として、DV 被害者母子の回復プログラム、地域の支援者養成講座も実施している。

婦人相談員物語《ふじんそうだんいんものがたり》

――その証言《しょうげん》から女《おんな》たちの歴史《ハーストーリー》を紡ぐ

2024年10月７日　初版第１刷発行

著　者　村本邦子　松本周子
発行者　佐藤丈夫
発行所　株式会社 国書刊行会
〒174-0056 東京都板橋区志村1-13-15
TEL 03(5970)7421　FAX 03(5970)7427
https://www.kokusho.co.jp
装　幀　真志田桐子
本文イラスト　橋口佳子（アトリエ Kei）
印　刷　創栄図書印刷株式会社
製　本　株式会社村上製本所

ISBN　978-4-336-07656-4